KB242671

평생교육사 양성교육의 효과

평생교육사 양성교육의 효과

전 도 근 著

한국학술정보㈜

머 리 말

이 저서에서는 현재 다양한 기관별로 시행하고 있는 평생교육사 양성교육의 효과를 분석하고, 평생교육사 양성교육의 효과가 학습자 요인 및 교육기관 요인에 따라 집단 간에 차이가 있는지를 분석하였으며, 평생교육사 양성교육의 효과에 영향을 미치는 요인을 분석하였다. 이를 위하여 평생교육사 양성교육을 마친 후 현장에 배출되어 있는 평생교육사들을 대상으로 설문지 조사를 실시하였다. 주요 연구 결과는 다음과 같다.

첫째, 평생교육사 양성교육의 효과를 직무능력 개발, 고용개선, 자아실현, 사회적 네트워크 구축의 네 영역으로 나누어 분석한 결과 응답자들은 직업능력 개발, 자아실현 및 사회적 네트워크 구축 효과에 있어서는 상당한 정도로 교육 효과가 있는 것으로 인식하고 있었으나, 고용개선 면에서는 효과가 낮은 것으로 인식하고 있었다. 네 가지 효과 영역 중 자아실현 효과가 가장 높은 것으로 나타났고, 다음으로 직무능력 개발 효과, 사회적 네트워크 구축 효과 순으로 높은 것으로 나타났으며, 고용개선 효과는 가장 낮은 것으로 나타났다. 직무능력 개발 효과 중 프로그램 개발 업무 능력 개발에서 교육 효과가 가장 높은 것으로 나타났으며, 다음으로는 기획, 교수, 프로그램 운영, 마케팅, 행정업무 능력 개발 순으로 교육 효과가 높은 것으로 나타났다.

둘째, 평생교육사 양성교육의 효과가 학습자 요인에 따라 어떠한 차이가 있는지 분석한 결과 학습자의 성별, 연령, 최종 학력, 수입, 교육 참여 핵심동기에 따라 통계적으로 유의미한 차이가 있는 것으로 나타났다. 남성이 여성보다 프로그램 개발, 마케팅, 교수 능력 개발 효과가 높은 것으로 나타났으며, 나이가 많을수록 프로그램 운영과 행정업무 능력 개발, 고용개선 효과, 사회적 네트워크 구축 효과가 높은 것으로 나타났다. 대학원 졸업 이상의 고학력자가 대학 졸업자에 비해 프로그램 개발과 프로그램 운영 업무 능력 개발 효과 및 사회적 네트워크 구축 효과가 높은 것으로 나타났으며, 300만 원 이상의 고소득 집단이 그 이하의 소득 집단에 비해 기획과 행정업무 능력 개발 효과, 자아실현 효과, 사회적 네트워크 구축 효과가 높은 것으로 나타났다. 교육 참여 핵심동기별로 볼 때 외재적 동기를 가진 학습자가 내재적 동기를 가진 학습자보다 기획업무 능력 개발 효과가 높은 것으로 나타났다.

평생교육사 양성교육의 효과가 양성교육기관 유형에 따라 어떠한 차이가 있는지를 분석한 결과 직무능력 개발 효과 중 기획업무 능력, 행정업무 능력, 프로그램 개발 효과와 고용개선 효과, 사회적 네트워크 구축 효과, 자아실현 효과에서 통계적으로 유의미한 차이가 있는 것으로 나타났다. 프로그램 개발 효과와 프로그램 운영 효과는 대학원 출신이 다른 교육기관 출신보다 높은 것으로 나타났으며, 고용개선 효과와 사회적 네트워크 구축 효과도 대학원 출신이 다른 교육기관 출신보다 높은 것으로 나타났다. 반면 자아실현 효과는 대학교 출신 집단이 다른 교육기관 출신보다 높은 것으로 나타났다.

셋째, 평생교육사 양성교육의 효과에 영향을 미치는 요인을 구조방정식 모형으로 분석한 결과 첫째, 직무능력 개발 효과에는 성별, 교육 프로그램 만족도가 유의미한 직접적 영향을 미치는 것으로 나타났다. 즉, 남성이 여성보다, 연령이 많을수록, 교육 프로그램 만족도가 높을수록 직무능력 개발 효과가 높은 것으로 나타났다. 관련 변인이 직무능력 개발 효과에 미치는 직접적 영향과 간접적 영향을 합한 전체 영향은 교육 프로그램 만족도→교육 사전 인지도→교육 참여 동기=연령→학력→수입→성별 순으로 높은 것으로 나타났다. 고용개선 효과에는 연령, 학력, 교육 사전 인지도가 유의미한 직접적 영향을 미치는 것으로 나타났다. 즉, 연령이 적을수록, 학력이 높을수록, 교육 인지도가 높을수록 고용개선 효과가 높은 것으로 나타났다. 관련 변인이 고용개선 효과에 미치는 직접적 영향과 간접적 영향을 합한 전체 영향은 연령→교육 사전 인지도→학력→교육 참여 동기→성별→수입→교육 프로그램 만족도 순으로 높은 것으로 나타났다. 자아실]

현 효과에는 성별, 연령, 수입, 교육 인지도, 교육 프로그램 만족도가 유의미한 직접적 영향을 미치는 것으로 나타났다. 즉, 남성보다 여성이, 연령이 높을수록, 수입이 낮을수록, 교육 인지도가 높을수록, 교육 프로그램 만족도가 높을수록 자아실현 효과가 높은 것으로 나타났다. 관련 변인이 자아실현 효과에 미치는 직접적 영향과 간접적 영향을 합한 전체 영향은 교육 프로그램 만족도→교육 사전 인지도→연령→성별→교육 참여 동기→수입→학력 순으로 높은 것으로 나타났다. 사회적 네트워크 구축 효과에는 연령, 학력, 교육 사전 인지도, 교육 프로그램 만족도가 유의미한 직접적 영향을 미치는 것으로 나타났다. 즉, 연령이 많을수록, 학력이 높을수록, 교육 사전 인지도가 높을수록, 교육 프로그램 만족도가 높을수록 사회적 네트워크 구축 효과가 높은 것으로 나타났다. 관련 변인이 사회적 네트워크 구축에 미치는 직접적 영향과 간접적 영향을 합한 전체 영향은 교육 프로그램 만족도→연령→교육 사전 인지도→학력→수입→교육 참여 동기→성별 순으로 높은 것으로 나타났다.

　본 연구 결과를 바탕으로 다음과 같은 결론에 도달하였다. 첫째, 평생교육사 양성교육에 대한 사전 인지도가 교육의 효과에 유의미한 영향을 주고 있는 것으로 나타났으나, 평생교육사 양성교육에 대한 사전 인지도는 낮은 것으로 나타났다. 따라서 평생교육사 양성교육의 효과를 높이려면 평생교육사 및 양성교육에 대한 홍보를 통하여 자격을 취득하려는 학습자에게 사전에 평생교육사가 무엇인지, 왜 필요한지, 평생교육사 양성교육에서 무엇을 배워, 전망은 어떤지에 대한 사전 지식을 습득할 기회를 제공할 필요가 있다. 둘째, 학습동아리 결성과 동료학습자와의 정보 교환, 교수 및 행정 직원과의 지속적인 교류 면에서는 효과가 낮은 것으로 나타났다. 성인학습이 사회적 네트워크 구축을 통하여 사회적 자본의 형성에 의미 있게 기여할 수 있다는 점에 비추어 볼 때 평생교육사 양성교육 프로그램은 이와 같은 기능 수행에 그다지 효과적이지 못하였다. 따라서 사회적 네트워크 구축에 담당자들의 세심한 지원이 필요하다. 셋째, 교수들의 현장성에 대한 만족도가 상당히 낮은 것으로 나타났다. 따라서 평생교육사 양성교육 담당 교수들의 현장성을 제고시킬 필요가 있다. 넷째, 평생교육사 양성과정 출신자들은 특히 양성과정 이수 중 대학교의 도서관이나 편의시설을 자유롭게 이용하지 못한다는 것을 불편 사항으로 지적하였다. 따라서 평생교육사 양성과정의 교육 효과를 높이기 위해서는 도서관과 같은 부대시설의 사용에 대한 배려가 있어야 하겠다. 다섯째, 평생교육사 양성교육의 효과 중 고용개선 효과가 가장 낮게 나타났다. 이는 평생교육사 자격을 취득한 후 취업이나 소득향상, 전직 등에는 효과가 적기 때문인 것으로 나타난 현상으로 평생교육사 고용배치를 위한 제도적 장치가 필요하다 하겠다.

목 차

표 목차

그림 목차

Ⅰ. 서 론

1. 연구의 필요성 및 목적

최근 OECD 국가를 중심으로 한 선진 국가에서는 평생학습사회의 적극적 실현을 위하여 평생학습 기회를 폭넓게 제공하고 있다. 뿐만 아니라, 개인의 전 생애에 걸친 학습을 적극적으로 인정하기 위한 제도를 국가적 수준에서 구축해 오고 있으며 성인들의 평생교육 평균 참여율이 30~50%에 이르고 있다(OECD, 2001).

우리나라에서도 1995년 교육개혁위원회에서 세계화·정보화 시대를 주도하는 신교육체제 수립을 위한 교육개혁 방안 속에 평생교육체제의 큰 틀을 마련하였다. 교육개혁위원회는 신교육체제의 중점을 누구나, 언제나, 어디서나 원하는 교육을 받을 수 있는 길이 활짝 열려진 '열린 교육사회·평생학습사회' 건설에 두고 교육 제반 분야의 개혁과제를 의욕적으로 제시하였다. 즉, 열린 교육체제의 제도적 기반 구축을 위해 학점은행제 도입, 학교의 평생교육 기능 확대, 시간제 학생 등록 실시, 성인학습자의 다양한 교육욕구 수용, 원격교육 지원체제 구축 등의 방안을 제시하였다(교육개혁위원회, 1995).

이러한 열린 평생교육체제를 조기에 정착시키고 법적인 체제를 구축하기 위하여 1999년 평생교육의 진흥을 국가의 의무로 규정하는 헌법 및 교육기본법의 규정에 따라 종전의 사회교육법을 개정한 평생교육법을 공포하였다. 평생교육법의 공포를 계기로 우리나라에서도 평생학습체제의 구축 기반을 마련하게 되었다. 특히 제도 면에서는 교육기본법 밑에 초·중등 교육법, 고등교육법, 평생교육법의 3법 체제가 구축되어 평생교육의 위상이 재정립되는 시기를 맞게 되었다. 이와 함께 평생교육법에서는 평생교육과 관련된 다양한 제도와 평생교육센터, 지역평생교육정보센터, 평생학습관 등 평생교육을 진흥하기 위한 조직 기구를 설치하도록 규정하는 한편 정부나 지방자치단체의 의무를 규정함으로써 평생교육의 진흥에 힘쓰도록 하고 있다.

이와 같은 국가적 차원에서의 평생교육 진흥 정책에 따라 평생교육기관들과 평생교육 참여자들은 양적으로 괄목할 만한 성장[1]을 하였으며, 이제 평생교육의 질적인 향상을 고려해야 할 시점에 이르렀다. 평생교육에 있어 최대의 교육 효과를 얻기 위해서는 평생교육 업무를 전문적으로 담당하는 평생교육 전문 인력이 필요하다. 이것은 장기적인 안목에서 우리나라 평생교육의 질적인 발전에 크게 기여할 수 있는 길이기도 하다. 조직이 원활하게 기능하게 위해서는 반드시 그 조직 내에서 일할 수 있는 유능한 인력을 필요로 한다. 평생학습은 누구나 자유롭게 할 수 있고, 할 수 있어야겠지만 그렇다고 하여 누구나 평생교육을 준비하고 실시할 수 있는 것은 아니다. 특히 정부에서 평생교육을 진흥하기 위한 조직을 구축한 경우라든지, 기관의 성격이 공공성을 띠고 있다면 최소한 그 조직에서 일하는 인사의 전문성은 확보될 필요가 있다(백은순, 2001).

현재 평생교육법 제3장 17조에 의하면 "교육부장관은 고등교육법 제2조의 규정에 의한 학교(이하 '대학'이라 한다)에서 평생교육 관련 과목을 일정학점 이상 이수한 자 또는 제18조의 규정에 의한 평생교육사 양성과정에서 소정의 과정을 이수한 자에게 평생교육사의 자격을 부여"하고 있다. 동법에 따르면 평생교육사는 "평생교육의 기획·진행·분석·평가 및 교수

---

1) 평생교육백서에 의하면 대학평생교육원은 1986년 3개에서 2002년에는 328개로 증가하였으며, 학력인정평생교육시설은 1997년에는 744개에서 2002년에는 973개로 증가하였으며, 학원 수도 1998년에는 13,715개에서 2002년 20,7563개로 증가하였으며, 주민자치센터는 1997년에는 278개에서 2002년에는 1,683개로 증가하였다. 또한 2000년 평생교육법의 발효와 함께 16개 시도에 23개의 지역평생교육정보센터와 220개의 평생학습관이 건립되었다. 학점은행제과목 수는 1998년 167과목에서 2,952과목으로 증가하였다. 현재 평생교육은 교육인적자원부 등 32개 부처(청)에서 평생교육사업을 시행하고 있으며, 1999년에는 전국적으로 학원을 포함하여 207,554개 기관에서 운영하고 있으며, 학습자는 119,157,432명이 이용하였다(교육인적자원부·한국교육개발원, 1999; 교육인적자원부·한국교육개발원, 2001).

업무를 수행하는 자"를 말한다. 이러한 규정을 바탕으로 현재 전문대학과 한국방송통신대학교를 비롯한 4년제 대학, 사이버대학, 대학원 및 평생교육사 양성과정에서 평생교육사를 양성하고 있다.

평생교육사는 1986년 평생교육사의 전신인 사회교육전문 요원 2급 20명이 처음 양성된 후 크게 증가하여 2002년에 약 29,145명에 달하였으며(교육인적자원부·한국교육개발원, 2002), 2004년 현재 약 32,998명에 이를 것으로 추정되고 있다.

평생교육법 제19조에는 "평생교육단체 및 평생교육시설에는 효율적인 평생교육의 실시를 위하여 평생교육사를 배치하여야 한다"라고 평생교육사의 배치를 규정하고 있으나 실제로 대부분의 평생교육사들이 평생교육 관련 직업을 갖지 못하고 있는 실정이다. 2004년 현재 1,544개의 평생교육 관련 기관에서 불과 766명의 평생교육사를 고용하고 있는 것으로 집계되었으며(교육인적자원부 내부자료, 2004), 이것은 지금까지 양성된 평생교육사의 2.3%만이 평생교육 관련 기관에 소속되어 근무하고 있다는 것을 의미한다. 이것은 한편으로 평생교육사의 공급에 비해 수요가 적어 공급과잉 상태를 나타내고 있기 때문이기도 하며, 다른 한편으로 평생교육사 양성교육의 질이 낮기 때문에 현장에서 신규 양성된 평생교육사의 채용을 꺼리기 때문이기도 하다. 평생교육기관을 운영하는 운영자나 실무를 담당하는 담당자들은 양성교육이 현장의 실무를 충분히 반영하지 못하고 있다고 한다(김진화, 2003; 백은순, 2001; 권두승, 2001).

이러한 현실 속에서도 정부는 2002년부터 현장에서 평생교육 관련 업무에 종사하고 있는 사람들의 평생교육사 자격 취득을 위한 평생교육사 양성과정을 전국적으로 네 곳에 허가하여 운영하고 있다. 평생교육사의 고용이 보장되지 않아 평생교육사 양성교육의 무용론이 제기되고 있는 시점에서 평생교육사 양성과정을 설치하는 등 평생교육사의 양적 성장에만 초점을 맞춘다면 현재 평생교육사 양성교육 제도가 안고 있는 문제점은 더욱 증폭될 것이다.

그동안 평생교육사 양성제도의 개선 방안을 모색하기 위하여 다양한 연구들이 수행되어 왔다(조희옥, 2001; 백은순 외, 2001; 최운실 외, 1994; 최돈민 외, 1999, 권두승·양열모, 1999, 박부권, 2001). 이와 같은 선행연구들은 주로 현행 평생교육사 양성체제 구축을 통한 제도운영의 활성화 방안과 연수 및 교육과정을 탐색하는 데 초점이 맞추어져 있다. 이러한 연구가 나름대로 평생교육사 양성교육 제도운영의 활성화에 기여하였지만 평생교육사 양성교육의 효과를 검증하는 연구는 부족하였다. 현행 평생교육사 양성교육이 어떠한 측면에서 효과가 높고 낮은지를 파악할 수 있는 실증적인 자료가 바탕이 될 때 평생교육사 양성교육의 질적인 발전이 이루어질 뿐만 아니라 평생교육 전문가를 양성하는 데 있어서 타당성 있는 자료로 활용될 수 있을 것이다.

이 연구에서는 우리나라에서 시행되고 있는 평생교육사 양성교육의 효과를 분석함으로써 첫째, 평생교육사 양성교육의 실태를 점검하고, 둘째, 평생교육사 양성교육의 문제점을 개선하여 양성교육의 효율성을 높이고, 셋째, 평생교육사의 전문성 향상을 위한 기초 자료를 제공하고자 하였다. 이를 위해 평생교육사 양성기관에서 교육을 이수한 후 현장에 배출되어 있는 평생교육사의 인식을 바탕으로 첫째, 이들이 이수한 교육이 평생교육 업무를 수행하기 위한 직무능력 개발 및 고용개선, 자아실현, 사회적 네트워크 구축에 어떠한 효과를 나타내고 있는지를 분석하였다. 둘째, 이와 같은 교육 효과가 학습자 요인별 및 교육기관별로 어떠한 차이가 있는지를 분석하였다. 셋째, 평생교육사 양성교육의 효과에 영향을 미치는 요인을 분석하였다.

2. 연구의 내용

본 연구의 주된 목적은 다양한 기관의 평생교육사 양성교육을 통하여 평생교육사 자격을 취득하고 현장에 나가 있는 평생교육사들을 대상으로 평생교육사 양성교육이 직무능력 개발, 고용개선, 자아실현, 사회적 네트워크 구축에 어떤 효과를 가져왔는가를 분석하고, 평생교육사 양성교육의 효과가 학습자 요인(인구학적 요인, 심리적 요인, 교육비 요인), 교육 프로그램 요인(교수에 대한 만족도 요인, 담당자 요인, 교육과정 요인) 및 교육기관 요인(지리적 요인, 물리적 요인, 문화적 요인, 양성과정 유형 요인)에 따라 어떠한 차이가 있는지 분석하였다. 또한 평생교육사 양성교육의 효과(직무능력 개발 효과, 고용개선 효과, 자아실현 효과, 사회적 네트워크 구축 효과)에 영향을 미치는 요인을 분석하였다. 이를 위한 구체적인 연구내용은 다음과 같다.

첫째, 평생교육사 양성교육의 효과를 분석하였다.
1) 평생교육사 양성교육이 직무능력 개발에 어떤 효과를 가져왔는지를 분석하였다.
2) 평생교육사 양성교육이 고용개선에 어떤 효과를 가져왔는지를 분석하였다.
3) 평생교육사 양성교육이 자아실현에 어떤 효과를 가져왔는지를 분석하였다.
4) 평생교육사 양성교육이 사회적 네트워크 구축에 어떤 효과를 가져왔는지 분석하였다.

둘째, 평생교육사 양성교육의 효과가 학습자 요인 및 교육기관 요인에 따라 어떠한 차이가 있는지 분석하였다.
1) 평생교육사 양성교육의 교육 프로그램과 교육기관 만족도가 학습자 요인에 따라 어떠한 차이가 있는가를 분석하였다.
2) 평생교육사 양성교육의 교육 프로그램과 교육기관 만족도가 교육기관 요인에 따라 어떠한 차이가 있는가를 분석하였다.
3) 평생교육사 양성교육 효과가 학습자 요인에 따라 어떠한 차이가 있는가를 분석하였다.
4) 평생교육사 양성교육 효과가 교육기관 요인에 따라 어떠한 차이가

있는가를 분석하였다.

셋째, 평생교육사 양성교육의 효과에 영향을 미치는 요인을 분석하였다.
1) 평생교육사 양성교육의 직무능력 개발 효과에 어떠한 요인들이 영향을 미치는지 분석하였다.
2) 평생교육사 양성교육의 고용개선 효과에 어떠한 요인들이 영향을 미치는지 분석하였다.
3) 평생교육사 양성교육의 자아실현 효과에 어떠한 요인들이 영향을 미치는지 분석하였다.
4) 평생교육사 양성교육의 사회적 네트워크 구축 효과에 어떠한 요인들이 영향을 미치는지 분석하였다.

3. 용어의 정의

가. 평생교육사

사회교육법이 제정되기 전에는 사회교육의 현장에서 활동해 오던 사람들을 '사회교육 담당자', '사회교육자', '사회교육 지도자', '성인교육자', '프로그래머' 등 다양한 용어로 지칭하였다. 당시에는 사회교육이란 용어도 제대로 정립되지 못하였으며 그러한 교육시설에서 활동하는 교육자들이 담당하는 역할도 기관에 따라 다양했기 때문에 하나의 용어로 통일하기가 매우 어려웠다. 사회교육법이 제정됨에 따라 이들을 '사회교육전문 요원'이라는 용어로 통일하여 지칭하게 되었다. 2000년 평생교육법이 공포되면서 평생교육에 종사하는 사람들의 전문성이 강조되었으며 용어의 재정립에 대한 필요성이 제기되었다. 이에 따라 평생교육 담당자에 대한 국가적 인증제도가 도입되었으며 그 결과 종전의 사회교육전문 요원이 '평생교육사'로 개칭되었다. 평생교육법 제17조에 의하면, 평생교육사란 "대학에서 법이 정한 평생교육 관련 과목을 일정학점 이상 이수한 자 또는 법이 정한 평생교육사 양성기관에서 소정의 과정을 이수한 후 자격증을 부여받은 사람"을 말한다.

나. 평생교육사 양성교육

평생교육법 제17조(평생교육사)에 의하면 교육인적자원부장관은 학교(정규 대학이나 대학원)에서 평생교육 관련 과목을 일정학점 이상 이수한 자 또는 제18조의 규정에 의한 일정한 자격과 기준을 갖춘 평생교육사 양성기관에서 소정의 과정을 이수한 자에게 평생교육사 자격을 부여하도록 되어 있다.

평생교육사 양성교육은 정규교육과정에서 이루어지는 신규 인력의 평생교육사 양성교육과 임시교육과정에서 이루어지는 현장 재직자를 위한 양성과정 등 두 가지 방식으로 추진되고 있다. 신규 인력의 평생교육사 양성교육의 경우 전문대학, 대학교, 대학원, 한국방송통신대, 디지털대학교에서 평생교육과를 설치하여 운영하거나 평생교육사 양성과목 이수와 실습을 통하여 평생교육사 자격을 얻게 되는 과정을 말한다.

현장 재직자를 위한 평생교육사 양성과정은 평생교육 실무자들이 평생교육사 자격 없이 근무함으로써 발생하는 무자격 문제와 전문성의 부재문제를 해결하기 위하여 임시적으로 현장 재직자들을 대상으로 하는 평생교육사 양성교육을 말한다.

이와 같이 평생교육사 양성교육에는 두 가지 제도가 있기 때문에 명칭에 대한 혼동을 막기 위하여 평생교육사 양성과 관련된 모든 과정을 전부 합쳐 평생교육사 양성교육이라고 정의한다.

다. 교육 효과

교육의 효과는 학습자들에게 교육이라는 투입으로 인하여 보람 있는 결과가 나타난 것으로 정의되며, 더 정확히 교육의 목적이 성취된 정도로 정의될 수 있다. 즉 효과는 교육기관의 목표나 프로그램의 목표달성의 정도를 의미할 뿐만 아니라 교육을 수료한 후에 개인이나 사회적으로 얻는 금전적 비금전적인 이익을 포함한다. 또한 효과는 사회의 요구에 대응하여 나타난 결과의 정도로서도 정의될 수 있다. 교육의 효과는 목표 지향적 개념으로 양과 질의 개념을 동시에 내포하고 있으며, 개인적인 효과와 사회적인 효과로 구분할 수 있다. 개인적인 효과에는 자아실현 효과, 직무능력개발 효과, 인간관계 개선 효과, 여가선용 효과 등이 있으며, 사회적 효과로는 민주시민성 효과, 사회봉사 및 참여의 효과, 경제발전의 효과 등을 들수 있다. 본 연구에서는 개인적 효과를 중심으로 교육 효과를 분석하였다.

II. 이론적 배경

1. 평생교육사 자격제도

가. 사회교육전문 요원

우리나라에서는 평생교육 이념이 유네스코를 통해 1970년대를 전후해서 소개된 이래, 사회교육활동이 급격하게 성장하여 왔으며, 이에 대한 연구도 매우 활발하게 진행되어 왔다. 이와 함께 학교교육에 비하여 상대적으로 소홀하게 취급되어 왔던 사회교육 활동을 교육의 테두리 안에 수용하고자 하는 제도적인 노력이 요구되었고 이 일환으로서 우리나라에 있어서의 평생교육을 제도화시켜서 확고한 국가교육으로서의 체제를 확립하려는 시도가 일부 교육학자와 정부를 중심으로 이루어져 왔다(김승한, 1981; 김종서 외, 1987; 권순찬·김승한, 1987; 한국교육개발원, 1987 등). 이에 관한 연구 및 실제 활동과 함께 제도적으로 뒷받침해 줄 국가적 차원에서의 체계화 작업이 진행되어 왔다.

그 노력의 하나로 정부는 1980년의 제5공화국 헌법에 처음으로 '국가는 평생교육을 진흥하여야 한다'는 이른바 평생교육 진흥조항을 삽입시켰고 1982년 12월 31일에 사회교육법을 제정, 공포(법률 제3648호)하게 되었다. 사회교육법은 전부 6장 30조로 되어 있는데 사회교육법에서 가장 중요하다고 할 수 있는 부분은 아무래도 제3장의 전문 요원에 관한 조목이다. 제3장 제17조(전문 요원의 자격 등)에서는 사회교육전문 요원은 사회교육단체 또는 사회교육시설에서 사회교육과정의 편성, 진행과 교육 효과의 분석·평가 등 사회교육활동의 기호·분석 및 지도업무를 전담하는 것이라고 규정하고 있으며 제18조에 결격사유, 제19조에 신분보호, 제20조에 전문 요원 양성, 연구기관의 설립인가에 대한 내용을 명시하였다.

대통령령 11230호로 1983년 9월 10일에 사회교육법 시행령이 공포되면서 사회교육의 내용이 좀 더 구체화 되었고 사회교육을 실시할 기관, 시설, 전문 요원 등에 대한 지침이 규정되었다. 특히 1988년에 개정된 제9조 2항의 사회교육 전문 요원의 자격에 관한 사항에는 당시까지 교육부장관이 지정한 사회교육 관련 학과를 폐지하고 1989학년 입학생부터는 모든 대학생에게 자격증을 취득할 수 있는 기회를 제공한다는 내용이 포함되었다. 평생교육법 시행령 제9조에서는 사회교육전문 요원의 자격을 규정하였으며, 제10조에서는 사회교육 전문 요원의 배치, 제11조에서는 사회교육 전문 요원의 신분보장, 제12조에서는 사회교육 전문 요원의 양성・연수기관의 설립인가에 대하여 규정하였다.

사회교육법이 제정되기 전까지 평생교육은 그 영역이 광범위하고 종사하는 사람들의 역할과 기능이 매우 다양하였기 때문에 평생교육에 종사하는 사람들을 통칭하는 적절한 전문적인 용어를 제대로 정하여 부르기가 어려운 실정이었다. 따라서 국내에서는 그동안 평생교육에 종사하는 사람을 '사회교육자', '사회교육지도자', '성인교육자', '사회교육종사자', '교육 프로그램 간사', '스텝', '교육실무자', '프로그래머', '트레이너' 등의 다양한 용어들을 맥락에 따라 달리 사용하여 왔었다. 그러나 사회교육법이 제정되어 평생교육 분야의 종사자 중에서 전문성을 가진 사람들에 대한 국가적인 인증이 필요해짐에 따라 평생교육 종사자 중 일정한 자격을 부여받은 사람들을 법에 의해 '사회교육전문 요원'이라는 명칭으로 부르게 되었다.

사회교육전문 요원은 자격에 따라 1급 전문 요원과 2급 전문 요원으로 구분되었다. 사회교육법시행령 제9조의 1급 전문 요원과 2급 전문 요원의 각 등급별 자격기준을 보면 〈표 Ⅱ-1-1〉과 같다.

<표 Ⅱ-1-1> 사회교육전문 요원의 등급별 자격 조건 및 이수학점

등 급	대상 및 자격조건	이수학점(시간)	교육기관
1급	대학졸업자 또는 이와 동등 이상의 학력이 있는 자	20학점	대　학
	대학원에서 사회교육학을 전공한 자	10학점	대학원
	대학졸업자 또는 이와 동등 이상의 학력이 있는 자	480시간	양성기관
	전문대학졸업자 또는 이와 동등 이상의 학력이 있는 자	40학점(640시간)	대학, 양성기관
	2급 전문 요원 + 사회교육 업무 3년	10학점(160시간)	대학, 양성기관
	초·중등교원 + 경력 3년	10학점(160시간)	대학, 양성기관
	대학과정 기타 제1호 내지 제5호의 각호의 1에 해당하는 자		
2급	전문대학과정 졸업자 + 사회교육 업무 3년	20학점	전문대
	고등학교 졸업자	20학점(3200시간)	양성기관
	공무원 + 사회교육 업무 2년	15학점(240시간)	양성기관
	기타 제1호 내지 제3호의 각호의 1에 해당하는 자		

자료: 사회교육법시행령 제9조.

　첫째, 1급 전문 요원의 자격을 취득할 수 있는 자에는 대학졸업자 또는 이와 동등 이상의 학력이 있는 자로서 사회교육학에 관한 학점을 20학점 이상 취득한 자, 대학원에서 사회교육학을 전공한 자로서 사회교육학에 관한 학점을 10학점 이상 취득하고 졸업한 자, 대학졸업자 또는 이와 동등 이상의 학력이 있는 자로서 교육부장관이 지정하는 기관에서 사회교육학에 관한 학습을 480시간 동등 이상 받은 자, 전문대학졸업자 또는 이와 동등 이상의 학력이 있는 자로서 대학 또는 교육부장관이 지정하는 기관에서 사회교육학에 관한 학점을 40학점 이상 취득하거나 사회교육학에 관한 학습을 640시간 이상 받은 자, 2급 전문 요원으로서 사회교육 또는 그와 관련한 업무에 3년 이상 종사한 경력이 있거나 초·중등교원으로 3년 이상 근무한 경력이 있는 자로서 대학 또는 교육부장관이 지정하는 기관에서 사회교육학에 관한 학점을 10학점 이상 취득하거나 사회교육학에 관한 학습을

160시간 이상 받은 자, 기타 제1호 내지 제5호의 각호의 1에 해당하는 자와 동등 이상의 자격이 있다고 교육부장관이 인정하는 자가 포함된다.

둘째, 2급 전문 요원의 자격을 취득할 수 있는 자에는 전문대학 졸업자 또는 이와 동등 이상의 학력이 있는 자로서 사회교육학에 관한 학점을 20학점 이상 취득한 자, 고등학교 졸업자 또는 이와 동등 이상의 학력이 있는 자로서 사회교육 또는 그와 관련된 업무에 3년 이상 종사한 경력이 있고 대학 또는 교육부장관이 지정하는 기관에서 사회교육학에 관한 학점을 20학점 이상 취득하거나 사회교육학에 관한 학습을 320시간 이상 받은 자, 공무원으로서 사회교육 또는 그와 관련된 업무에 2년 이상 종사한 경력이 있고 대학 또는 교육부장관이 지정하는 기관에서 사회교육에 관한 학점을 15학점 이상 취득하거나 사회교육학에 관한 학습을 240시간 이상 받은 자, 기타 제1호 내지 제3호의 각호의 1에 해당하는 자와 동등 이상의 자격이 있다고 교육부장관이 인정하는 자가 포함된다.

나. 평생교육사

평생교육법은 1999년 8월에 제정되고, 2000년 3월에 시행령이 공포되어 시행에 들어갔다. 평생교육법의 공포에 따른 가장 큰 변화는 종전의 공급자(교육자)중심의 사회교육보다는 수요자(학습자)중심의 평생학습으로 평생학습 시행전략이 바뀌었다는 것이다. 사회교육법은 적용범위를 심하게 제한하였고 지원과 허용보다는 통제와 감독에 주 목적을 두고 있었으나 평생교육법은 적용범위를 크게 확대하고 국민의 평생학습을 지원하고 확대하는 데에 역점을 두고 있다. 이처럼 사회교육법에 비하여 새로 추가되거나 크게 변화된 평생교육법의 내용에는 여러 가지가 있지만 그중에서 평생교육사와 관련된 내용을 보면 다음과 같다.

평생교육사에 대한 규정은 평생교육법 제17조(평생교육사), 제18조(평생교육사 양성기관), 제19조(평생교육사의 배치) 등으로서 이 규정에는 종래의 사회교육전문 요원의 명칭을 평생교육사로 바꾼다는 내용과 양성과 배치에 관한 내용이 포함되어 있다. 이러한 규정에 대한 절차를 구체적으로 정한 평생교육법 시행령에서 평생교육사와 관련된 조항을 보면 제5조(평생교육사의 자격요건 등)에서는 평생교육사의 등급을 1급·2급 및 3급으로 하고, 등급별 자격요건을 별도로 정하였다. 제6조(평생교육사 양성기관의 지정)에서는 평생교육법 제18조의 규정에 의하여 평생교육사 양성기관으로 지정을 받을 수 있는 평생교육단체 또는 평생교육시설을 규정하고 있다. 제7조(평생교육사의 배치대상)에서는 평생교육법 제19조제2항의 규정에 의하여 평생교육사를 배치하여야 하는 평생교육단체 및 평생교육시설을 규정하고 있다.

평생교육법에 의하면, 교육인적자원부장관은 고등교육법 제2조의 규정에 의한 학교에서 평생교육 관련 과목을 일정학점 이상 이수한 자, 또는 제18조의 규정에 의한 평생교육사 양성기관에서 소정의 과정을 이수한 자에게는 평생교육사의 자격을 부여한다고 규정하고 있다. 평생교육사의 등급별 자격요건을 살펴보면 다음과 같다.

평생교육법 제7조에서는 평생교육사의 자격을 현장경력과 교육정도에 따라서 1, 2, 3등급으로 구분하여 적용하고 있다. 각 평생교육사 자격은 대학, 전문대학, 대학원, 양성기관에서의 평생교육사 양성과정 이수와 실습 및 현장 경력을 포함하고 있다. 각 등급의 평생교육사가 상급으로 이동할 수 있는 기회는 개방되어 있고, 상급의 자격 취득을 위한 현장 경력과 보수 교육 기준을 제시했다. 평생교육사 각 등급별 자격기준은 〈표 Ⅱ-1-2〉와 같다.

첫째, 평생교육사 1급의 자격을 취득할 수 있는 자에는 대학원에서 평생교육 관련 전공을 하고 박사학위를 취득한 자, 평생교육사 2급 자격증을 소지하고 3년 이상 경력자로 교육부장관이 정하는 210시간 이상의 평생교육사 전문교육과정을 이수한 자, 각급 학교의 교장 및 교감(퇴직자를 포함한다) 또는 이와 동등 이상의 자격이 있는 자로서 교육인적자원부장관이 인정하는 210시간 이상의 평생교육사과정을 이수한 자, 학력인정평생교육시설에서 5년 이상 경력이 있는 설치자·경영자로서 교육인적자원부장관이 인정하는 210시간 이상의 평생교육과정을 이수한 자, 근무경력이 5년 이상의 5급 이상 공무원(퇴직자를 포함한다)또는 이와 동등 이상의 자격이 있는 자로서 교육인적자원부장관이 인정하는 210시간 이상의 평생교육과정을 이수한 자가 포함된다.

<표 II-1-2> 평생교육사의 등급별 자격 조건 및 이수학점

등 급	대상 및 자격조건	이수학점(시간)	교육기관
1급	평생교육 관련 분야 박사학위취득자		대 학 원
	평생교육사 2급 자격 + 평생교육 업무 3년	210시간	양성기관
	교장 및 교감자격증 소지자	210시간	양성기관
	학력인정 평생교육시설 설치·경영자 +경력 5년	210시간	양성기관
	5급 이상 공무원 + 경력 5년	210시간	지정기관
2급	대학원 재학생	14학점	대학원
	대학과정 재학생	20학점	대학
	대학과정 졸업자	20학점(300시간)	대학, 양성기관
	전문대학생	30학점	전문대
	전문대학과정 졸업자	30학점(450시간)	전문대, 양성기관
	평생교육사 3급 + 평생교육 업무 3년	10학점(150시간)	학교, 양성기관
	대학 졸업자 + 평생교육 업무 3년	14학점(210시간)	학교, 양성기관
	학교교원 + 경력 3년	14학점(210시간)	학교, 양성기관
3급	전문대학과정 재학생	20학점	전문대
	전문대학과정 졸업자	20학점(300시간)	전문대, 양성기관
	고등학교과정 졸업자 + 평생교육 업무 3년	20학점(300시간)	전문대, 양성기관
	공무원 + 평생교육 업무 2년	14학점(210시간)	전문대, 양성기관

자료: 백은순(2001). 평생교육사 양성연수 종합계획. 한국교육개발원, p.4.

둘째, 평생교육사 2급의 자격을 취득할 수 있는 자에는 대학원에서 평생교육영역에 관한 학점을 14학점 이상 취득한 자, 대학졸업자 또는 이와 동등 이상의 학력이 있는 자로서 평생교육영역에 관한 학점을 20학점 이상 취득한 자, 대학졸업자 또는 이와 동등 이상의 학력이 있는 자로서 교육인적자원부장관이 지정하는 기관에서 평생교육영역에 관한 학습을 300시간 이상 받은 자, 전문대학졸업자 또는 이와 동등 이상의 학력이 있는 자로서 대학 또는 교육인적자원부장관이 지정하는 기관에서 평생교육영역에 관한 학점을 30학점 이상 취득하거나 평생교육영역에 관한 학습을 300시간 이상 받은 자, 전문대학졸업자 또는 이와 동등 이상의 학력이 있는 자로서 평생교육영역에 관한 학점을 30학점 이상 취득한 자, 3급 평생교육사로서 평생교육 또는 그와 관련한 업무에 3년 이상 종사한 경력이 있거나 초·중등교원으로 3년 이상 근무한 경력이 있는 자로서 대학 또는 교육인적자원부장관이 지정하는 기관에서 평생교육영역에 관한 학점을 10학점 이상 취득하거나 평생교육영역에 관한 학습을 150시간 이상 받은 자, 대학졸업자 또는 이와 동등 이상의 학력이 있는 자로서 평생교육과 관련된 업무에 3년 이상 종사한 경력이 있거나 초·중등교원으로 3년 이상 근무한 경력이 있는 자로 대학 또는 교육인적자원부장관이 지정하는 기관에서 평생교육영역에 관한 학점을 14학점 이상 취득하거나 210시간 이상 받은 자가 포함된다.

셋째, 평생교육사 3급의 자격을 취득할 수 있는 자에는 전문대학졸업자 또는 이와 동등 이상의 학력이 있는 자로서 평생교육영역에 관한 학점을 20학점 이상 취득한 자, 고등학교 졸업자 또는 이와 동등 이상의 학력이 있는 자로서 평생교육 또는 그와 관련된 업무에 3년 이상 종사한 경력이 있고 대학 또는 교육인적자원부장관이 지정하는 기관에서 평생교육영역에 관한 학점을 20학점 이상 취득하거나 평생교육영역에 관한 학습을 300시간 이상 받은 자, 공무원으로서 평생교육 또는 그와 관련된 업무에 2년 이상 종사한 경력이 있고 대학 또는 교육인적자원부장관이 지정하는 기관에서 평생교육영역에 관한 학점을 14학점 이상 취득하거나 평생교육학에 관한 학습을 210시간 이상 받은 자, 기타 제1호 내지 제3호의 각호 1에 해당하는 자와 동등 이상이 자격이 있다고 교육인적자원부장관이 인정하는 자가 포함된다.

다. 사회교육전문 요원과 평생교육사의 차이점

2000년 3월 기존의 사회교육법이 평생교육법으로 개정·공포됨에 따라 사회교육전문 요원 자격증의 명칭이 평생교육사로 변경되면서 평생교육사의 직무, 양성, 배치, 연수, 자격발급 기관에 대한 내용이 변화하였다. 사회교육전문 요원과 평생교육사 제도의 차이를 비교하면 〈표 Ⅱ-1-3〉과 같다.

<표 Ⅱ-1-3> 사회교육전문 요원과 평생교육사 제도의 비교

명 칭		사회교육전문 요원	평생교육사
직 무		사회교육의 기획. 진행. 분석 및 평가	평생교육의 기획. 진행. 분석. 평가 및 교수
양성	등 급	1급, 2급	1급, 2급, 3급
	자격요건	과정 이수	과정 이수, 현장 경력
	교과목	교육학, 심리학 등 일반 지식 중심의 교육	평생교육 직무 중심의 교육과정
	실 습	4주	3주
배치	기 준	종사자가 5명 이상이고, 동시에 50명 이상의 교습 단체 및 시설/ 연간 교육인원 500인 이상 단체	종사자가 10명 이상이고, 동시에 300명 이상 교습할 수 있는 단체 및 시설
연 수		전문 요원 연수기관 설립인가	양성 및 연수를 위해 양성기관을 지정/시설. 인력. 교육과정 및 위치 등을 고려하여 지정 여부 결정
자격발급 기관		교육부	학교장

자료: 교육인적자원부·한국교육개발원(2002), p.62.

업무의 경우 사회교육전문 요원의 업무에는 사회교육의 기획·진행·분석 및 평가가 포함된 반면, 평생교육사의 업무에는 평생교육의 기획·진행·분석·평가 및 교수가 포함되어 평생교육사의 업무에는 기존의 사회교육전문 요원의 업무에 비하여 교수업무가 추가된 것을 알 수 있다. 등급의 경우 사회교육전문 요원 제도에서는 1급, 2급을 양성하였으나, 평생교육사 제도에서는 1급, 2급, 3급을 세분화하여 양성하고 있다. 양성교육의 교육내용에 있어서 사회교육전문 요원이 교육학, 심리학 등 일반 지식 중심의 교육내용으로 구성되었으나, 평생교육사는 평생교육 직무 중심의 교육과정으로 구성되어 있다. 실습기간의 경우 사회교육전문 요원은 4주였으나, 평생교육사는 3주로 줄어들었다.

배치의 경우 사회교육전문 요원은 종사자가 5명 이상이고, 동시에 50명 이상의 교습 단체 및 시설/연간 교육인원 500인 이상 단체에서 고용해야 하는 것으로 규정하고 있고, 평생교육사는 종사자가 10명 이상이고, 동시에 300명 이상 교습할 수 있는 단체 및 시설에 고용하도록 규정하고 있다. 그러나 이러한 규정은 강제규정이 아니라 자의적 해석이 가능한 임의규정으로 되어 있어 고용이 활성화되지 못하고 있다. 자격증 발급기관은 사회교육전문 요원의 경우 교육부여서 사회교육전문 요원 양성 현황에 대한 통계자료를 집계하기가 쉬웠으나 평생교육법으로 개정되면서 자격증 발급기관이 교육부에서 학교장으로 바뀜에 따라 평생교육사가 정확히 얼마나 양성되어 있는가에 대한 집계가 어려운 형편이다.

기존의 사회교육전문 요원제도에 의해 발급된 사회교육전문 요원 1급과 2급 자격증은 새로운 평생교육사 제도에 의해 등급이 달리 적용된다. 이전의 사회교육전문 요원제도에 의하면 대학과 대학원 이수자 관계없이 모두 1급 자격증을 받았고, 전문대학의 경우는 이수학점에 관계없이 2급 자격증을 발급받았다. 그러나 새로운 평생교육사 제도에 의하면 대학원의 경우 평생교육 분야 박사과정 졸업자와 그 이하 대학원 석사과정 및 대학 졸업자를 구분하여 각각 1급과 2급을 부여하였으며, 전문대학의 경우도 30학점을 기준으로 그 이상 이수한 자는 2급, 이하를 이수한 자는 3급을 줌으로써 등급을 보다 세분화하였다. 이는 전문대학 평생교육 전공 졸업자에 대해 전문성을 인정해 준 결과라고 볼 수 있다. 〔그림 Ⅱ-1-1〕은 학력별로 등급화 되어 있는 사회교육전문 요원과 평생교육사의 자격제도를 비교하여 그림으로 나타낸 것이다.

[그림 II-1-1] 평생교육사의 학력별 자격등급의 변화

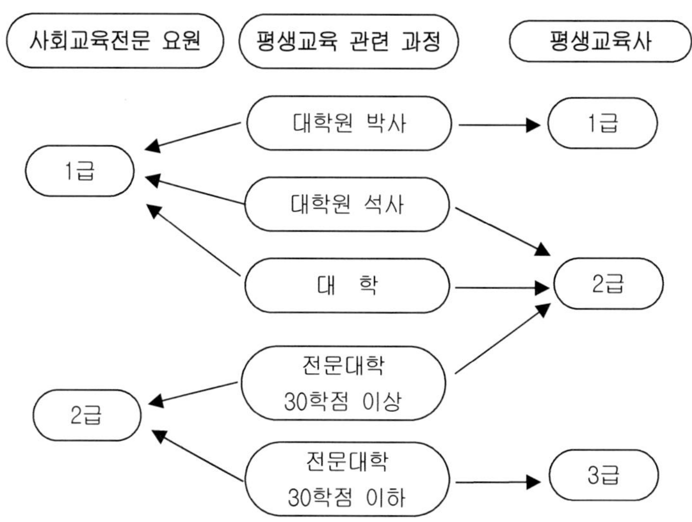

2. 평생교육사 양성교육의 현황

가. 평생교육사 양성교육의 유형

평생교육사의 양성은 대학, 대학원 혹은 전문대학에서의 신규 인력의 양성과정과 현장 재직자를 위한 양성과정의 두 가지 방식으로 추진되고 있다.

1) 신규 양성교육

평생교육사 신규 양성교육은 대학, 대학교, 대학원에서 평생교육과나 전공을 설치하여 평생교육사를 전문적으로 양성하는 경우와 전공이 아니더라도 평생교육사 양성과목을 이수하면 평생교육사 자격을 주는 경우로 나눌 수 있다. 평생교육 전공학과를 개설한 전문대학, 디지털대학, 대학교, 대학원은 〈표 II-2-1〉과 같이 36개 기관이며, 기관별로 학과명은 차이가 있다.

<표 Ⅱ-2-1> 평생교육 전공 학과 설치 학교

학교급	학교명	학과/전공명
전문대학 (2개)	명지전문대학	사회교육과
	백석대학(전 천안외대국어대학)	평생교육과
대학교 (7개)	광주대학교	사회복지학부
	광주여자대학교	평생교육학과
	경남대학교	평생교육학과
	대구대학교	지역사회개발 및 복지학전공
	동의대학교	평생교육학과
	숭실대학교	평생교육학과
	한국방송통신대학교	평생교육학과
디지털대학교 (3개)	한국 디지털 대학교	평생교육과
	한성 디지털 대학교	평생교육과
	서울 디지털 대학교	평생교육과
대학원 (24개)	강남대학교 교육대학원	평생교육전공
	경남대학교 교육대학원	평생교육전공
	경상대학교 교육대학원	교육사회학전공
	계명대학교 교육대학원	평생교육전공
	고려대학교 교육대학원	평생교육전공
	단국대학교 교육대학원	평생교육전공
	단국대학교 대학원	교육학과 평생교육전공
	대구대학교 교육대학원	평생교육전공
	대구대학교 행정대학원	지역사회개발학과
	대진대학교 교육대학원	평생교육전공
	동아대학교 교육대학원	청소년사회교육전공
	명지대학교 사회교육대학원	평생교육행정전공
	서강대학교 교육대학원	평생교육전공
	서울대학교 대학원	교육학과 평생교육전공
	선문대학교 교육대학원	교육학과 평생교육전공
	아주대학교 교육대학원	평생교육전공
	연세대학교 교육대학원	산업교육전공
	전남대학교 교육대학원	평생교육전공
	중앙대학교 교육대학원	평생교육전공
	중앙대학교 대학원	평생교육전공
	창원대학교 교육대학원	교육사회학전공
	한국방송통신대학교 교육대학원	평생교육전공
	한남대학교 사회문화과학대학원	평생교육사회학과
	홍익대학교 교육대학원	사회교육전공

자료: 전문대학 자료는 교육인적자원부·한국교육개발원(2002)의 평생교육백서 자료이며, 디지털대학, 대학교, 대학원, 교육대학원의 자료는 교육인적자원부에 등록된 교육과 및 사범대학 설치학교에 전화 문의를 통해 수집한 자료임.

2) 현직 재직자를 위한 양성과정

평생교육기관이 증가함에 따라 평생교육의 질적 향상을 위해서 평생교육을 담당하는 실무자들의 전문성을 제고할 필요성이 제기되었다. 이에 따라 교육인적자원부에서는 현직 종사자들을 위한 양성기관을 지정하여 운영하게 되었다. 평생교육법에서는 교육인적자원부장관이 평생교육사의 양성 및 연수를 위하여 대통령령이 정하는 바에 따라 평생교육단체 또는 평생교육시설을 평생교육사 양성기관으로 지정할 수 있다고 규정하고 있다. 평생교육법시행령 제6조(평생교육사 양성기관의 지정)에서는 이를 구체화하여 ① 평생교육법 제13조 제2항의 규정에 의하여 평생교육센터의 기능을 대행하는 법인 또는 단체, ② 평생교육법 제25조 제4항의 규정에 의한 대학부설 평생교육시설, ③ 공무원교육훈련법에 의한 공무원교육훈련기관, ④ 교육공무원법에 의한 연수기관, ⑤ 특별법 또는 정부출연기관으로 설립된 연수 및 교육훈련기관 등으로 양성기관의 그 대상을 다양화하고 있다.

〈표 II-2-2〉와 같이 교육인적자원부에서는 2002년부터 시범사업으로 전국을 수도권, 중부권, 호남권, 영남권의 4개 권역으로 나누어 4개 기관을 평생교육사 양성기관으로 지정하여 운영해오고 있다. 2004년부터는 경기권, 부산권에서 각각 1개 기관씩을 추가하여 운영하고 있다.

<표 II-2-2> 평생교육사 양성과정 설치 학교

권 역	학교명
수도권	이화여자대학교 평생교육원
중부권	천안외대 평생교육원
호남권	전북대학교 평생교육원
영남권	대구대학교 평생교육원
경기권	인하대학교 평생교육원
부산권	동아대학교 평생교육원

나. 평생교육사 양성 교과목

　교육부령이 정하는 평생교육사 양성 교과목은 크게 필수과목과 선택과목으로 분류된다(〈표 Ⅱ-2-3〉 참조). 필수과목은 다시 필수과목 Ⅰ과 필수과목 Ⅱ로 나누고 필수과목 Ⅰ은 총 9과목 중에서 7과목으로 평생교육개론, 평생교육경영학, 성인학습 및 상담론, 원격교육활용론, 인간자원개발론, 평생교육방법론 또는 산업교육방법론 중 1과목, 평생교육 프로그램 개발 또는 산업교육 프로그램 개발 중 1과목이 포함된다. 필수과목은 1과목당 2학점씩 총 14학점이며, 대학에서의 수업시간으로 환산하면 1과목당 30시간, 총 210시간에 달한다.

〈표 Ⅱ-2-3〉 평생교육사 양성 교과목

구 분		종 류
가. 필수과목	과목 Ⅰ	평생교육개론, 평생교육경영학, 성인학습 및 상담론, 원격교육활용론, 인간자원개발론, 평생교육방법론 또는 산업교육방법론 중 1과목, 평생교육 프로그램 개발 또는 산업교육 프로그램 개발 중 1과목
	과목 Ⅱ	사회교육개론, 사회교육방법론, 사회교육학, 사회교육자료개발론, 사회교육행정론, 사회교육과 특수교육학, 사회교육법규론, 성인·청소년지도, 사회교육통계학, 평생교육론, 사회교육기관 및 시설, 사회교육과 여가, 사회교육과정 및 평가, 사회교육과 커뮤니케이션, 사회교육과 사회문제론, 사회학개론, 사회심리학, 사회사업론, 산업심리학, 사회복지론, 청년심리학, 사회조사 방법, 성인심리학, 산업사회학, 노인심리학, 농촌사회학, 교육심리학, 도시사회학, 상담심리학, 사회정책, 아동심리학, 지역사회개발론, 교육사회학, 도서관학, 박물관학, 여성학, 노인학, 산업교육론, 직업윤리, 인력개발론, 산업교육과정론, 직업기술교육, 조직이론, 직업교육방법, 레크리에이션지도, 직업교육과정 및 평가
나. 선택과목	과목	청소년교육개론, 여성교육개론, 노인교육개론, 경영학개론, 산업복지론, 기업교육론, 직업과 윤리, 지역사회교육론, 장애인교육개론, 환경교육론

자료: 평생교육법시행규칙 별표 1.

필수과목 Ⅱ는 2002년 말까지만 유효한 과목으로 대학에서 필수과목 Ⅰ을 개설할 수 있도록 준비기간을 두기 위해 인정하는 과목이었다. 또한 선택과목은 청소년교육개론, 여성교육개론, 노인교육개론, 경영학개론, 산업복지론, 기업교육론, 직업과 윤리, 지역사회교육론, 장애인교육개론, 환경교육론 등 10과목으로 구성되어 있다.

〈표 Ⅱ-2-4〉의 평생교육사 양성 과목 및 시수 조견표는 1급을 제외한 2급과 3급의 세부 과정별 필수과목과 선택과목, 그리고 이수시간을 종합적으로 정리하여 제시하고 있다. 평생교육사 2급을 취득하려는 대학 졸업자는 필수과목을 전부 총 14학점(210시간)을 이수해야 하며, 선택과목은 3과목 6학점(90시간)을 이수하여 총 20학점(300시간)을 이수해야 한다. 전문대 졸업자는 필수과목을 전부 총 14학점(210시간)을 이수해야 하며, 선택과목은 8과목 16학점(240시간)이수하여 총 30학점(450시간)을 이수해야 한다. 평생교육사 3급에서 평생교육사 2급으로 승급하려면 필수과목 5과목(10학점/150시간)을 이수해야 하며, 선택과목은 10학점(150시간)을 이수해야 한다. 평생교육실무자 2급 과정과 교원 대상 과정은 과정 필수과목을 전부 총 14학점(210시간)을 이수해야 하며, 선택과목은 이수하지 않아도 된다. 평생교육사 2급을 취득하려는 전문대학 졸업자와 평생교육실무자 3급 과정은 필수과목을 전부 총 14학점(210시간)을 이수해야 하며, 선택과목은 3과목(6학점/90시간)을 이수하여 총 20학점(300시간)을 이수해야 한다. 공무원대상 3급 과정은 필수과목을 전부 총 14학점(210시간)을 이수해야 하며, 선택과목은 이수하지 않아도 된다.

<표 II-2-4> 평생교육사 양성 과목 및 시수 조건표

구 분	과목명 (교육부 규정)	평생교육사 2급					평생교육사 3급		
		대학 졸업자 과정	전문대 졸업자 2급 과정	평생 교육사 2급 승급 과정	평생교육 실무자 2급 과정	교원대상 과정	전문대 졸업자 3급 과정	평생교육 실무자 3급 과정	공무원 대상 3급 과정

필수
과목
(7과목)
	• 평생교육개론
	• 평생교육경영학
	• 성인학습 및
	  상담론
	• 원격교육활용론
	• 인간자원개발론
	• 평생교육방법론
	  (산업교육방법론)
	• 평생교육프로그램
	  개발(산업교육프로
	  그램 개발)
		전 과목
		(14학점/
		210시간)
			전 과목
			(14학점/
			210시간)
				5과목
				(10학점/
				150시간)
					전 과목
					(14학점/
					210시간)
						전 과목
						(14학점/
						210시간)
							전 과목
							(14학점/
							210시간)
								전 과목
								(14학점/
								210시간)
									전 과목
									(14학점/
									210시간)

선택 과목	• 청소년교육개론 • 여성교육개론 • 노인교육개론 • 경영학개론 • 산업복지론 • 기업교육론 • 직업과 윤리 • 지역사회교육론 • 장애인교육개론 • 환경교육론	3과목 (6학점/ 90시간)	8과목 (16학점/ 240시간)		불필요	불필요	3과목 (6학점/ 90시간)	3과목 (6학점/ 90시간)	불필요
합 계		20학점 (300시간)	30학점 (450시간)	10학점 (150시간)	14학점 (210시간)	14학점 (210시간)	20학점 (300시간)	20학점 (300시간)	14학점 (210시간)

평생교육사 1급 과정의 경우 별도의 "평생교육에 관한 전문교육과정" 210시간 운영
자료: 백은순(2001). 평생교육사 양성연수 종합계획. 한국교육개발원. p.24.

다. 평생교육사 양성 현황

교육인적자원부에서 제시한 전문대학, 대학, 대학원의 평생교육사 양성
현황 자료를 보면 1986년에 처음으로 사회교육전문 요원 2급 20명 양성
을 시작으로 2004년까지 31,933명이 양성되었다.

2000년 평생교육법이 발효되기 전까지는 사회교육전문 요원 자격으로

양성되었으나 그 이후 평생교육사 자격으로 양성되었다. 평생교육법시행령 부칙 제2항에 따르면 사회교육전문 요원에 관한 경과조치를 두어 평생교육법 시행당시 종전의 규정에 의하여 취득한 사회교육전문 요원자격증 1급은 평생교육사자격증 2급, 사회교육전문 요원자격증 2급은 평생교육사자격증 3급의 자격을 취득한 것으로 보고 자격을 바꾸어 주고 있다. 2004년까지 양성된 평생교육사는 사회교육전문 요원과 평생교육사 양성과정 이수자를 포함하여 32,998명에 달하고 있다. 이 가운데 평생교육사 1급은 2002년에 처음으로 27명이 양성되어 2004년까지 44명이 양성되었으며 이는 전체 평생교육사의 수에 비하면 0.1%로 아주 적으며, 평생교육사 2급은 28,201명으로 전체의 86.9%로 대부분을 차지하고 있으며, 평생교육사 3급은 4,191명으로 15.1%를 차지하고 있다. 사회교육법에서는 사회교육전문 요원자격증 발급을 교육부에서 시행하였기 때문에 2000년 이전까지는 사회교육전문 요원 및 평생교육사집계가 가능하였으나 평생교육법이 시행된 2001년 이후부터는 각 교육기관의 장이 평생교육사자격증을 발급하고 있기 때문에 정확한 집계가 어렵게 되었다(〈표 Ⅱ-2-5〉 참조).

<표 Ⅱ-2-5> 전문대학, 대학, 대학원의 평생교육사 양성 현황

종류별 연도별	1급	2급	3급	계
1986	–	20	–	20
1987	–	500	40	540
1988	–	1,121	38	1,159
1989	–	1,459	45	1,504
1990	–	1,521	72	1,593
1991	–	1,540	68	1,608
1992	–	1,454	94	1,548
1993	–	2,028	230	2,258
1994	–	1,951	227	2,178
1995	–	2,027	349	2,376
1996	–	1,907	414	2,321
1997	–	2,016	392	2,408
1998	–	1,802	522	2,324
1999	–	1,999	783	2,782
2000	–	1,057	386	1,443
2001	27	2,547	509	3,083
2003	12	1,285	0	1,297
2004	5	1,470	16	1,491
계	44명(0.1%)	26,827명(86.9%)	4,185명(15.1%)	31,933명

자료: 교육인적자원부·한국교육개발원(2002). 평생교육백서, p.63.
주: 1991년까지는 교육인적자원부의 통계자료이며, 2003-2004년까지는 연구자가
전화로 문의하여 수집한 자료임.

2003년과 2004년 전문대학, 대학교, 대학원 평생교육사, 대학평생교육
원 양성 현황을 보면 총 60개 기관에서 2003년에는 1,842명이, 2004년
에는 2,072명 등 3,853명이 양성되었다(〈표 Ⅱ-2-6〉 참조). 지난 2년간
가장 많은 평생교육사를 양성한 기관은 대학교로서 1,570명을 양성하여

42

전체 평생교육사의 40.7%를 차지하였다. 다음으로는 한국방송통신대학교
는 단일기관 중 가장 많은 평생교육사를 양성한 기관으로서 877명을 양성
하여 전체 평생교육사의 22.7%를 차지하였다. 다음으로 대학평생교육원
이 564명을 양성하여 14.6%를 차지하였으며, 전문대학이 501명을 양성
하여 13.0%를 차지하였으며, 대학원이 341명을 양성하여 8.9%를 차지
하였다.

<표 Ⅱ-2-6> 2003년과 2004년 기관 유형별 평생교육사 양성 현황

구 분	기관 수	2003년				2004년				합 계	
		1급	2급	3급	계	1급	2급	3급	계	합계	백분율(%)
대학교	29	0	815	0	815	0	755	0	755	1,570	40.7
대학원	24	12	177	0	189	5	131	16	152	341	8.9
한국방송통신 대학교	1	0	293	0	293	0	584	0	584	877	22.7
전문대학	2	0	234	0	234	0	261	6	267	501	13.0
평생교육사 양성과정	4	0	208	43	251	0	261	52	313	564	14.6
합 계	60	12	1,727	43	1,842	5	1,992	68	2,071	3,853	100

주: 2003-2004년 기관 유형별 평생교육사 양성 현황은 연구자가 평생교육사를 양성하고
    있는 전문대학과 평생교육과가 설치되어 있는 대학 , 사범대학, 교육대학원, 대학평생
    교육원의 교무과 및 학적과에 전화로 문의하여 수집한 자료임.

대학교의 평생교육사 양성 현황을 기관 유형별로 보면 먼저 대학교의
경우 29개 대학에서 2003년에 815명, 2004년에 755명 등 1,570명이
양성되었다. 그중 원광대학교에서는 2년간 457명의 평생교육사를 양성하
였다. 대구대학교에서 2003년에는 155명, 2004년에는 190명 등 345명
의 평생교육사를 양성하였다. 이들 2개의 대학교에서 양성한 평생교육사는
대학교에서 양성한 평생교육사 전체의 51.1%를 차지하고 있다([부록 1]
참조).

대학원의 평생교육사 양성 현황을 보면 24개 대학원에서 2003년에는

189명이, 2004년에는 152명 등 341명이 양성되었다. 이 중 계명대학교 대학원에서 2003년 65, 2004년 66명 등 136명의 평생교육사를 양성하여 평생교육사 전체의 40%를 양성하여 단위 기관으로는 가장 많이 양성하였다([부록 2] 참조).

전문대학의 평생교육사 양성 현황을 보면 2개 전문대학에서 2003년에는 234명이, 2004년에는 267명 등 501명이 양성되었다. 이 중 명지대학이 300명의 평생교육사를 양성하여 평생교육사 전체의 60%를 양성하였으며 다음으로 백석대학이 201명의 평생교육사를 양성하여 40%를 양성하였다([부록 3] 참조).

대학평생교육원 평생교육사 양성과정 양성 현황을 보면 4개 대학에서 2003년에는 251명, 2004년에는 313명 등 564명이 양성되었다. 이화여자대학교 평생교육원에서 2003년 105, 2004년 126명 등 231명의 평생교육사를 양성하여 평생교육사 전체의 41%를 양성하여 단위 기관으로는 가장 많이 양성하였다([부록 4] 참조).

라. 평생교육사 배치 현황

평생교육법 제19조 ①항에서는 평생교육단체 및 평생교육시설에는 효율적인 평생교육의 실시를 위하여 평생교육사를 배치하여야 한다고 하였으며, ②항에서는 제①항의 규정에 의한 평생교육사의 배치대상 및 배치기준은 대통령령으로 정한다고 하였다. 평생교육법시행령 제7조(학원 제외)에 의하면 종사자(단순노무에 종사하는 자를 제외한다.)가 10명 이상이고, 300명 이상의 학습자를 동시에 교습할 수 있는 시설·설비를 갖춘 평생교육단체 및 평생교육시설, 연간 교육인원이 3천 명 이상인 평생교육단체 및 평생교육시설에서는 평생교육사를 배치하도록 되어 있다. 이처럼 평생교육사의 배치는 강제 배치의 법적 근거를 가지고 있음에도 불구하고 이에 대한 법적 제제조항이 없어 실제로는 기관의 임의적인 해석으로 자율적인 배

44

치를 하고 있다.

현재까지 양성된 사회교육전문 요원을 포함한 평생교육사의 수는 약 32,998명을 넘고 있다. 더욱이 2004년부터는 2개의 대학평생교육원 평생교육사 양성과정(동의대학교, 인하대학교)이 추가로 개설되었고, 2005년부터 2개의 사이버대학(한성디지털대학, 한국디지털대학)에서도 평생교육사들이 양성될 예정이어서 매년 양성되는 평생교육사의 수는 더욱 증가할 것으로 예상하고 있다. 교육인적자원부의 평생교육사 배치에 대한 내부자료를 보면(〈표 II-2-7〉 참조), 2004년 6월 현재 1,544개의 평생교육 관련 기관에 766명이 근무하고 있어 양성인원 중에 약 2.4%만이 평생교육 관련 기관에 근무하고 있는 것으로 나타났다.

〈표 II-2-7〉 기관별 평생교육사 배치 현황

시 설 유 형	기관(단체) 수	평생교육사 배치인원				비율 (%)
		1급	2급	3급	계	
지역평생교육정보센터	20	2	41	4	47	6.1
대학부설 평생교육원	323	9	105	21	135	17.6
평생학습관	208	1	135	21	157	20.5
학교형태	64	1	9	1	11	1.4
원격교육형태	326	23	104	3	130	17.0
사업징부설	120	9	99	2	110	14.4
시민사회단체부설	63	6	31	5	42	5.5
언론기관부설	36	3	9	0	12	1.6
지식·인력개발사업 관련	367	17	110	8	135	17.6
총 계	1,544	71	632	63	766	100

자료: 교육인적자원부 내부자료(2004년 6월 말 기준).

또한 평생교육사 배치 현황은 지역별로 많은 격차를 보이고 있다(〈표 II-2-8〉 참조). 이들은 주로 서울에 264명(34.5%), 경기에 126명(16.4%), 인천에 22명(2.9%) 등 과반수(53.8%) 이상인 412명이 수도권에 집중되어 있는 것으로 나타났다. 이는 평생교육기관이 주로 수도권에 밀집되어 있기 때문에 수도권에 거주하는 평생교육사에게 취업의 기회가 많다는 것을 알 수 있다.

<표 Ⅱ-2-8> 지역별 평생교육사 배치 현황

시 설 유 형	기관(단체) 수	평생교육사 배치인원				비고 (%)
		1급	2급	3급	계	
서 울	577	36	218	10	264	34.5
부 산	94	5	28	8	41	5.4
대 구	69	2	36	0	38	5.0
인 천	27	1	18	3	22	2.9
광 주	54	3	25	0	28	3.7
대 전	62	8	33	7	48	6.3
울 산	28	0	11	1	12	1.6
경 기	279	12	109	7	126	16.4
강 원	39	0	14	2	16	2.0
충 북	36	0	31	1	32	4.2
충 남	39	1	26	5	32	4.2
전 북	56	2	26	10	38	5.0
전 남	48	0	37	2	39	5.1
경 북	49	1	18	8	27	3.5
경 남	74	0	16	1	17	2.2
총 계	1,544	71	632	63	766	100

자료: 교육부 내부자료(2004년 6월 말 기준).

3. 평생교육사의 역할과 자질

보통 전문가 혹은 전문성이라 함은 특정인이 담당해야 할 역할과 직무를 수행하는 과정에서 사회적으로 안정된 어느 정도 이상의 자질이나 자격을 갖추고 있느냐에 대한 해답으로부터 출발한다(김진화, 2003). 최근 양질의 평생교육을 실시하기 위해 평생교육 담당자의 역할과 자질함양이 매우 중요한 과제로 부각되면서 평생교육 종사자의 전문성 강화에 대한 사회적 요구가 증가하고 있다. 평생교육사의 직업적 전문성의 구성요소는 기본적으로 세 영역으로 찾아볼 수 있는데 첫째는 평생교육사가 담당해야 할 역할(roles)이 무엇인가이며, 둘째는 평생교육사가 수행해야 할 직무(duty)와 과업(tasks)이 무엇인가이다. 셋째로 평생교육사가 담당해야 할 역할과 주어진 직무를 효과적으로 수행하는 과정에서 기본적으로 필요한 기술(skills)이 무엇인가이다(김진화, 2003).

평생교육사를 몇 가지 준거에 따라 구분·유형화하면 평생교육사의 구체적인 역할를 도출하는 데 많은 도움이 된다. 송병순·이영호(2000)는 평생교육 지도자의 유형을 여섯 가지로 나누어 제시하였는데 이를 평생교육사의 역할을 중심으로 기술해보면 다음과 같다. 첫째, 조직에서의 기능과 역할에 따라 행정·관리 지도자, 전문 지도자, 활동 지도자로 나누었다. 둘째, 평생교육이 본직이냐 아니냐에 따라 구분하고 있다. 직업적으로 평생교육에 종사하는 사람을 유급 지도자, 상임 지도자, 전임 지도자로 나누었으며, 필요한 시간과 시기에만 평생교육사로서의 역할과 기능을 수행하는 사람을 자원 지도자, 무급 지도자, 비상임 지도자, 정시제 지도자로 나누었다. 셋째, 평생교육 활동에 직접 참여하느냐 간접 참여하느냐에 따라 직접 또는 간접 지도자로 나누고 평생교육 전문 요원, 평생교육 단체의 지도자, 각종 연수를 담당하는 교관이나 강사 등은 직접 지도자로 보고 평생교육 활동에는 직접 참가하지 않고, 다만 평생교육에 간접적으로 참여하는 평생교육기관에 근무하는 행정직원들을 간접 지도자로 보았다. 넷째,

평생교육 지도자가 어떤 지도성 행위를 하느냐에 따라 전통적 지도자, 카리스마적 지도자, 합법적 지도자, 과업 중심 지도자, 인간관계 중심 지도자로 나누었다. 다섯째, 기관의 설립별에 따라 공공 지도자, 행정 지도자, 민간 지도자로 나누었다.

평생교육사의 역할에 가장 기준이 되는 것은 바로 평생교육법상의 평생교육사의역할에 대한 규정이라고 할 수 있다. 평생교육법 제17조 제2항에 의하면 평생교육사의 역할은 ① 평생교육 프로그램에 대한 요구분석, 기획과 관련된 프로그래머, ② 개발된 교육과정을 효율적으로 진행·운영하는 운영자, ③ 교육과정의 효과를 분석하고 평가하는 평가자, ④ 학습자들에게 학습정보를 제공하고 생애개발을 지원하는 상담자, ⑤ 개발된 교육과정을 학습자에게 전달하고 강의하는 교수자로서의 역할을 담당하는 자를 말한다. 기존 사회교육전문 요원과 비교했을 때 교수업무가 추가되었으나 이는 현실적인 면에서 평생교육사의 활용에 대한 한계를 극복하고자 하는 의도가 포함된 것으로 평생교육사의 직무 중 교수자의 역할이 핵심적이라고 보기는 어렵다. 물론 평생교육사 중에는 강의만을 전담하는 전문 강사도 있지만, 대부분은 기관의 운영 책임자를 도와 평생교육에 대한 전반적인 업무를 담당 실무자라 볼 수 있다. 그러나 이 조항은 평생교육사가 담당해야 할 직무 및 과업을 지나치게 단편적으로 명시하고 있기 때문에 이로 인해 평생교육사의 역할에 상당한 혼란을 초래하고 있다(김진화, 2003).

최근까지 제기된 평생교육사의 역할에 대한 학자들의 주장 중에 몇 가지를 제시해보면 Knowles(1989)는 평생교육 담당자의 역할을 자기 주도적 학습촉진자, 프로그램 개발자, 프로그램 디렉터 등의 세 가지 역할로 나누고 있으며 그에 따른 세부 역할을 규정하고 있다. Knowles는 평생교육 담당자의 역할로서 기관을 운영하는 프로그램 디렉터와 프로그램을 개발하는 프로그램 개발자의 역할 외에도 성인들의 자기 주도적 학습을 촉진하는 역할에 큰 비중을 두고 있다. 결국 좋은 프로그램을 만드는 이유나 기관을 효율적으로 운영한다는 것은 바로 학습자들의 학습에 최적의 조건을 제공하고 그를 바탕으로 학습자들의 자기 주도적 학습 능력을 유도하기 위한 것이라 할 수 있다.

Kowalski(1988)는 평생교육사의 역할에 대하여 첫째, 프로그램 기획자로서의 역할, 둘째, 상담·자문가로서의 역할, 셋째, 요구분석가로서의 역할, 넷째, 교과과정 개발가로서의 역할, 다섯째, 프로그램 평가자로서의 역할, 여섯째, 관리자로서의 역할 등을 제시하였다.

박노열(1987)에 의하면 사회교육전문가는 첫째, 인간적 자비심, 둘째, 지역 사회 필요와 주민의 학습욕구에 대한 민감성, 셋째, 누구하고도 조화를 이룰 수 있는 융통성, 넷째, 사회교육에 대한 관심과 협조를 이끌어낼 수 있는 정치력, 다섯째, 사회교육 프로그램의 가치를 판단할 수 있는 철학, 여섯째, 당면 문제를 창조적으로 해결할 수 있는 문제 해결 능력, 일곱째, 사회교육에 대한 전문 지식 등이 필요하다고 하였다. 이는 평생교육사가 수행해야 하는 역할을 구체적이고 실질적인 실무 능력을 규정하기 보다는 관념적 직무역할에 대하여 강조하고 있다.

남정걸(1995)은 성인 교육 지도자에게 요구되는 역할로는 첫째, 건강, 정력, 성실성, 자신감, 낙관적 기질, 협동심을 가져야 하며, 둘째, 상황에 대한 정확한 인지와 통찰력 및 적응력이 우수해야 하고, 셋째, 참여자의 발달 심리적 특성과 가정·사회·문화적 배경을 이해하는 지식과 기능을 갖추어야 하고, 넷째, 집단 사고에 의한 집단 과정을 잘 이끌어 갈 수 있는 능력의 소유자이어야 하며, 다섯째, 현상 유지자가 아니라 변화와 혁신을 촉진하는 자라야 하고, 여섯째, 인간관계를 조정할 수 있는 능력을 갖추어야 한다고 주장하였다.

반면에 평생교육 담당자의 역할에 대한 기존의 논의가 행정적인 측면에 초점을 맞추었던 반면에 권두승(1999)은 역할의 범위를 확대하여 프로그램 개발자, 교수자, 관리자, 변화촉진자, 협력자의 역할을 수행하는 것이라고 하였다(〈표 Ⅱ-3-1〉 참조).

<표 II-3-1> 평생교육 담당자의 역할과 하위 영역별 전문 기술

역 할		의 미	특징적 기술
프로그램 개발자	프로그램 기획	프로그램의 개발여부 및 내용에 관한 의사결정. 목표의 확인과 정교화작업	목표형성과 관련된 의사결정 능력. 학습집단의 계획수립 과정에의 참여 유인
	요구분석	사회, 실시시관, 그리고 학습자의 요구확인 및 상황분석	각종 요구분석 기법 및 판단 방법
	설계	프로그램 내용 및 방법의 선정과 조직	프로그램의 내용 및 방법 편성기법
	운영 및 평가	프로그램의 전반적인 운영 및 평가	프로그램의 효율적 운영과 관련된 전문기법, 표준화된 평가기겁 등의 숙지
교수자	가르치는 전문가	그 분야의 정보, 개념, 관점을 전달	청취, 수업준비, 자료구성 및 발표, 질문에 대한 답변
	공식적인 권위자	목표설정 및 목표달성을 위한 절차의 설정	구조 및 우수성의 기준 정의. 행위 평가
	사회화의 매개자	수업차원을 넘어서 삶의 목표와 과정을 명확히 제시 이를 위해 학습자들을 준비하게 함	특정가치, 신념, 태도와 관련된 장점과 사회의 요구조건을 명확히 함
	학습 촉진자	학습자 스스로 창의성과 성장을 도모하게 함. 학습의 장애물을 극복하도록 도와줌	학습자들의 흥미나 기술에 대한 의식을 첨예화시킴. 학습자들이 목표에 도달하고 장애물을 피하기 위해 통찰력이나 문제해결력을 사용하게 함
	이성적 자아 제공자	주어진 분야의 기쁨과 지적 탐구의 가치를 전달함	교육적 자료나 목표가 궁극적으로 가치가 있다는 것을 알려주고 개인적인 신념을 보여줌
	인간주의적 접근	지적 활동과 관련이 있거나 지적활동에 의하여 유지되는 인간 욕구의 전체 영역을 보여줌. 인간으로서 인정받고 학습자를 인정함	눈앞의 과제를 넘어서서 자신의 모습을 명확히 하는 방법으로 자신을 드러냄. 학습자들도 또한 마음을 열 정도로 신뢰성을 보여주고 따뜻하게 해줌
관리자	조직의 발전. 유지	조직의 효율성, 효과성을 제고하기 위한 조직 및 인사관리 역할	의사결정, 조직의 효율성제고를 위한 조직관리기법, 조직활성화 노력
	프로그램 관리. 집행	관련 예산의 편성 및 운영, 홍보 및 광고전략의 설계 및 활용, 자원의 효율적 집행 등과 관련된 역할 담당	자원의 효율적 운영과 관련된 제반 기법, 홍보 관련 전략의 수립 및 집행
변화 촉진자	조직구조 풍토개선	변화를 위한 문제의 인식 및 요구 개발, 조직변화를 위한 체계적인 노력	사회 및 조직환경에 대한 정보 분석, 고객 반응 수렴, 대안적 방향의 수렴 및 집행
협력자	과업조정 및 통합	학습자, 동료, 지역사회의 인사 등 대내외적인 접촉 및 의견조정과 협력을 유도하기 위한 각종 활동	인간관계 능력 및 갈등조정 능력

자료: 권두승(1999). 사회교육 담당자 효능감 척도 개발과 그 시사점. 한국평생교육학회 사회교육학연구 제5권 제1호, p.62.

권대봉(1995)은 평생교육 담당 전문 요원은 첫째, 학습된 지식과 정보를 평가하고 나아가 변화된 행동과 태도가 무엇인지를 평가하는 분석가의 역할을 수행하여야 하고, 둘째, 평생교육을 진행함에 있어 프로그램 개발과 교재개발, 수업체제 개발들이 요구되므로 프로그램 개발자의 역할을 수행하여야 하며, 셋째, 기관을 운영하는 것도 중요한 역할이므로 지도자의 역할을 수행하여야 한다고 하였다. 이는 평생교육 담당 전문 요원은 학습된 지식과 정보의 평가자, 변화된 행동과 태도에 대한 분석가, 프로그램 개발자, 기관운영의 지도자의 역할을 수행하는 것을 의미한다.

이상의 연구를 종합해 보면 평생교육사는 평생교육기관에서 종사하는 자로서 어떠한 업무에 하거나, 종사하는 기관의 성격이 어떤지를 구분하지 않고, 직접적인 참여나 간접적으로도 참여할 수 있으며, 상임 비상임을 구분하지 않고 평생교육 업무에 종사하는 자라고 말할 수 있다.

또한 평생교육사의 역할을 규정함에 있어 법적 기준과 학자들의 주장을 종합하여 제시해 보면 평생교육사는 첫째, 평생교육기관을 효율적으로 운용하기 위한 각종 기획 전문가의 역할을 수행해야 하며, 둘째, 평생교육에 참여하는 학습자의 생애발달에 대한 충분한 이해를 바탕으로 학습자들의 요구에 부응하는 프로그램 개발 전문가의 역할을 수행해야 하며, 셋째, 평생교육에 헌신하고자 하는 태도와 자세를 가지고 프로그램을 직접 운영하는 프로그램 운영자의 역할을 수행해야 하며, 넷째, 만들어진 프로그램이나 기관을 홍보하고 마케팅하는 마케팅 전문가의 역할을 수행해야 하며, 다섯째, 기관에서 발생하는 여러 가지 행정을 처리하는 행정업무자의 역할을 수행해야 하며, 여섯째, 학습자를 상대로 직접 가르치는 교수자의 역할을 수행해야 하며, 일곱째, 학습자들의 학습수준이나 요구에 맞는 교육 프로그램을 연결해주는 학습상담자의 역할을 수행해야 한다고 할 수 있다.

4. 평생교육사 양성교육의 효과

가. 교육 효과

1) 교육 효과의 정의

효과는 사전적 의미로 보람 있는 결과가 나타난 것으로서 정의되고 있다(이희승, 1998). 따라서 교육 효과는 교육을 받은 후 학습자들에게 교육을 받은 결과 보람 있는 결과가 나타난 것이라 할 수 있으며, 더 정확히 교육을 받은 후 교육을 받기 전에 비하여 교육의 목적이 달성된 정도로 정의될 수 있다. 즉, 교육 효과는 교육기관의 목표나 프로그램의 목표달성의 정도를 의미한다. 그러나 교육 효과는 교육을 받는 동안 통제할 수 없는 많은 변인들이 작용하고 있어 연구자에 따라 교육 효과를 설명하는 관점, 목적, 방법에 따라 다르다.

허경철 외(1998)는 교육 효과에 대하여 교육이 본래 계획하고 의도했던 교육 목표를 어느 정도 달성했는지를 기준으로 하여 교육의 효과를 측정하는 방식이 있는가 하면, 본래 의도했던 목표와 관계없이 학생들이 학교에서 교육을 받음으로 인하여 결과적으로 나타난 최종적인 효과라고 한다면 후자를 실제적인 효과라고 할 수 있다고 하였다. 그리고 실제적인 효과에는 이기심, 실패감, 욕구좌절, 소외감 등 비의도적인 결과도 포함된다고 하였다.

박천환(1984)은 교육의 효과를 설명하는 방식을 두 가지로 나누어 논의하였다. 하나는 "교육기관에서는 학습자들에게 무엇을 가르쳐야 하는가?"라는 당위적인 질문에 근거하여 그 결과 내지는 효과를 설명하는 방식으로써 "당위적 효과로 지칭"하였다. 다른 하나는 "교육기관에서 학습자들에게 무엇을 가르치고 있는가?"라는 실제적인 질문에 근거하여 그 결과와 효과를 설명하는 방식으로써 "실제적인 효과"로 지칭하였다.

교육 효과에 대한 선행연구를 보면 Weisbriad(1983)는 교육의 효과를 노동력의 질 향상을 통한 생산의 증가와 함께 생산에 들어가는 비용의 감소에 따른 효율성의 증대와 개인의 삶의 질이 향상되는 것으로 보았다. 허경철 외(1998)는 교육의 효과를 자기 의사를 표현하는 데 있어서 명료성과 논리성을 가질 수 있으며, 각종 정보매체 및 대중매체 이용 능력이 증가하며, 새로운 상황에 대한 도전정신과 실험정신이 강해지고 개인의 취미생활과 문화 활동에 도움이 됨은 물론 가족들의 건강수준이나 가족 전체가 보유한 문화적 자본을 가지게 된다고 하였다.

김난수 외(1982)는 교육 효과를 개인의 직업 기술의 개선 및 발전을 이룰 수 있으며, 민주시민으로서의 자질이 함양되고, 학습자의 복지 증진과 삶의 질 향상이 이루어지고, 여가 선용을 통한 자아 성취감을 느낀다고 하였다.

Balatti(2002)는 교육의 효과를 건강의 증진, 교육과 학습 참여의 증진, 고용상태의 개선, 여가 시간 활용, 공공재와 공공서비스의 효과적 활용, 물리적 환경과 사회적 환경의 개선, 신체적 안전의 보장 등이 향상되는 것으로 보았다. Plewis와 Preston(2001)은 교육의 효과를 노동시장에서 개인이 보유한 일련의 지식과 기술, 태도인 인적 자본과 학습을 통한 개인의 삶의 질의 향상으로 정의했다.

이상의 연구를 보면 교육 효과는 매우 다양하게 정의하고 있지만 대체적으로 목표 지향적 개념으로 양과 질의 개념을 동시에 내포하고 있으며, 목표의 성취수준을 교육 효과로 보는 견해가 많다. 교육의 효과는 생산의 향상과 함께 고용개선 효과와 같은 경제적인 효과도 발생하지만, 개인의 취미생활과 문화 활동에 도움이 되고 민주시민으로서의 자질이 함양되고, 신체의 건강, 복지 증진과 삶의 질 향상에 도움이 되며, 여가 선용을 통한 자아 성취감을 느끼는 효과가 발생한다고 하였다.

2) 교육 효과의 영역

교육 효과는 교육을 통하여 얻은 결과가 목표에 어느 정도로 달성되었는가를 보는 것으로, 달성된 목표를 어떻게 평가할 것인가는 효과를 구분하는 기준에 따라 달라질 것이다. 이와 같이 교육 효과에 대한 평가는 교육이 의도한 목적들이 얼마나 성취되었는가에 대한 정보로서, 교육을 받기 전에 설정했던 목표와 교육 후에 달성한 목표 간의 차이나 혹은 교육을 받은 후에 설정한 바람직한 성과기준에 의해서 교육 효과에 얼마나 성과가 있는지를 비교함으로 알 수 있다. 교육의 효과를 평가하기 위하여 구분하는 기준으로는 다음과 같은 것들이 있다.

첫째, 교육의 효과로 혜택을 받은 수혜자에 따라 개인적 효과와 사회적 효과로 나눌 수 있다. 교육의 개인적 효과는 교육기관에서 교육을 받은 학습자 개인이 얻는 이익을 말한다. 예를 들면 학습자가 교육을 받지 않은 학습자보다 더 많은 경제적인 수입을 얻게 되는 것처럼 개인적 차원에서 효과를 가지게 되는 것을 말한다. 반면에 사회적 이익은 교육을 받은 학습자 이외의 사람들에게 돌아가는 이익을 말한다. 예를 들어 교육을 받은 학습자가 개인적으로 배움의 기쁨을 느끼고, 취미나 교양이 향상되거나 취업이나 창업을 통한 경제적 이익을 얻게 된다면 이는 개인적 효과라고 할 수 있다. 그러나 교육을 받은 학습자가 지역사회를 위한 자원봉사활동에 참여하여 지역주민들에게 혜택이 돌아갔다면 이는 교육의 사회적 효과라고 할 수 있다.

둘째, 효과가 발생하는 시점에 따라 1차적 효과와 2차적 효과로 나눌 수 있다. 1차적 효과는 교육을 받은 후 바로 나타나는 효과를 말하며, 2차적 효과는 1차적 효과에 의하여 부수적으로 발생하는 효과를 말한다. 예를 들면 교육기관에서 받은 교육으로 인하여 1차적으로는 동료 학습자들과 개인적인 인간관계 형성이 이루어지고, 2차적으로는 개인적인 인간관계가 지역의 공동체 형성에 도움을 주어 살기 좋은 지역사회를 만드는 데 기여하게 된다. 반대로 교육기관에서의 교육을 통하여 1차적으로 지역사회의 경제성장 효과를 가져오게 되면 2차적으로는 개인의 취업 및 임금향상을 가져올 수 있다. 이처럼 1차적 효과와 2차적 효과는 불가분의 관계이기도 하고 인과관계를 가지고 있어 정확하게 구분이 모호한 경우도 있다. 따라서 여기에서는 교육의 개인적 효과와 사회적 효과를 중심으로 알아보고자 한다.

허경철 외(1998)는 교육을 받고 나서 얻을 수 있는 개인적인 이익으로 첫째, 자기 의사를 표현하는 데 있어서 명료성과 논리성을 가질 수 있으며, 둘째, 각종 정보매체 및 대중매체 이용 능력이 증가하며, 셋째, 새로운 상황에 대한 도전정신과 실험정신이 강해지며, 넷째, 취미생활과 문화 활동에 도움이 되며, 다섯째, 직장 내 인간관계 형성에 도움이 되며, 직무수행 능력이 향상된다는 점을 들고 있다. 사회적인 이익으로는 첫째, 사회 비판 능력이 향상되며, 둘째, 민족성과 민주시민 의식이 증가하고, 셋째, 국제사회에 대한 개방적 태도, 국제사회에 대한 관심과 참여, 세계시민성을 갖게 된다고 하였다.

김난수 외(1982)는 개인적 효과로는 첫째, 학습을 통해 개인의 직업 기술의 개선 및 발전을 이룰 수 있으며, 둘째, 민주시민으로서의 자질이 함양되고, 셋째, 학습자의 복지 증진과 삶의 질 향상이 이루어지며, 넷째, 여가 선용을 통한 자아 성취감을 느낀다는 점을 들고 있다. 사회적 효과로는 첫째, 직접적인 사회발전의 효과로서 전 국민의 문자 해득 및 자유로운 구사, 기본적 지식과 기술의 습득, 사회전체의 사기 앙양, 인간적인 분위기, 문화 창조, 윤리의식의 강화 등을 들고 있다. 둘째, 간접적 사회 발전의 효과인데 하위 영역으로는 구호 대상자의 감소, 사회악과 사회 범죄자의 감소, 부의 균등한 배분, 국민 건강의 증진을 이룰 수 있다고 하였다. 셋째, 경제발전의 효과로 훈련된 가용 인력의 증대와 직업 만족도로 인한 노동생산성의 증대를 가져올 수 있다고 하였다.

백일우(2000)는 교육의 개인적 효과와 사회적 효과를 세분화하여 노동시장과 비노동 시장으로 분류하여 교육의 효과를 설명하였다. 개인적 효과의 경우 노동시장에서의 효과는 노동생산성의 증가, 높은 임금, 직업에 대한 만족, 고용의 안정성, 근로시간의 연장 효과를 들었다. 비노동 시장에서의 효과는 건전한 여가생활, 자신과 가족의 건강, 건실한 가족계획, 동일한 취향을 가진 배우자 선택, 건전한 소비 행위, 자녀 교육에 대한 높은 관심, 가정재생산성이 증가한다고 하였다. 사회적 효과의 경우 노동시장에서의 효과는 기술진보와 경제성장에 기여할 수 있으며, 비노동 시장에서의 효과는 교육을 통해 범죄의 감소, 사회 응집력 강화, 도덕 재무장, 소득 불균형의 완화와 같은 효과를 볼 수 있다고 하였다.

　　이제까지 국내에서 교육의 효과를 어떤 범주로 정의했는지 분류하여 정리하면 〈표 Ⅱ-4-1〉과 같다.

<표 Ⅱ-4-1> 교육의 개인적 효과와 사회적 효과의 영역; 국내 연구 결과

효　과	개인적 효과	사회적 효과
허경철 외 (1998)	−의사를 표현의 명료성과 논리성 향상 −정보매체 및 대중매체 이용 능력 향상 −도전정신과 실험정신향상 −취미생활과 문화 활동에 도움 −직장 내 인간관계 향상, 직무수행 능력 향상	−사회비판 능력 향상 −민족성, 민주시민 의식 향상 −국제사회에 대한 개방적 태도, 국제사회에 대한 관심과 참여향상 −세계시민성 향상
김난수 (1982)	−개인의 직업 기술의 개선 및 발전 −민주시민으로서의 자질 함양 −학습자의 복지 증진과 삶의 질 향상 −여가 선용을 통한 자아 성취	−직접적인 효과: 문자 해득, 지식과 기술의 습득, 사회전체 사기 앙양, 인간적인 분위기, 문화 창조, 윤리의식의 강화 −간접적인 효과: 구호 대상자 감소, 사회악과 사회 범죄자 감소, 부의 균등한 배분, 국민건강증진 −경제발전 효과: 훈련된 가용 인력의 증대, 노동생산성 증대
백일우 (2000)	−노동시장: 노동시장 생산성, 높은 임금, 직업에 대한 만족, 고용의 안정성, 근로시간의 연장 −비노동 시장: 건전한 여가생활, 자신과 가족의 건강, 건실한 가족계획, 동일한 취향을 가진 배우자 선택, 건전한 소비 행위, 자녀 교육에 대한 높은 관심, 가정재생산성 증가	−노동시장: 기술전보, 경제성장에 기여 −비노동시장: 범죄 감소, 사회 응집력 강화, 도덕 재무장, 소득 불균형의 완화

Schuller 외(2001)는 교육의 효과를 개인 수준을 넘어서 가족과 지역 사회뿐 아니라 사회 전체에 미치는 효과로 정의하였다. 이 정의에서 교육은 공교육의 완료 이후에 이루어지는 모든 유형의 학습을 의미한다. 이들은 연구 방법과 연구 자료원의 출처에 제한을 두지 않고 수집한 학습의 이익 관련 연구물에 대하여 메타 분석 방법을 사용하여 분석하였다. 문헌 분석뿐만 아니라 영국의 성인교육협회(National Institute of Adult Continuing Education; NIACE)와 성인교육, 건강, 노인 등 각 분야 전문가들이 함께 모여 그룹 토의를 실시하였다. 그 결과 교육 효과의 범주를 신체적. 정신적 건강, 노년기 생활, 가족, 범죄, 시민의식의 다섯 개 영역으로 구분하였다.

Balatti(2002)는 호주의 성인 지역사회교육(Adult and Community Educ- ation; ACE)에 참여한 학습자들이 그들의 학습 경험을 통해 지역사회 수준에서 어떠한 이익을 가져오는지를 알아보기 위해 100명을 대상으로 인터뷰를 실시하고, 각종 팜플릿과 학습자료를 분석하였다. 인터뷰와 문헌 분석 결과를 통해 성인학습의 효과를 건강의 증진, 교육과 학습 참여의 증진, 고용상태의 개선, 여가 시간 활용, 공공재와 공공서비스의 효과적 활용, 물리적 환경과 사회적 환경의 개선, 신체적 안전의 보장 등의 분야로 구분하였다. 그러나 이러한 효과의 범주는 개인적 삶의 수준을 넘어서 사회적 이익의 수준까지 이르지 못하였다고 판단하고, 연구자들은 다시 학습의 효과를 사회적 자본의 형성과 활용으로 나누었다.

Plewis와 Preston(2001)은 교육 효과를 개인, 가족, 지역사회, 조직의 네 가지 수준으로 구분하였다. 개인적 수준에서의 교육 효과는 노동시장에서 개인이 보유한 일련의 지식과 기술, 태도인 인적 자본과 학습을 통한 개인의 삶의 질의 향상으로 정의했다. 가족 수준에서의 효과는 한 가족 구성원이 학습한 결과가 가족 내 다른 구성원에게 미치는 영향으로 정의하고, 가족들의 건강수준이나 가족 전체가 보유한 문화적 자본을 가족수준의 이익으로 보았다. 지역공동체 수준에서의 이익은 지역사회 전체의 생활수준이나 그 사회가 보유한 사회적 자본으로 보았으며, 조직 수준은 조직 전체가 보유한 지식, 기술, 역량의 수준과 함께 앞으로 이를 축적해 나갈 수 있는 능력까지 포괄하는 지식자본으로 보았다. 이 중 개인적 수준의 효과를 개인적 효과로 보고 나머지를 사회적 이익으로 구분하였다.

McMahon(1998)은 교육의 효과는 교육을 통하여 개인생활에 대한 만족감을 느끼거나, 보람 있는 여가 시간의 활용에 도움, 학습욕구에 도움이 된다고 하였다.

Michael(1982)은 학교교육의 비금전적 이익을 다음과 같은 세 가지 범주로 구분하여 보았다. 첫째, 학교교육은 직업의 안정성과 직업에 대한 만족 등과 같은 노동시장을 통하여 나타나는 비금전적인 이익을 가져온다. 둘째, 학교교육은 학습과 탐구활동을 즐기는 것, 좋은 교우 관계를 맺는 것과 같은 순수한 소비효과를 지닌다. 셋째, 학교교육은 노동시장 밖의 활동에서 생산성을 증가시킨다. 이는 가사노동이나 사회봉사활동 등에서 학교교육을 받은 사람이 높은 생산성을 보이는 것으로 증명되었다.

Weisbriad(1983)는 교육의 효과를 첫째, 노동력의 질 향상을 통한 생산의 증가, 둘째, 비용의 감소에 따른 효율성의 증대를 통하여 다른 생산활동 추구를 위한 여유자원의 비축, 셋째, 삶의 질이 향상되는 것을 통한 지역사회의 사회적 공동체 의식 함양으로 보았다. 이를 개인적 효과와 사회적 효과로 나누어 보면 개인적 효과에는 노동력의 질 향상, 비용의 감소, 삶의 질 향상 등이 해당되며, 사회적 효과에는 생산의 증가, 여유자원의 비축, 지역사회의 사회적 공동체 의식 함양 등이 해당된다고 하겠다.

외국의 학자들이 교육의 효과를 어떤 범주로 분류하여 논의하였는지를 정리하면 〈표 Ⅱ-4-2〉와 같다.

<표 II-4-2> 교육의 개인적 효과와 사회적 효과의 영역; 외국 연구 결과

효 과	개인적 효과	사회적 효과
Schuller 외 (2001)	−신체적. 정신적 건강 −노년기 생활 −가족	−범죄 −시민의식
Balatti (2002)	−건강 증진 −교육·학습 참여증진 −고용상태 개선 −여가 시간 활용 −공공재와 공공서비스의 효과적 활용 −물리적 환경과 사회적 환경의 개선 −신체적 안전 보장	−사회적 자본의 형성과 활용
Plewis와 Preston (2001)	−개인적 수준: 일련의 지식과 기술, 태도인 인적자본, 삶의 질 향상 −가족 수준: 건강수준, 가족전체가 보유한 문화적 자본	−지역사회 수준: 지역사회 전체의 생활수준이나 사회가 보유한 사회적 자본 −조직 수준: 조직전체가 보유한 지식, 기술, 역량 수준과 함께 이를 축적해 나갈 수 있는 능력까지 포괄하는 지식자본
McMahon (1998)	−개인생활의 만족 −보람 있는 여가 시간 활용 −자기개발	
Michael (1982)	−직업의 안정성 −직업 만족 −학습과 탐구활동의 기쁨 −좋은 교우 관계	−생산성증가
Weisbriad (1983)	−노동력의 질 향상 −비용의 감소 −삶의 질 향상	−생산의 증가 −여유자원의 비축 −사회적 공동체 의식 함양

이상의 학자들의 논의를 종합하여 교육 효과의 공통적인 요인을 찾아보면 개인적인 교육 효과는 첫째, 직무수행 및 직업기술의 습득, 노동력의

질 향상 및 생산성 증가와 관련된 직무능력 개발에 도움을 주고, 둘째, 높은 임금, 직업에 대한 안정과 관련된 고용상태의 개선에 도움을 주고, 셋째, 보람 있는 여가생활 향상, 만족감 향상, 자아 성취와 관련된 자아실현에 도움을 주고, 넷째, 좋은 교우 관계 유지, 직장 내 인간관계 개선과 관련된 사회적 네트워크 구축에 도움을 주고 있다. 사회적인 교육 효과는 첫째, 금전적, 비금전적인 영역을 포함하여 사회발전에 기여하고 있으며, 둘째, 사회비판 능력, 민족의식 등의 증가로 민주의식이 향상되고, 셋째, 범죄 감소, 넷째, 사회 결속의 강화나 사회적 자본의 형성에 도움을 준다는 것을 알 수 있다.

이처럼 교육 효과는 개인적 효과와 사회적 효과, 1차적 효과와 2차적 효과, 노동시장, 비노동 시장효과, 사회적 효과 안에서도 직접적인 효과와 간접적인 효과로 다양하게 영역을 나눌 수 있다. 본 연구에서는 평생교육사 양성교육의 개인적인 효과를 중심으로 연구하고자 한다.

나. 평생교육사 양성교육의 효과

평생교육사 양성교육은 평생교육사 양성과정 참여자들이 평생교육기관에서 평생교육사로 활동하는 데 필요한 기본적인 지식과 기능(한국교육개발원, 2001)을 학습할 수 있도록 하는 직업교육이다. 따라서 그 일차적 목적은 직업능력 개발에 있으며, 이를 통하여 취업, 승진, 소득 증대 등 전반적인 고용 상태의 개선에 기여할 수 있어야 한다. 또한 교육의 일반적 효과인 자기개발, 자신감 향상, 도전의식 함양, 성취감, 학습의욕 고취 등 개인의 자아실현에 기여할 수 있어야 한다. 한편 성인학습은 그 자체로 공동체적인 활동이어야 하며, 학습자 간, 학습자와 교수 간 상호 활발한 접촉을 통하여 사회적 네트워크를 형성함으로써 직무 수행의 역량을 확대시키고, 네트워크, 가족, 지역사회 내에 존재하는 사회적 자본의 형성을 촉진할 수 있어야 한다(김영화, 2001). 따라서 본 연구에서는 평생교육사 양성교육의 효과를 직무능력 개발 효과, 고용 상태 개선 효과, 자아실현 효과, 사회적 네트워크 구축 효과로 범주화하여 검토해 보고자 하였다.

1) 직무능력 개발 효과

평생교육사의 전문성 강화에 대한 사회적 요구는 궁극적으로 사회변화에 따른 구체적인 평생교육사의 직무능력 개발과 관련이 깊다. 사전적 의미로 직무(職務)는 "직책이나 직업상의 사무(이희승, 1998)"로 평생교육사의 직무란 평생교육사가 평생교육기관에서 직책에 관련된 사무를 수행하거나 실질적으로 맡고 있는 사무를 수행하는 것이라 할 수 있다. 따라서 평생교육사의 직무는 평생교육사 양성교육에서 도달해야할 목표와 같기 때문에 전문성 있는 평생교육사를 효과적으로 양성하기 위해서는 평생교육사의 구체적인 직무분석이 필수적이라 하겠다.

Kowalski(1988)는 평생교육사의 직무에 대하여 첫째, 프로그램 기획, 둘째, 상담・자문, 셋째, 요구분석, 넷째, 교과과정 개발, 다섯째, 프로그램 평가, 여섯째, 관리 등을 제시하였다. Knowles(1989)는 평생교육 담당자의 직무를 자기 주도적 학습촉진자, 프로그램 개발자, 프로그램 디렉터 등의 세 가지 직무로 규정하고 있으며 그에 따른 세부 직무를 제시하였다.

권두승(1999)은 평생교육 담당자의 직무 수행은 전통적인 교수자의 역할뿐만 아니라 프로그램 개발자, 관리자, 변화촉진자, 협력자의 역할을 수행하는 것이라고 하여 기존의 연구에 교수자의 역할을 추가하고 이전의 이론에 대하여 구체적이고 실무적인 직무능력을 제안하였다.

한국직업능력 개발원(1999)은 평생교육사의 직무를 분석하여 표준직무개발을 시도하여 평생교육사의 직무를 기획, 프로그램 개발, 프로그램 운영, 기관 관리, 네트워킹 및 지원, 교수학습, 학습상담, 컨설팅 등으로 나누고 직무의 흐름을 구체적으로 분석하였다. 이를 도식화하면 다음의 〔그림 Ⅱ-4-1〕과 같다. 이는 평생교육사가 수행해야 하는 직무의 내용과 그 흐름을 포괄적, 구체적으로 제시함으로써 이후 평생교육사 양성을 위한 교

육과정 개발 및 평생교육사의 업무 평가 등의 기초가 되었다는 점에서 의
의가 크다.

[그림 Ⅱ-4-1] 평생교육사 직무 흐름도

직 무		작업 내용			
A 기 획	A-1 사회와 조직의 교육요구분석하기	A-2 교육조직 및 기관 의 비전수립하기	A-3 (교육)사업 전략 수립하기	A-4 중·장기 계획 수립하기	A-5 연간(교육) 계획 수립하기
	A-6 마케팅하기	A-7 사업성과 분석하기			
B 프로그램 개발	B-1 프로그램 타당성 검토하기	B-2 프로그램 개발 공동작업하기	B-3 교육요구 파악 및 분석하기	B-4 프로그램 목표 설정하기	B-5 프로그램 내용 선정하기
	B-6 프로그램 설계하기	B-7 프로그램실행 메뉴얼 만들기			
C 프로그램 운영	C-1 시설 및 매체 확보하기	C-2 강사 및 교수자 섭외하기	C-3 프로그램홍보 및 마케팅하기	C-4 프로그램 실행하기	C-5 교육매체 조작하기
	C-6 교육성과 분석하기				
D 기관관리	D-1 행정업무 보기	D-2 재정관리 하기	D-3 조직관리 및 개발하기	D-4 법규정책 해석 및 활용하기	D-5 교육시설 및 환경관리하기
	D-6 학습자관리하기	D-7 강사관리하기	D-8 기관홍보하기		
F 교수학습	F-1 교수대상자 분석하기	F-2 교수계획 수립하기	F-3 교수자료 수집하기	F-4 교수자료 개발학기	F-5 강의실행하기
	F-6 강의평가 하기				
G 학습상담	G-1 학습자 진단하기	G-2 교육정보 제공하기	G-3 교수 및 학습방법 조언하기		
H 교육 컨설팅	H-1 교육문제 진단하기	H-2 해결안 제안하기	H-3 실시와 피드백하기		

자료: 한국직업능력 개발원(1999). 평생교육사 직무분석. 한국직업능력 개발원.

이해주 외(2003)에 의하면 평생교육사의 직무는 1급, 2급, 3급에 따라 직무가 다르며, 평생교육기관의 규모나 종류에 따라서도 달라질 수 있다고 하였다. 또한 평생교육사 2급이 일반적인 평생교육 현장에서 담당해야 할 직무를 〈표 Ⅱ-4-3〉과 같이 제시하였다.

<표 Ⅱ-4-3> 평생교육사의 직무 내용

업 무	직무내용
기 획	· 교육 프로그램의 운영방향 결정하기 · 교육 프로그램의 운영에 대한 가상실험하기 · 교육 프로그램의 운영기획안 작성하기
계 획	· 교육 프로그램의 개선방법 결정하기 · 교육 프로그램의 진행방법 결정하기 · 교육 프로그램의 운영계획서 작성하기
실 행	· 사전에 철저하게 점검하기 · 중간에 발생하는 문제에 대처하기 · 교수자, 학습자와 대화하고 상담하기
분 석	· 자료를 충분히 확보하기 · 분석의 초점 결정하기 · 분석의 타당성 검토하기
평 가	· 교수자의 교수수준 평가하기 · 학습자의 학습수준 평가하기 · 교육 프로그램 운영 전반에 대해 평가하기 · 평생교육사 자신에 대해 평가하기
교 수	· 교수의 수준에 대해 시험하기 · 수업요소별 수업과정의 차이 시험하기

자료: 이해주 외(2003). 평생교육 현장실습의 이론과 실제. 서울: 방송통신대학교출판부. pp.16.

그러나 이상의 직무분석은 이해주의 연구를 제외하고 그 발표시기가 신자격제도인 평생교육사 제도가 시작되기 이전에 이루어 진 것으로 2000년 이후 급속히 확산되고 있는 평생교육 현장에서의 요구를 충분히 반영하지 못했다는 한계를 가지고 있다. 이는 선행연구들의 직무 규정이 평생교육법 상의 평생교육사의 역할에 근거하여 분석된 경향이 있고, 특정 영역에 대해서만 직무분석이 제한적으로 이루어졌기 때문이다(김진화, 2003). 또한 이해주 외(2003)는 평생교육사의 직무에 교수의 역할을 추가하기는 하였지만 교수 수준에 대한 평가 및 수업과정과 내용의 차이를 평가하는 업무로 한정지어 평생교육법에서 추구하는 직접 강의할 수 있는 교수 직무를 간과하였다.

평생교육법에서 규정한 평생교육사의 역할과 선행연구들의 평생교육사 직무분석 및 평생교육기관 현장의 요구를 반영하여 평생교육사의 직무능력을 재정립하면 〈표 Ⅱ-4-4〉와 같다.

<표 Ⅱ-4-4> 평생교육사로서 요구되는 직무능력

직 무	하위 업무	직 무	하위 업무
기획업무	수요자의 요구분석	행정업무	서류관리
	사업 계획 작성		재정관리
	프로그램 기획		조직관리
	마케팅 기획		법규 정책 해석
프로그램 개발 업무	프로그램 수요조사		교육시설 관리
	프로그램 개발		학습자 관리
	프로그램 선정		강사 관리
	프로그램 목표 설정	교수업무	학습자 분석
	프로그램 설계		교수 계획
	프로그램 실행 매뉴얼 제작		교수 자료 수집
프로그램 운영 업무	시설 및 매체 확보		교수 자료 개발
	강사 섭외		강의 실행
	프로그램 실행하기		강의 평가
	교육성과 분석	기타업무	지역인적자원 파악
마케팅 업무	기관 홍보		유관 기관 정보 수집
	홍보 방법 제작		교육 컨설팅
	홍보 자료 선정		학습 상담
	홍보 효과 분석		

첫째, 평생교육기관을 효율적으로 운용하기 위한 각종 기획업무, 둘째, 실제로 학습자들의 요구에 부응하는 프로그램 개발 업무, 셋째, 개발한 프로그램을 직접 운영하는 업무, 넷째, 만들어진 프로그램이나 기관을 마케팅하는 업무, 다섯째, 기관에서 발생하는 여러 가지 행정을 처리하는 행정업무, 여섯째, 평생교육법에 새로이 첨가된 교수업무, 일곱째, 기타업무로서 학습상담과 교육 컨설팅 등의 업무가 있다고 할 수 있다. 이처럼 평생교육사의 직무능력 개발 교육의 영역은 어느 한부분의 기초적인 자질을 육성하기보다는, 광범위한 업무 전 영역에 걸쳐 전문적인 자질을 육성하는 것이라 할 수 있다.

2) 고용개선 효과

직무능력 개발 차원에서 이루어지는 직업훈련의 효과는 임금, 고용, 승진 등의 측면에서 유리한 조건에 놓이게 되는 고용개선으로 이어진다. 이호창(2000)은 직무능력 개발교육을 통한 지식과 숙련은 학습자에게 ① 높은 임금 ② 높은 고용안정성 및 취업가능성 ③ 유리한 승진기회 ④ 작업 자율성의 증대 ⑤ 자기개발 및 자기실현 등의 측면에 도움을 준다.

McMahon(1998)은 직업훈련의 효과는 금전적 이익으로 나타난다고 하였다. 그는 직업훈련의 효과를 직무능력 개발교육을 통해 습득한 기술이나 인적자본 투자로 얻게 되는 임금이나 재정적 자원의 증가와 같은 형태의 보상을 받는 것으로 보고 직업훈련의 효과를 강조하고 있다. 학교교육의 효과 중에서도 고용개선과 직무능력 개발은 중요한 비중을 차지하고 있기 때문에 개인이 직장생활을 하는 데에 요구되는 자질 특성을 교육이 길러주어야 한다고 하였다.

Grubb 과 Ryan(1998)은 직업훈련이 영향을 미치는 효과들을 다음과 같이 설명하고 있다. 첫째, 직업훈련이 개인에게 미치는 경제적 효과로 임금 변화가 가장 널리 활용되며, 특히 임금지표는 직업훈련 실시 전후의 상태 변화를 비교하는 것이 용이하며, 프로그램 유형별 비교를 통하여 특정 프로그램의 상대적 효과를 쉽게 측정할 수 있고, 고용안정성이나 직무 만족도 등의 질적인 지표와는 달리 훈련투자의 비용-편익 분석이 가능하다는 장점을 가지고 있다고 하였다.

그러나 실직 전 임금과 훈련수료 후 취업 시 임금을 비교하여 훈련의 임금 증대효과를 측정할 때 과대 추정될 수 있다는 점에 주의하여야 한다고 하였다. 이는 일반적으로 고용조정은 임금조정 이후에 이루어지므로 실직 직전의 임금수준은 정상적인 임금수준에 비해 낮을 가능성이 높기 때문이다. 또한 훈련수료 후 임금의 증대가 직업훈련에 따른 소득 가득능력(earning capacity)이 높아진 때문인지, 아니면 단순히 노동시간의 증대에 따른 임금수준의 증대 때문인지도 구분되어야 할 것이다.

둘째, 훈련종료 후 일정 기간이 경과한 뒤의 취업률도 훈련의 경제적 성과로 폭넓게 활용된다고 하였으며, 특히 실업자훈련과 전직훈련 또는 숙련형성보다 재취업을 강조하는 훈련프로그램에서는 임금수준의 증대보다 재취업률을 보다 강조한다고 하였다. 임금수준과 관계없는 취업은 실업보다 사회적으로 유용하며, 범죄와 같은 사회적 비용을 감소할 수 있다는 점에서 취업 자체가 중요한 성과인 것이다. 그러나 취업률이 상승하더라도 임금 증대를 가져오지 못하거나 취업의 안정성이 미흡할 때 취업률만으로는 효과로서 한계를 가진다. 셋째, 직업훈련은 재취업을 촉진함으로써 실업급여 등 사회복지 부담을 경감하고 범죄 등의 사회적 문제를 억제하는 역할을 한다고 하였다. 실업급여 등의 복지수혜액, 복지급여 수혜기간, 범죄율의 감소 등은 직업훈련의 사회적 효과를 측정하는 지표로 활용될 수 있다.

이상과 같은 이론들을 정리해보면 고용개선에 대해서는 크게 거시적 측면과 미시적 측면에서 살펴볼 수 있겠다. 거시적 측면에서 직업훈련의 효과는 국가적으로 경제성장에 기여하고, 특히 저소득계층에 소득재분배 효과를 주어 사회 전반적으로 소득안정과 경제성장에 기여한다. 미시적 관점에서 직업훈련 효과는 직업훈련 대상자가 누구냐에 따라 그리고 그 추구하고자 하는 목적이 어떠냐에 따라 차이가 있을 수 있다. 즉 재직근로자의 입장에서 직업훈련은 직업훈련 이전보다 기술이나 능력의 향상으로 인해 개인적인 임금상승, 승진, 전직 등의 자기 발전 측면에서 그 효과를 나타낼 수 있다. 실업자의 경우에 직업훈련의 효과는 직업훈련 후 기술이나 능력습득이 재취업, 창업에 도움이 되는, 즉 고용가능성이 높아지는 것을 의미한다.

실업자가 직업훈련 후 실업에서 탈피하고 개인은 물론 가정과 생활 전반에 걸쳐 안정성과 삶의 질을 추구할 수 있게 되는 것이 바로 실업자의 직업훈련 효과이며, 고용이 개선되었다고 할 수 있다.

3) 자아실현 효과

자아실현(自我實現)이란 글자 그대로 나를 실현하는 것이며 사전적 의미로는 자신의 어떤 소질이나 능력을 발견하고 계발하여 가능한 최대로 발휘하거나 실현하는 일(이희승, 1998)"이라고 규정하고 있다. Maslow (1954)에 따르면 인간은 본능적이고 생리적인 욕구에서 자기 자신의 자아 정체성을 확립하고 자아를 실현하려는 욕구에 이르기까지 다양한 형태의 욕구를 지니고 있다고 설명하였다. Maslow는 욕구 단계를 생리적 욕구, 안전에의 욕구, 애정 및 소속에의 욕구, 자기 존중의 욕구, 자기실현의 욕구로 구분하여 설명하고 있으며 생리적 욕구는 수면욕, 식욕, 성욕이며 이러한 생리적 욕구들 중 어느 것이라도 만족되지 않으면 욕구의 다음 단계로 넘어가기 어렵다고 하였다. 그는 인간의 최상의 욕구로 자아실현의 욕구를 들고 있으며, 인간은 자아실현의 욕구를 중속하기 위하여 자신이 바라는 최대한의 상태에 이르기 위해 자신의 잠재력을 개발, 실현해 나가는 것으로 보았다(이영·조연순 공역, 1990). 즉 Maslow는 인간이 도달하려는 궁극적인 목적을 자아실현으로 보기 때문에 인간은 끊임 없이 이 목적을 실현하기 위하여 자신의 잠재력을 계발하고자 노력할 것이며, 이러한 노력의 한 부분으로써 끊임 없이 학습에 참여하게 된다는 것이다.

Child(1977)는 인간의 욕구를 개인적 욕구, 사회적 욕구, 지적인 욕구로 보고, 욕구위계를 생리적 욕구, 안전에의 요구, 애정 및 소속에의 욕구, 자기 존중에의 욕구, 자아실현의 욕구, 학습욕구로 구분하고 학습에 대한 욕구를 자아실현의 욕구보다도 상위 단계로 보았다. 그리고 인간은 사회교육을 통해서 내적 만족감을 느끼며 자아에 대해 긍정적으로 생각하게 된다고 하였다. 즉, 그는 인간이 배우고자 하는 욕구가 어느 것보다도 높은 차원의 욕구로서 인간은 자아실현하기 위해서 학습을 한다는 것을 말해 주고 있다.

Jarvis(1983)는 Maslow의 욕구위계와 Child의 욕구위계를 통합하여 생리적 욕구, 안전에의 욕구, 애정 및 소속에의 욕구, 자기 존중의 욕구, 자아실현의 욕구의 단계로 욕구 위계를 구분하였다. Jarvis의 욕구위계의 특징은 Child의 욕구위계 단계에서의 학습욕구를 가장 상위단계로 본 것과는 달리 Maslow의 욕구위계 중 세 번째 단계인 애정 및 귀속에의 욕구와 자아존중의 욕구 사이에 학습욕구의 단계를 새로이 포함시키고 있다. 이것은 성인의 기본적 욕구의 한 부분으로서의 학습욕구는 성인이 평생학습자로서의 계속교육의 가능성을 지니고 있음을 시사하고 있으며, 이러한 학습욕구는 성인은 자신 및 사회로부터의 존중을 받고 나아가서는 자아실현을 이루기 위한 것이라 할 수 있는 것이다.

Knowles(1989)는 평생학습자로서의 성인들의 욕구를 두 가지로 대별하여 보았다. 그는 인간의 욕구를 기본적 또는 생리적 욕구와 교육적 욕구로 구분하여 논의하면서 전자는 사람들이 공통 보편적으로 갖추어야 하는 생리학적, 유기체적 또는 심리적인 요건을 지칭하는 반면에 후자는 개개인이 그들 자신이 무엇인가 좋은 것, 또는 이익을 위해서라든가 그가 속한 사회나 조직체의 이익을 위해서 배워야만 하겠다는 욕구를 의미하고 있으며, 이 욕구가 학습동기가 된다고 보았다. 이숙원(2002)의 연구에 의하면 성인 학습자들이 교육에 참여 결정요인으로 자아실현의 욕구가 중요하며, 자아실현을 충족하기 위하여 사회계층이 낮은 집단은 생존을 위한 자아실현의 욕구가 높고 사회계층이 높은 집단에서는 내적인 자아실현이 강하게 나타난다고 하였다.

이상과 같은 논의들은 공통적으로 인간은 끊임없이 자아실현을 위하여 노력을 하고 있으며 학습이 자아실현 욕구의 충족 수단으로 사용되고 있다는 것을 주장하고 있다. 따라서 기존의 이론이나 연구들을 종합해보면 평생교육사 양성교육의 자아실현 효과는 교육을 통하여 자신의 잠재력을 계발하고자 하는 자기개발의 노력, 사회교육을 통해서 내적 만족감을 느끼며 자아에 대해 긍정적으로 생각하게 되는 사회생활에 대한 자신감, 끊임없이 목적을 실현하기 위한 도전의식과 이를 실현하였을 때 얻는 성취감, 내적인 자아실현이 강하게 나타나는 삶의 질 향상, 자신이 속한 사회나 조직체의 이익을 위해서 배워야만 하겠다는 직업에 대한 보람감 등에 얼마나 도움이 되었는지도 파악할 수 있다.

4) 사회적 네트워크 구축 효과

인간은 사회생활을 하기 위해서 반드시 다른 사람과 또는 다른 집단과 관계를 맺고 살 수밖에 없다. 그런데 타인과 사회적 관계를 맺고 사회생활을 해나가는 과정에서 개인과 개인 사이에 또는 집단과 집단 사이에 이해관계의 대립이나 갈등이 일어나게 마련이다. 어느 사회나 집단마다 사회를 지탱해나가는 규범과 가치체계를 가지고 있는데 이러한 규범이나 가치체계가 교육을 통하여 학습자들에게 제공되고 있다(허경철 외, 1998). 이처럼 교육은 한 개인이 포함된 사회생활에서 인간관계를 원만하게 영위할 수 있도록 도와줄 뿐만 아니라 인간관계의 범위를 넓혀 준다. 특히 우리와 같이 학연의 중요성을 따지는 사회적 분위기에서 학습자들 간의 사회적 네트워크 구축은 사회생활을 영위하는 데 중요한 변수로 등장하고 있다.

Tönnies(1991)가 제안한 공동체(Gemeinschaft)의 개념을 보면 교육기관에서도 적절하게 적용될 수 있다. Tönnies는 공동체를 친족공동체, 장소공동체, 의식공동체 등 세 가지 형태로 나누고 친족공동체는 가족이나 기타 친밀한 모임체를 말하고, 장소공동체는 거주지나 공간을 공유함으로 인하여 생겨난 모임체를 말하고, 의식공동체는 공동의 목표, 가치의 소유, 존재와 행위에 대한 공유 개념 등에 의해 구성원들이 상호 결속한 모임체를 말한다. 따라서 교육기관에서는 교육을 받는 동안 장소를 공유하거나

의식을 공유하는 기회가 지속되면서 독특한 정체성과 소속감으로 인하여 모임체들이 많이 만들어 지고 있다. 구체적으로 보면 교육기관 안에서 학습자와 교수, 과정 운영 담당자는 공동의 목표를 위하여 교육활동에 참여하기 때문에 가치와 의미, 신념, 정서를 지속적으로 공유함으로 인하여 공동체 의식을 습득할 수 있게 된다.

이숙원(2002)의 연구 결과에 의하면 학습자들은 교육을 통하여 새로운 인간관계를 맺게 되는데 그것은 학습자들이 새로운 학습조직 내에서 인간관계의 중요성을 인식하고 동료학습자들과 일체감이나 동료의식을 느꼈기 때문이라는 것이다. 학습자들 간의 동료의식은 자신과 타인의 행동 유형을 이해함으로써 다양한 상호작용이 증가하고, 타인과 관계향상을 위한 의사소통을 촉진하게 하며, 자신이 가진 정보를 공유하게 된다고 하였다. 최운실(1986)의 연구 결과에 의하면 성인교육에 참여하는 이유로 새로운 인간관계를 형성하여 즐거운 삶을 영위하기 위한 의도가 있다고 하여 학습자들이 교육기관을 통해서 얻은 효과 중에는 개인의 학습목표를 달성하는 것 이외에도 동료학습자들과 친목 모임을 만들어 동료학습자들과 정기적으로 만남을 가지며, 정보를 교류하려는 사회적 네트워크 구축의 의도가 많다는 것이다. 이러한 친목모임은 점차 전문적인 지식을 공유하기를 원하거나 체계적이고 지속적인 모임을 가지면서 학습동아리로 정착되어 가고 있는 것이 요즘의 추세이다.

이상의 논의를 종합해보면 학습자들은 교육을 통해 단순한 인간관계의 개선뿐만 아니라 새로운 인간관계를 형성하여 즐거운 삶을 영위하기 위하여 교육에 참여한다는 것이다. 나아가 교육에 참여한 학습자들은 교육을 이수 후에도 가치와 의미, 신념, 정서를 지속적으로 공유함은 물론 업무수행에 필요한 정보를 공유하기 위하여 지속적인 교류를 하고 있다는 것이다. 따라서 평생교육사 양성교육의 사회적 네트워크 구축 효과는 업무수행에 필요한 인적 네트워크 구축과 동료 학습자들과 정기적인 만남, 학습동아리의 운영여부, 정보를 교환 여부, 동료학습자에게서 일체감이나 동료의식 경험 여부, 교수나 교육기관의 교육 담당자들과 지속적인 교류 등에 얼마나 도움이 되었는지도 파악할 수 있다.

다. 교육 효과에 영향을 미치는 요인

일반적으로 공교육기관에 대해서는 교육의 효과에 대한 연구가 독립변인에 대한 통제를 확실히 할 수 있기 때문에 내적 타당도가 높은 연구 결과가 나오지만 평생교육에 대해서는 기관의 다양함이나 학습자들이 가지고 있는 다양한 독립변인을 제대로 통제하기 어렵기 때문에 의미 있는 결과를 얻기가 쉽지 않다. 따라서 그동안 교육 효과에 대한 연구는 주로 공교육적 측면에서 수행되어 왔으며(박천환, 1984; 허경철 외 1998; 성기선, 1997; 손준종, 2000), 평생교육 부분에서는 참여지속 및 만족도에 대한 연구가 주를 이루었다(이해주, 1996; 신국현, 2001; 최운실, 1986; 이숙원, 2002).

교육 효과에는 성별, 연령, 최종 학력, 결혼 여부, 직업, 월 평균 수입, 거주 지역 등의 개인적 특성이 유의미한 영향을 미친다는 것이 실증적인 연구 결과를 통해 입증되고 있다(허경철 외, 1998; 신국현, 2001; 성기선, 1997; 이해주, 1996; 최운실, 1986).

남녀 성별에 따라 직업에 대한 가치관과 교육에 대한 참여 동기, 참여의식, 만족감의 정도, 사회적인 현상에 대한 태도, 가치관, 경험, 행위, 직업 선호도, 사회적 성취감, 개인적 학습 환경(이숙원, 2003) 등에서 유의미한 차이가 있는 것으로 나타났다.

허경철 외(1998)의 연구에 의하면 학교 교육 효과에 있어 성별로는 남자보다는 여자가 상대적으로 자녀들에게 소비절약을 더 강조하고 있는 것으로 나타났으며, 남녀 평등의식이 강하며, 가족관계에 대하여 만족도가 높았다. 반면에 남자가 여자보다 환경운동에 참여하는 비율이 높으며, 사회비판 의식이 약간 높으며, 화해를 먼저 신청하며, 정치적인 관심이 높으며, 업무수행에 최선을 다하고, 계속학습에 대한 노력을 하며, 동료의 업무를 도와주는 것으로 나타났다.

Sidwell(1980)이나 Jarvis(1983)의 연구 결과에 의하면 참여하고 있는 교육 프로그램의 유형에 따라서 교육 효과에 있어 남녀 간에 현저한 차이가 나타나기도 하는데 교양 및 여가교육 프로그램에는 여자의 교육 효과가 현저히 높은 반면에 직업교육 분야에는 남자의 교육 효과가 훨씬 높은 것으로 나타났다.

Tough(1978)은 남녀별로 참여 동기의 유형을 비교해 볼 때 남자는 대체로 성취 지향적이며 직업과 연관된 동기, 외적 기대요청에 따른 동기 등의 외재적 동기가 강한 반면, 여자는 내적 만족이나 지적 호기심의 충족 등의 내재적 동기가 강하게 나타난다고 하였다. 또한 여자의 경우는 가정이나 일상생활의 단조로움에서의 도피 등 활동지향적인 참여 동기도 비교적 강하게 나타난다고 하였다.

ACACE(Advisory Counil for and Continuing Education, 1962)의 연구 결과에 의하면 남자는 여자에 비하여 교육을 사회적 성취나 출세의 수단으로 보려는 도구주의적 동기성향, 즉 외재적 동기성향이 더 높은 것으로 나타났다. 그 이유는 여자의 경우 대부분 비직업인으로서 가사에 종사하게 되므로 사회적 성취에 대한 관심이 적기 때문으로 보인다.

연령은 역할 변화를 대체적으로 나타내 주는 지표의 성격을 띤다. 결혼, 출산, 직업 세계에의 입문과 경력 이동 등 일련의 역할 변화 과정이 대체로 일정 연령기에 일어나고 있기 때문이다. 기존의 연구를 보면 연령이 낮을수록 참여를 지속하는 경향이 있으며(정지선, 1999), 연령에 따라 학교교육의 효과(허경철 외, 1998)에 영향을 미치는 것으로 보고 되고 있다.

연령요인의 교육 참여에 미치는 영향은 교육수준이 낮을수록, 성인교육 참여경험이 적을수록 강하게 작용하는 것으로 나타나며, 정규학교나 대학에서 실시되는 학위과정의 경우 특히 연령의 영향력이 현저한 것으로 나타나고 있다(Cross, 1981). 연령이 많으면 학습의 저해요인으로 작용하여 교육 효과에 부정적인 영향을 미치고 있으며(Javis, 1983), 이러한 원인은 나이가 들수록 학교로 돌아가 공부하기에는 너무 늦었다고 생각하여 소극적으로 교육에 임하며 성취동기가 젊은 층에 비하여 낮기 때문이라고 할 수 있다. 성인 후기에 교육 효과가 저하되고 있는 현상에 대해서는 대부분의 성인교육 프로그램이 성인 초기나 중기를 대상으로 그들의 필요나 요구에 적합하도록 개발된 것이므로 성인 후기의 학습욕구를 충족시키기에 부적합하기 때문이라고 지적하기도 하였다(Darkenwald & Merriam, 1982). Bean과 Metzner(1985)는 참여지속과 연령의 관련성에서 연령 자체가 중요한 변수라기보다는 나이든 성인학습자들은 젊은 성인학습자들보다 가족 부양이나 직장 근무 등의 책임 때문에 참여를 지속하기가 어려우며, 결국 연령의 간접적 효과는 이런 변수들을 통해 교육 효과에 영향을 미친다고 보았다.

허경철 외(1998)는 학교 교육 효과에 있어 연령이 낮을수록 타인에 대한 개방성이 강하고, 차인의 주장을 잘 경청하며, 남녀 평등의식이 강하며, 직장 내 인간관계가 원만하며, 업무수행에 최선을 다하고, 동료의 업무를 도와주며, 연령이 높을수록 국제결혼에 대하여 긍정적인 것으로 나타났다.

최운실(1985)은 연령별로 볼 때 성인 초기나 중기에는 사회적 성취지향성이 강하므로 학위, 자격의 취득, 외적 기대나 요청에의 부응, 직업적 성취 등의 동기가 강하게 나타난다고 하였다. 그러나 55세 이상의 연령층에서는 외적 성취지향성이 저하되고 지적 호기심의 충족, 자기만족 등과 같은 내적 성취에의 동기가 강해진다고 하였다.

교육수준도 교육 효과와 밀접한 관계를 맺고 있는 것으로 나타났다. 교육수준에 따라 원하는 교육과정의 수준과 직무능력 개발의 수준에 대한 차이가 있기 때문이다. 김영화(2000)는 교육수준에 의하여 개발되는 지성, 비판력, 사고력, 이해력, 자율성 등은 프로그램을 운용하는 데 중요한 결정요인이 된다고 하였다. 또한 Peterson & Crap(1974)은 교육수준이 높은 자는 대체로 학교교육의 과정에서 성공적인 경험이 많기 때문에 학교교육에 대하여 긍정적인 태도를 지니고 있으며 교육에 대하여 높은 가치를 부여하는 경향이 있다.

허경철 외(1998)의 연구에 의하면 학교 교육 효과에 있어 학력이 높을수록 자기반성에 적극적인 태도를 보이며, 자기존중에 대한 태도가 강하며, 문화생활과 여가생활에 대하는 태도가 긍정적인 경향을 보이며, 비교적 계획적인 소비지출을 하며, 재활용에 대한 태도와 행위가 다소 낮아지며, 환경교육에 관심을 보이고, 국제결혼에 대하여 긍정적이며, 젊은 사람과 이질감을 덜 느끼며, 차인의 주장을 잘 경청하며, 남녀 평등의식이 강하며, 업무수행에 최선을 다하고, 계속학습에 대한 노력을 하며, 동료의 업무를 도와주며, 가족관계에 대하여 만족도가 높으며, 직장에 대한 만족도가 높으며, 삶 전반에 대한 만족도가 높으며, 인간관계 형성이 사회생활에 도움을 주었다고 생각하는 비율이 높은 것으로 나타났다.

최운실(1985)은 교육수준이 높은 경우 대부분 사회적으로 높은 보상을 받게 되어 높은 지위를 점하게 되므로 교육 효과에 대한 기대와 가능성에의 확신이 비교적 높다고 하였다. 그리고 교육수준이 높은 집단은 대체로 전문직 관련 종사자인 경우가 많으며, 이들 직종에서는 타 직종에 비해 시간적 여유나 경제적 여유가 많을 뿐 아니라 지적 자극이 풍부한 성취 지향적 풍토에서 생활하고 있으며 동시에 교육적 지원이나 요청이 많으므로 교육 효과가 높은 것으로 논의하고 있다.

Reiseman(1962)에 의하면 교육수준이 높을수록 지적 호기심, 내적 만족, 학습자체에 대한 흥미 등의 내재적 동기성향이 높으며 다양한 영역에 대하여 교육적 동기를 지닌다. 반면에 교육수준이 낮은 집단은 지식 그 자체에는 별다른 흥미가 없고 실제 생활에 적용 가능한 실용적인 내용을 보다 선호하므로 교육을 자아성장의 수단으로 보기 보다는 실제로 자기 자신에게 얼마나 유용하게 쓰일 수 있는가 하는 교육의 도구주의적 가치에 관심을 더 지닌다고 하였다.

선행연구에 따르면 결혼 여부도 교육 효과에 유의미한 영향을 미치는 것으로 나타났다. 이숙원(2003)의 연구 결과에 의하면 혼인은 성인학습자에게 교육에 대한 참여지속에 중요한 역할을 수행한다. 기혼자는 생활의 안정화를 이룰 수 있으나 가족의 부양책임으로 참여지속을 어렵게 하며 결국 교육 효과에도 영향을 미친다고 하였다. Benn(1995)은 기혼자가 안정적인 인간관계를 형성할 수 있기 때문에 교육에 대한 지속적인 참여율이 높으며 이러한 참여율이 교육 효과에 영향을 미친다고 보았다. 반면에 미혼과 독신은 교육 참여에 대한 결정에 대하여 자유로운 결정을 하며 성취욕구가 크기 때문에 교육 효과가 높다고 하였다(Hagedorn, 1993).

성인교육에 참여하고 있는 집단의 사회·경제적 지위나 직업을 분석해 보면 참여집단과 비참여집단 간에 현저한 사회적 격차가 존재함을 알 수 있다(최운실, 1986). 개인의 직업 경험은 가장 중요한 성인 사회화 요인이다. 직무의 성격과 직업의 지위, 역할. 책임, 자질 함양기회에 따라 개인의 능력과 태도 및 가치관은 영향을 받게 된다. 따라서 직무 자체가 가져오는 교육과 훈련의 효과뿐만 아니라 직업과 직장, 직무에 따라서 각종의 교육 기회가 차이가 날 것이며, 이는 자질 향상에 영향을 미칠 것이다(허경철 외, 1998). 이숙원(2003)은 직업이 있으면 구체적인 욕구나 적극적 태도에 영향을 미쳐 교육에 대한 참여가 긍정적으로 이루어진다고 보았는데 이러한 참여 동기가 기존의 연구에서는 교육 효과에 영향을 미친다고 보았다.

일반적으로 소득수준이 높고 사회계층이 높을수록 교육이나 사회에 대한 참여도가 높다고 한다. 뿐만 아니라 소득수준이 높을수록 공동체 의식 수준이 높아지는 경향을 보이고 있다. 가계의 수입수준이 높을수록 성인학습자들은 안정된 상태에서 학습에 참여하게 되는 경향이 많으며, 소득수준을 향상시키기 위하여 교육에 참여하는 경향이 늘고 있는 추세이다(이숙원, 2003).

수입은 평생교육 참여와 효과에 영향을 미치는 또 하나의 요인으로 보고 되고 있다. 일반적으로 이숙원(2003)에 의하면 수입이 높을수록 교육 참여율이 높은 것으로 나타났으며, 허경철 외(1998)의 연구에 의하면 학교 교육 효과에 있어 수입이 높을수록 쓰레기 분리수거에 적극적이며, 차인의 주장을 잘 경청하며, 정치적인 관심이 약간 증가하며, 가족관계에 대하여 만족도가 높은 것으로 나타났다.

교육에 참여하게 된 동기는 학습자의 성취동기에 영향을 미치고 있다는 것이 기존 연구들의 지적이다. 성인학습자의 동기는 크게 직업 목적 혹은 사회적 관계를 지향하는 외재적 동기 또는 수단적 동기와 개인적 발달 혹은 학문적 충족을 지향하는 내재적 동기 또는 본질적 동기로 구분할 수 있으며(최돈민 외, 1999; 이지혜, 2000), 이러한 학습자의 동기는 참여가 지속되면서 외재적인 것에서 내재적인 것으로 옮겨가는 경향이 있다고 하였다. 이지혜(2000)는 질적 연구를 통해 지속적으로 교육에 참여해온 직업인들이 성인학습자로 성장하는 과정을 탐구하면서, 학습자들이 처음에는 일자리와 더 높은 소득과 같은 외재적 목적을 위해 참여하지만, 점차 학습 자체를 즐기는 내재적 동기가 지배적으로 나타난다는 것을 발견하였다. 그리고 이 내재적 단계에 이르면 이전의 외재적 단계와는 전혀 다른 양상이 전개되는데, 이전에는 목적이 달성되면 학습이 중지되었으나 이제는 목적이 달성될수록 더욱 그 활동을 추구하는 양상을 보이게 된다고 하였다.

이상과 같은 성인학습자를 대상으로 하는 선행연구를 바탕으로 교육 효과에 영향을 미치는 요인들을 종합해보면 학습자 관련 요인은 크게 성별, 연령, 최종 학력, 결혼 여부, 직업, 월 평균 수입, 거주 지역, 교육에 참여하게 된 동기 등으로 집약된다.

Ⅲ. 연구 방법

1. 연구 모형

　본 연구에서는 평생교육사 양성교육의 효과와 효과에 영향을 미치는 요인을 분석하기 위하여 〔그림 Ⅲ-1-1〕 및 〔그림 Ⅲ-1-2〕와 같은 연구 모형을 설정하였다. 학습자 변인 및 교육기관 유형 변인과 교육 프로그램 및 교육기관 만족도가 평생교육사 양성교육의 효과에 어떠한 영향을 미치는가를 분석하고자 하였으나 교육기관 만족도는 양성과정에 대해서만 조사할 수 있었으므로, 분석을 이원화하였다.

[그림 Ⅲ-1-1] 연구 모형; 전체 모형

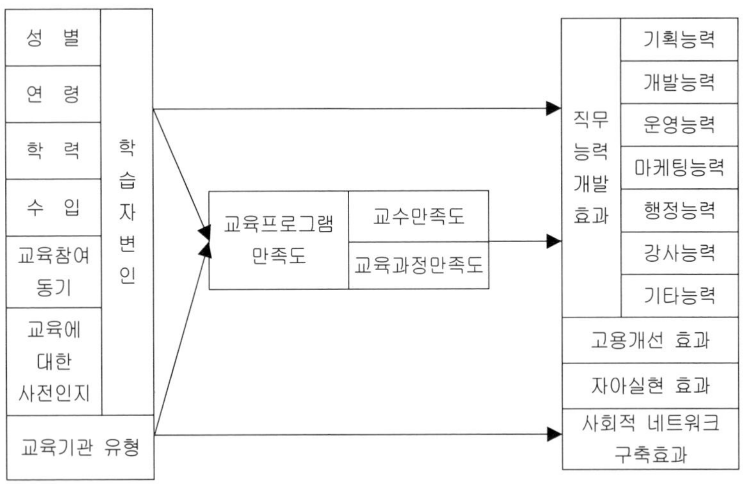

〔그림 Ⅲ-1-1〕은 평생교육사 양성기관 전체의 교육 효과를 분석하기 위한 연구 모형으로 학습자 변인인 성별, 연령, 학력, 수입, 교육 참여 동기, 교육에 대한 사전 인지도와 교육기관 유형변인이 직접적으로, 그리고 매개변인인 교육 프로그램 만족도(교수에 대한 만족도, 교육과정 만족도)를 통하여 간접적으로 종속변인인 평생교육사 양성교육의 효과에 영향을 미친다는 것을 나타내주는 연구 모형이다.

[그림 Ⅲ-1-2] 연구 모형; 평생교육사 양성과정

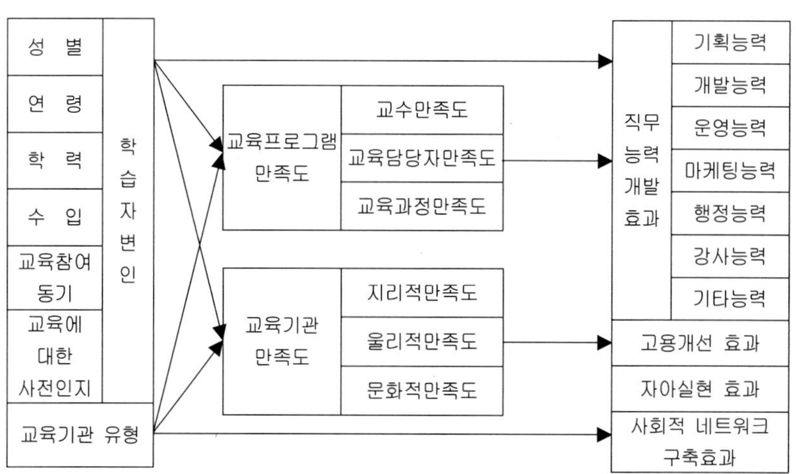

평생교육사 양성과정은 평생교육 현장 재직자를 대상으로 하는 평생교육사 양성교육으로 교육 담당자가 지정되어 있으며, 교육기관에 대한 만족도가 중요한 영향을 미칠 것으로 판단하였다. [그림 Ⅲ-1-2]는 평생교육사 양성과정의 교육 효과를 분석하기 위한 연구 모형으로 학습자 변인인 성별, 연령, 학력, 수입, 교육 참여 동기, 교육에 대한 사전 인지도가 직접적으로, 그리고 매개변인인 교육 프로그램 만족도(교수에 대한 만족도, 교육 담당자 만족도, 교육과정 만족도), 교육기관 만족도(지리적 만족도, 물리적 만족도, 문화적 만족도)를 통하여 간접적으로 종속변인인 평생교육사 양성교육

의 효과에 영향을 미친다는 것을 나타내주는 연구 모형이다. 본 연구에서는 이 모형을 통하여 첫째, 평생교육사 양성교육을 이수한 후에 어떠한 효과가 있었는지를 분석하고, 둘째, 평생교육사 양성교육의 효과가 학습자 변인과 교육기관 유형 변인에 따라 어떠한 차이가 있는지 분석하였으며, 셋째, 평생교육사 양성교육의 효과에 영향을 미치는 요인을 분석하였다.

2. 연구대상

이 연구는 우리나라에서 평생교육사 양성교육을 통하여 자격을 취득하고 사회로 배출되어 평생교육 현장에서 근무하고 있는 평생교육사를 대상으로 하였다. 표집 절차는 현재 평생교육사를 양성하는 기관인 2개의 전문대학, 30개의 대학교(한국방송통신대학교 포함), 24개의 대학원, 평생교육사 양성과정은 4개 기관을 대상으로 이 기관들에서 평생교육사 자격을 취득한 졸업자를 표집 대상으로 하여 설문조사를 실시하였다.

조사대상이 평생교육사 양성교육기관의 졸업생이어서 추적 조사의 성격을 띠다 보니 졸업한 평생교육사의 주소나 취업자의 자료를 수집하기가 매우 어려웠다. 이는 각 평생교육사 양성기관에서 졸업생에 대한 추적관리를 하지 않기 때문이기도 하지만, 개인정보 보호 차원에서 정보를 제공하기 꺼려했기 때문이기도 하다. 회수율이 매우 낮을 것이라는 예상아래 우편 조사, 이메일 조사, 현장 조사의 세 가지 조사 방법을 병용하였다. 이에 따라 설문지는 동일한 내용으로 우편을 통하여 배포할 수 있는 설문지와 이메일을 통해 바로 체크할 수 있는 온라인 설문지 등 두 가지 형태로 제작하였다. 배포 및 회수는 2004년 4월 20일부터 5월 15일까지 실시하였다.

조사 방법은 다음의 세 가지 방법을 병용하였다. 첫째, 이메일 조사이다. 한국평생교육사연합회 회원 2,779명과 평생교육사 양성교육기관 중 15개 기관의 협조를 얻어 주소를 수집한 512명 등 모두 3,291명에게 이메일 조사를 실시하였다. 총 210명이 응답하여 6.4%의 회수율을 나타내었다. 둘째, 우편 조사이다. 평생교육사 양성교육기관 중 15개 기관의 협조를 얻어 주소를 수집한 382명에게 설문을 발송하였다. 모두 45명이 응답하여 11.8%의 회수율을 나타내었다2). 셋째, 방문 조사이다. 평생교육 관련 세미나 등 평생교육사가 단체로 모인 곳을 직접 방문하여 총 52명에게 설문 조사를 실시하였다. 이상과 같이 총 3,673명 중에서 322명이 응답하였으나 이중 유효한 307명만을 결과 처리하였다.

평생교육사 양성교육기관별 응답자의 분포를 보면 대학평생교육원 양성과정에서 평생교육사 자격을 취득한 평생교육사는 30.0%로 가장 많았으며, 다음으로는 대학에서 평생교육사 자격을 취득한 평생교육사가 22.8%, 전문대학에서 평생교육사 자격을 취득한 평생교육사가 17.3%, 대학원에서 평생교육사 자격을 취득한 평생교육사가 15.3%, 방송통신대학교에서 평생교육사 자격을 취득한 평생교육사가 14.7% 순으로 나타났다(〈표 Ⅲ-2-1〉 참조)3).

---

2) 중복 응답자를 피하기 위하여 첫째, 한국평생교육사연합회 회원으로서 이메일을 통하여 먼저 설문에 응답한 경우는 중복하여 응답하지 않도록 안내문을 동봉하여 발송하였다. 둘째는 인터넷이나 이메일을 통해 응답하는 경우에는 IP어드레스를 체크하도록 하여 동일한 컴퓨터에서는 중복하여 체크할 수 없도록 조치하였다.

3) 평생교육사 모집단의 수는 2001년까지는 교육인적자원부에서 대학과 대학원을 구분하지 않고 통계를 내어 대학과 대학원의 모집단 수가 정확히 어느 정도인지를 가늠하기는 어렵다. 따라서 본 연구에서는 연구자가 조사한 2002년과 2003년 평생교육사 양성 실태를 기준으로 교육기관별 모집단 분포를 추정하였다. 측정 결과 전문대출신은 17.3%, 대학교 22.8%, 대학원 출신은 15.3%, 대학평생교육원 양성과정 출신은 30%로 나타났다. 분석 결과 대학과 대학원 간에 가장 큰 차이가 있었다. 따라서 대학교 및 대학원 출신은 모집단에 비하여 다소 적게 표집되었으며, 대학평생교육원 양성과정 출신이 다소 많게 표집된 것으로 보인다. 그러나 모집단의 크기를 정확히 파악하기 어려워 표집의 편파성을 판단하는 데는 한계가 있다. 만일 이와 같은 표집의 편파성이 존재한다면 교육과정 만족도의 경우 과다 표집된 대학평생교육원 양성과정 출신의 만족도가 높게 나타나므로 교육과정 만족도가 실제보다 다소 크게 나타났을 가능성이 있으며, 직무능력개발 효과는 과다 표집된 대학원이 가장 높고, 과소 표집된 대학이 낮으며, 자아실현 효과는 과소 표집된 대학이 가장 높고, 과다 표집된 대학원 양성과정이 낮으므로 실제보다 낮게 나타났을 가능성이 있다. 이외에는

<표 Ⅲ-2-1> 평생교육사 양성교육기관별 응답자 수(2003, 2004)

	표집단(명)
전문대학	53(17.3%)
대학교	70(22.8%)
대학원	47(15.3%)
한국방송통신대학교	45(14.6%)
대학평생교육원 양성과정	92(30.0%)
전 체	307

3. 조사도구

본 연구는 평생교육사 양성교육의 효과와 효과에 영향에 주는 요인에 대한 연구이다. 따라서 본 연구에서는 학습자 변인, 교육 프로그램 및 교육기관 만족도 변인, 교육 효과 변인으로 나누어 설문을 제작하였다.

가. 학습자 변인

교육 효과에 영향을 주는 독립변인을 측정하기 위해서는 학습자 변인과 교육기관 변인으로 구분하였다. 학습자 변인에는 인구학적 변인(12문항)과 심리적 변인(5문항)을 포함시켰으며, 교육기관 변인에는 교육비 변인(2문항)과 교육기관 변인(1문항)을 포함시켜 총 20문항으로 구성하였다(〈표 Ⅲ-3-1〉 참조).

분석하기에는 큰 무리가 없는 것으로 보인다.

<표 III-3-1> 학습자 변인과 교육기관 변인

조사변인		하위변인		양성교육	양성과정
학습자 변인	인구학적 변인	1. 성별　　　　　2. 연령 3. 최종 학력　　　4. 결혼 여부 5. 직업　　　　　6. 교육을 이수 전 담당 업무 7. 월 평균 수입　　8. 거주 지역 9. 취득자격　　　15. 자격 취득 년도 16. 교육을 이수 후 담당 업무 17. 근무경력		O	O
	심리적 변인	10. 교육 참여 동기 11-1) 평생교육사 양성교육에 대한 사전 인지도 11-2) 포기의사 11-3) 목표설정 여부 11-4) 교육에 대한 권장 여부		O	O
교육기관 변인	교육비 변인	23. 교육비 조달 방법	25-1) 교육비 부담 정도		O
	교육기관 유형 변인	14. 양성교육의 종류		O	O

1) 인구학적 변인

평생교육사 양성교육의 효과에 영향을 미치는 학습자 변인의 측정을 위해 성별, 연령, 최종 학력, 결혼 여부, 직업에 교육을 이수 전 담당 업무, 월 평균 수입, 거주 지역, 취득자격, 자격 취득 년도, 교육을 이수 후 담당 업무, 근무경력 등을 포함하여 총 12문항을 개발하였다. 성별은 ① 남과 ② 여로 구분하였다. 연령은 역할 변화를 대체적으로 나타내 주는 지표의 성격을 띠는 것으로 ① 20~30세 미만, ② 30~40세 미만, ③ 40~50세 미만, ④ 50세 이상으로 구분하였다.

최종 학력은 ① 중학교 졸업 이하, ② 고등학교 졸업, ③ 전문대학 졸업, ④ 대학 졸업, ⑤ 대학원 졸업 이상으로 구분하였다. 결혼 여부는 ① 기혼, ② 미혼, ③ 기타(이혼, 사별 등) 등으로 분류하였으나 본 연구에서는 결혼 여부가 미치는 영향의 크기가 미미하여 아노바 검증과 구조방정식 모형 분석에서는 제외하였다.

현재 직업은 ① 도서관 사서, ② 교육청 일반직 공무원, ③ 초·중·고등학교 교사, ④ 초·중·고 평생교육 담당자, ⑤ 사회복지사, ⑥ 여성회관 직원, ⑦ 지자체 공무원, ⑧ 문화원 직원, ⑨ 언론기관부설 평생교육원 직원, ⑩ 대학부설 평생교육원 직원, ⑪ 농업 관련 평생교육원, ⑫ 민간단체 평생교육 담당자, ⑬ 별정직 공무원, ⑭ 학원 형태의 평생교육 시설, ⑮ 청소년 수련기관 직원, ⑯ 사업체부설 문화센터직원, ⑰ 일반회사 직원, ⑱ 기타 등으로 분류하였다. 그러나 본 연구에서는 표본의 수가 적어 직업 여부의 차이가 미미하여 아노바 검증과 구조방정식 모형 분석에서는 제외하였다.

교육을 이수하기 전 담당 업무는 ① 기획업무, ② 프로그램 개발 업무, ③ 프로그램 운영 업무, ④ 마케팅, ⑤ 행정업무, ⑥ 교수업무, ⑦ 평생교육 관련 업무와 관련 없는 업무 종사, ⑧ 학생, ⑨ 무직, ⑭ 기타 등으로 분류하였으며, 평생교육사 자격 취득을 위한 교육을 이수한 후 담당 업무는 ① 기획업무, ② 프로그램 개발 업무, ③ 프로그램 운영 업무, ④ 마케팅, ⑤ 행정업무, ⑥ 교수업무, ⑦ 평생교육 업무와 관련 없는 업무 종사, ⑧ 강사 등으로 분류하였다. 평생교육사가 되기 전의 담당 업무는 평생교육사 양성교육을 선택한 이유에 어떠한 영향을 주는지를 파악하는 데 도움이 된다. 또한 평생교육사 자격을 취득한 후에 업무의 변화는 어떠했는지를 분석하여 인과관계를 분석하는 데 도움이 되고자 하였다. 그러나 본 연구에서는 평생교육사 양성과정을 제외한 평생교육사 양성교육에서는 평생교육사가 되기 전의 직업은 대다수 학생신분이었다. 따라서 현장 재직자를 대상으로 하는 평생교육사 양성과정을 이수한 평생교육사들에 대한 사전 직업과 사후 직업을 분석하는 참고자료로 활용하는 것은 가능하지만 전체를 대상으로 평생교육사 양성교육의 효과에 영향을 주는 요인으로 보는 데는 무리가 있으므로 아노바 검증과 구조방정식 모형 분석에서는 제외하였다.

월 평균 월급은 ① 100만 원 미만, ② 100만 원 이상~200만 원 미만, ③ 200만 원 이상~300만 원 미만, ④ 300만 원 이상~400만 원 미만, ⑤ 400만 원 이상~500만 원 미만, ⑥ 500만 원 이상 등으로 분류하였다.

거주 지역은 ① 서울특별시, ② 경기도, ③ 충청남도, ④ 충청북도, ⑤ 전라남도, ⑥ 전라북도, ⑦ 경상남도, ⑧ 경상북도, ⑨ 강원도, ⑩ 부산광역시, ⑪ 광주광역시, ⑫ 제주도, ⑬ 인천광역시, ⑭ 울산광역시, ⑮ 대전광역시, ⑯ 대구광역시, ⑰ 제주도 등으로 분류하였다. 평생교육사의 거주 지역을 파악하는 것은 평생교육사들의 양성교육이 그 지역에서 어떻게 이루어지는 지를 파악하는 데 도움이 될 수 있으며 지역적인 공통성이 효과에 어떤 관계가 있는지를 분석해보는 것에 의미가 있다 하겠다. 그러나 본 연구에서는 표집대상이 수도권에 집중되어 있으며 표본 수가 적어서 지역적 특성을 분석하는 데 무리가 있어 아노바 검증과 구조방정식 모형 분석에서는 제외하였다.

평생교육사 자격제도에서 자격등급은 ① 평생교육사 1급, ② 평생교육사 2급, ③ 평생교육사 3급 등으로 분류하였다. 학습자의 배경에서 평생교육사의 자격등급이 교육에 대한 만족도, 직업, 직업선택, 수입에 영향을 미칠 것으로 파악하고 조사를 하였으나 대부분의 평생교육사 양성교육기관에서는 평생교육사 2급을 중심으로 양성하고 있기 때문에 표집대상의 대표성에 다소 무리가 있어 아노바 검증과 구조방정식 모형 분석에서는 제외하였다.

평생교육사 자격 취득 년도와 근무 연수를 나타내는 근무경력은 실질적으로 평생교육 현장에서 근무한 경력을 측정하고 근무 연수에 따라 효과의 차이를 검증하고자 조사하였다. 평생교육사 자격을 취득한 년도는 ① 2000년 이전, ② 2001년, ③ 2002년, ④ 2003년, ⑤ 2004년 등으로 분류하였다.

평생교육사 자격을 취득한 후 평생교육 관련 업무 근무경력 연수는 ① 1년 이하, ② 1년 이상~2년 이하, ③ 2년 이상~3년 이하, ④ 3년 이상~4년 이하, ⑤ 4년 이상, ⑥ 없음 등으로 분류하였으나 평생교육사 양성교육의 역사가 2-3년으로 짧기 때문에 자격 취득 년도가 2-3년 안에 몰려 있으며, 근무 연수 또한 평생교육사 양성과정을 제외하고는 근무경력은 1-3년으로 매우 짧아 효과에 영향을 미치는 크기가 미미하여 실제 분석에서는 제외하였다.

2) 심리적 변인

첫째, 교육에 참여하게 된 동기는 학습자의 성취동기에 영향을 많은 영향을 미치고 있다는 것이 기존 연구들의 지적이다. 따라서 본 연구에서도 학습자들의 교육 참여 동기를 통하여 평생교육사 양성교육의 효과에 어떠한 영향을 주는지를 분석하고자 하였다. 척도는 열 개의 항목으로 나누어 조사한 후 "① 취업을 위해서, ③ 승진에 도움을 받기 위해, ⑧ 퇴직 후를 대비하기 위하여, ⑨ 회사의 권유에 의하여"를 외재적 동기로 간주하고, "② 업무에 도움을 받기 위하여, ④ 평생교육 부분의 전문가가 되기 위해, ⑤ 새로운 분야의 업무를 해보고 싶어서, ⑥ 사회참여 혹은 봉사를 위하여, ⑦ 자격증 취득을 위해서, ⑩ 평생교육 관련 기관을 직접 운영하고 싶어서"를 내재적 동기로, 재범주화하여 분석하였다.

둘째, 교육에 대한 개인적 감정(① 평생교육사 양성교육에 대한 사전 인지도, ② 과정 중 포기의사, ③ 구체적인 학습 목표의 수립 여부, ④ 과정에 대한 만족을 바탕으로 다른 학습자에게 권유 등)이 평생교육사 양성교육의 효과에 어떠한 영향을 주는지를 분석하고자 하였다.

3) 교육비 변인

전문대학, 대학, 대학원 등에서 평생교육사 양성교육을 이수하는 학습자에게는 평생교육사 양성교육을 위한 교육비가 대학 또는 대학원 등록금 안에 포함되어 있기 때문에 큰 의미를 갖지 못한다. 그러나 평생교육사 양성과정을 이수한 학습자에게는 1년에 100만 원 정도의 교육비가 부담스러울 것으로 예측되어 따라서 교육비에 대한 부담 정도를 등간척도로 물었으며, 교육비를 조달하는 방법을 ① 전액 본인 부담, ② 반액 본인 부담, ③ 일부 본인 부담, ④ 전액 지원 등으로 구분하여 조사하였다. 그러나 평생교육사 양성과정을 이수한 학습자의 대부분이 소속기관으로부터 학습비를 지원받았기 때문에 학습비에 대한 부담이 평생교육사 양성교육의 효과에 영향을 미치는 크기가 미미하여 아노바 검증과 구조방정식 모형 분석에서는 제외하였다.

나. 교육 프로그램 및 교육기관 만족도 변인

교육 효과에는 독립변인이 직접적으로 영향을 미치기도 하지만 매개변인을 통하여 간접적으로 영향을 미치기도 한다. 이 연구에서는 매개변인으로 교육 프로그램 만족도 변인, 교육기관 만족도 변인을 포함시켰다. 교육 프로그램 만족도 변인에는 교수만족도(6문항), 교육 담당자 만족도(4문항), 교육과정 만족도(6문항)를 포함시켰으며, 교육기관 만족도 변인에는 지리적 만족도(1문항), 물리적 만족도(4문항), 문화적 만족도(1문항)를 포함시켜 총 22문항으로 구성하였다(〈표 Ⅲ-3-2〉 참조). 이 중 교육기관 만족도 변인은 평생교육사 양성과정 출신의 평생교육사를 대상으로 한 분석에만 포함되었다.

<표 Ⅲ-3-2> 교육 프로그램 만족도 변인 및 교육기관 만족도 변인

조사변인		하위변인		신규 양성	양성 과정
교육 프로그램 만족도	교수에 대한 만족도	12-1) 준비성　　　　　12-2) 전문성 12-3) 현장성　　　　　12-4) 교육 진행속도 12-5) 동기 유발　　　　12-6) 강의법		O	O
	담당자 만족도	25-1) 과정에 대한 준비성　25-2) 친절도 25-3) 과정에 대한 인지도　25-4) 과정 진행의 순조로움			O
	교육과정 만족도	13-1) 오리엔테이션 여부　13-2) 교육목표 제시 13-3) 업무와 관련성　　　13-4) 직무수행에 도움이 　　　　　　　　　　　　　　　 자료 제공		O	O
교육기관 만족도	지리적 만족도	26-1) 접근성(교통)			O
	물리적 만족도	26-2) 양성교육 중 휴식 공간 제공 26-3) 양성교육 중 도서관 같은 부대시설 자유 이용 26-4) 양성교육 중 음료수 제공 여부 26-5) 양성교육 중 강의실의 쾌적성			O
	문화적 만족도	24. 양성교육에 대한 사회적 평판			O

1) 교육 프로그램 만족도 변인

　교육 프로그램 만족도 변인으로는 평생교육사 양성교육과정을 직접 강의하는 교수에 대한 만족도와 평생교육사 교육과정에 대한 만족도 등의 하위변인을 포함시켰다.

가) 교수에 대한 만족도

　좋은 교수는 양질의 수업을 진행하며 교육의 효과에 중요한 요인으로 작용한다. 따라서 본 연구에서는 교수에 대한 만족도가 평생교육사 양성교육의 효과에 유의미한 영향을 미친다는 것을 가정하고 ① 교수들의 준비성, ② 교수들은 교과내용에 대한 전문성, ③ 교수들은 현장성, ④ 교수들의 적절한 교육과정 진행속도, ④ 교수들은 학습자들을 교육에 적극적으로 참여 유도하는지, ⑥ 교수들의 강의법 등에 대한 학습자의 만족도를 조사하였다.

나) 과정 운영 담당자에 대한 만족도

과정 운영 담당자는 평생교육사 양성교육 중 평생교육사 양성과정에만 있기 때문에 평생교육사 양성과정 이수자에게만 한정시켜 조사하였다. 교육과정 운영 담당자에 대한 만족도를 측정하기 위해 평생교육사 양성과정 중에 ① 운영 담당자가 과정에 대한 준비는 철저했는지, ② 학습자들에 대한 친절은 어떤지, ③ 운영 담당자가 평생교육사 양성과정에 대하여 정확히 인지하고 있는지, ④ 운영 담당자가 순조롭게 과정 진행을 했는지 등을 조사하였다.

다) 교육과정에 대한 만족도

교육과정에 대한 만족도를 측정하기 위해서 ① 평생교육사 양성과정에 대한 충분한 오리엔테이션 여부, ② 양성교육과정 운영 시 분명한 교육목표 제시 여부, ③ 양성교육과정에서 직무수행에 도움이 되는 구체적인 자료 제공 여부, ④ 교육에서 첨단 교육 기자재를 사용 여부 등에 대한 만족도를 조사하였다. 이를 통하여 평생교육사 양성교육의 효과에 어떠한 영향을 미치는지를 분석하고자 한다.

3) 교육기관 만족도 변인

교육기관 만족도 변인은 평생교육사 양성교육 중 평생교육사 양성과정에만 해당된다. 평생교육사 양성과정을 제외하고 나머지 평생교육사 양성교육기관은 대부분 자기가 학위취득을 일차 목표로 하고 부수적인 목적으로 평생교육사 자격을 취득하는 경우가 많다. 그러나 평생교육사 양성과정은 일차적 목적이 평생교육사 자격 취득을 목표로 하기 때문에 교육기관 만족도가 중요한 영향을 미칠 것이라 예측하였다. 평생교육사 교육기관 만족도 변인은 지리적 환경의 만족도, 물리적 환경의 만족도, 문화적 환경의 만족 등의 하위변인으로 나누어 조사하였다.

지리적 만족도는 ① 평생교육사 양성과정 기관의 지리적 접근성에 대한 만족도를 의미한다. 특히 네 개였던 평생교육사 양성과정 기관이 2004년부터 두 개 기관이 추가로 지정되어 전국에 여섯 개 기관에서 평생교육사 양성과정을 운영하고 있기 때문에 지리적 만족도는 교육기관을 선택하는 데 중요한 요인으로 작용하고 있다.

물리적 만족도는 학습자가 선택한 평생교육사 양성기관의 시설이나 서비스에 대한 만족도를 의미한다. 물리적 만족도는 학습자들이 지속적으로 과정을 이수하게 함은 물론 교육과정의 효과에 영향을 미칠 것이라 예측할 수 있다. 기관에 대한 만족도는 양성과정 중 학습자들을 위한 휴식 공간 제공 여부, 학교 도서관 같은 부대시설에 대한 자유로운 사용 여부, 양성 과정 중 학습자들을 위한 음료수 제공여부, 강의 시설의 편리성에 대한 만족도로 구분하였다.

문화적 만족도는 학습자가 선택한 평생교육사 양성교육을 시행하는 기관에 대한 사회적 평판을 의미한다. 양성기관의 평판은 이전의 평생교육사 양성교육 성과에 대한 효과를 평가하는 척도가 될 수 있으며, 학습자들의 교육기관 선택에 영향을 미친다. 따라서 평판이 좋은 양성기관은 이전까지의 양성교육에 대한 운영에 있어서 충실하게 운영해왔음을 유추해볼 수 있으며, 양성기관을 선택한 학습자들에게도 열심히 과정을 이수해야 하겠다는 의욕을 심어 줄 수 있다. 평생교육사 양성기관의 평판을 측정하기 위해서는 ① 좋은 편이다, ② 보통이다, ③ 좋지 않은 편이다, ④ 잘 모르겠다 등의 척도에 응답하도록 하였다.

다. 교육 효과 변인

평생교육사 양성교육의 효과를 측정하기 위한 공인된 척도가 없기 때문에 평생교육사 양성과정의 직업능력 개발 효과를 측정하기 위해서는 평생교육사의 직무 분석 연구를 비롯한 관련 선행 연구를 바탕으로 문항을 개발하였다. 평생교육사 양성교육의 효과 측정을 위한 조사도구는 4개 영역에 총 46문항으로 구성하였다(〈표 III-3-3〉 참조).

첫째 영역은 직무능력 개발 효과 영역으로 총 27문항으로 구성되어 있으며, 하위변인으로는 기획업무(3문항), 프로그램 개발 업무(3문항), 프로그램 운영 업무(4문항), 마케팅업무(3문항), 행정업무(6문항), 교수업무(4문항), 기타 관련 업무(4문항) 등으로 구성하였다. 둘째 영역은 고용개선 효과로서 5문항으로 구성하였다. 셋째 영역은 자아실현 효과로 7문항으로 구성하였다. 넷째 영역은 사회적 네트워크 구축 효과로 7문항으로 구성하였다. 각 문항은 등간척도로 구성되어 있어 '매우 그렇다', '그렇다', '보통이다', '그렇지 않다', '전혀 그렇지 않다'의 다섯 가지 응답 범주를 갖는 Likert 척도를 사용하여 문항에 동의하는 정도를 표기하게 하였다.

<표 Ⅲ-3-3> 평생교육사 양성교육의 효과 측정을 위한 조사변인

조사변인		하위변인
직무능력 개발 효과	기획업무	1) 수요자의 요구분석 능력 향상 2) 사업 계획 작성 능력 향상 3) 프로그램 기획능력 향상
	프로그램 개발 업무	4) 프로그램 개발능력 향상 5) 프로그램 선정 능력 향상 6) 프로그램 목표 설정 능력 향상
	프로그램 운영 업무	7) 강의 시설 및 매체 확보 능력 향상 8) 강사 섭외 및 관리 능력 향상 9) 프로그램 실행 능력 향상 10) 교육성과 분석 능력 향상
	마케팅	11) 기관 홍보 능력 향상 12) 홍보물 제작 능력 향상 13) 홍보효과 분석 능력 향상
	행정업무	14) 서류관리 능력 향상 15) 재정관리 능력 향상 16) 조직관리 능력 향상 17) 법규 정책 해석 능력 향상 18) 교육시설 관리 능력 향상 19) 학습자 분석 및 관리 능력 향상
	교수업무	20) 교수계획 능력 향상 21) 교수 자료 개발능력 향상 22) 강의 능력 향상 23) 강의 평가 능력 향상
	기타 관련 업무	24) 지역인적자원 파악 능력 향상 25) 유관 기관 정보 수집 능력 향상 26) 교육 컨설팅 능력 향상 27) 학습 상담 능력 향상
고용개선 효과		1) 소득향상에 도움 2) 취업에 도움 3) 전직에 도움 4) 창업을 준비하거나 개업 5) 승진에 도움
자아실현 효과		1) 자기개발에 도움 2) 사회생활에 대한 자신감 향상 3) 도전의식 함양 4) 성취감 5) 삶의 질 향상 6) 배움의 기쁨 7) 평생교육에 대한 보람감
사회적 네트워크 효과		1) 업무수행에 필요한 네트워크 구축 2) 단순 친목 모임 결성 3) 학습동아리 결성 4) 동료학습자와 정보 교환 5) 교수와 지속적인 연락 6) 일체감이나 동료의식 7) 행정직원과 지속적인 교류

평생교육사 양성교육의 효과에 영향을 미치는 변인을 분석하기 위해, 학습자 변인(성별, 연령, 학력, 수입, 교육 참여 동기, 교육 사전 인지도)과 교육 프로그램 변인(교수에 대한 만족도, 교육과정 만족도)을 〈표 Ⅲ-3-4〉과 같이 점수화하였다.

<표 Ⅲ-3-4> 변인별 점수화

변 인	점수화
성 별	여성: 0점, 남성: 1점
연 령	20~30세 미만: 1점, 30~40세 미만: 2점, 40~50세 미만: 3점, 50세 이상: 4점
학 력	중학교 졸업 이하: 1점, 고등학교 졸업: 2점, 전문대학 졸업: 3점, 대학 졸업: 4점, 대학원 졸업 이상: 5점
수 입	100만 원 미만: 1점, 100만 원 이상~200만 원 미만: 2점, 200만 원 이상~300만 원 미만: 3점, 200만 원 이상~400만 원 미만: 4점, 400만 원 이상~500만 원 미만: 5점
교육 참여 동기	외재적 동기: 0점, 내재적 동기: 1점
교육 사전 인지도	매우 그렇다: 5, 그렇다.: 4점, 보통이다: 3점, 그렇지 않다: 2점, 매우 그렇지 않다: 1점
교수에 대한 만족도	매우 그렇다: 5, 그렇다.: 4점, 보통이다: 3점, 그렇지 않다: 2점, 매우 그렇지 않다: 1점
교육과정 만족도	매우 그렇다: 5, 그렇다.: 4점, 보통이다: 3점, 그렇지 않다: 2점, 매우 그렇지 않다: 1점

4. 조사도구의 양호도

가. 조사도구의 타당도

조사도구의 각 영역 및 요인에 대한 타당도를 검토하기 위하여 확인적 요인 분석을 실시한 결과 각 변인별로 다음과 같이 타당도가 높은 것으로 나타났다.

1) 교육 프로그램 만족도 변인

교육 프로그램 만족도는 교수에 대한 만족도, 담당자 만족도, 교육과정 만족도로 구분하여 요인분석을 실시하였다(〈표 Ⅲ-4-1〉 참조).

<표 Ⅲ-4-1> 교육 프로그램 만족도의 요인분석 결과

구 분	문 항	공통성	요인적재량
교수 만족도	1) 교수들의 강의 준비는 충실하였다.	.671	.819
	2) 교수들은 교과내용에 대한 전문지식이 뛰어났다.	.332	.576
	3) 교수들은 현장에 대하여 잘 알고 있었다.	.489	.699
	4) 교수들의 교육과정 진행속도는 적절하였다.	.645	.803
	5) 교수들은 참여자들을 교육에 적극적으로 참여하도록 동기 유발시켰다.	.674	.821
	6) 교수들의 교수방법이 적절하였다.	.745	.863
	합계(고유치)	3.555	
	설명량(%)	59.255	
담당자 만족도	1) 담당 직원의 과정 운영을 위한 준비는 충분하였다.	.792	.890
	2) 담당 직원들이 친절하였다.	.817	.904
	3) 담당 직원들은 본 과정에 대하여 잘 알고 있었다.	.875	.935
	4) 담당 직원들이 과정 진행을 순조롭게 하였다.	.834	.913
	합계(고유치)	3.318	
	설명량(%)	82.950	
교육과정 만족도	1) 평생교육사 양성교육에 대하여 충분한 오리엔테이션을 해주었다.	.722	.850
	2) 평생교육사 양성교육에 대하여 분명한 교육목표를 제시해주었다.	.796	.892
	3) 평생교육사 양성교육에서 직무에 도움이 되는 자료들이 제공되었다.	.728	.853
	4) 평생교육사 양성교육에서 첨단 교육 기자재를 사용하였다.	.618	.786
	합계(고유치)	2.864	
	설명량(%)	71.600	

주: 강병서(1997)에 의하면 요인적재량의 수용기준은 보통 ±.30 이상이면 유의하다고 보지만 보수적인 기준은 ±.40 이상이다. 그리고 ±.50 이상인 경우는 매우 유의성을 갖는다고 봄으로 인하여 보수적인 기준인 ±.40 이상을 기준으로 선택하였다.

교수에 대한 만족도를 구성하는 각 문항들이 하나의 특성을 재고 있는가를 알아보기 위하여 확인적 요인분석을 실시한 결과 요인적재량(factor loading)은 .58 이상으로 모든 문항들이 하나의 특성으로 묶어진 것을 볼 수 있으며, 여섯 개의 문항으로 설명되는 설명량은 59.26%이다. 담당자 만족도를 구성하는 각 문항들이 하나의 특성을 재고 있는가를 알아보기 위하여 확인적 요인분석을 실시한 결과 요인적재량은 .89 이상으로 모든 문항들이 하나의 특성으로 묶어진 것을 볼 수 있으며, 네 개의 문항으로 설명되는 설명량은 82.95%이다. 교육과정 만족도를 구성하는 각 문항들이 하나의 특성을 재고 있는가를 알아보기 위하여 확인적 요인분석을 실시한 결과 요인적재량은 .79 이상으로 모든 문항들이 하나의 특성으로 묶어진 것을 볼 수 있으며, 네 개의 문항으로 설명되는 설명량은 71.60%이다.

2) 교육기관 만족도 변인

교육기관 만족도를 구성하는 각 문항들이 하나의 특성을 재고 있는가를 알아보기 위하여 확인적 요인분석을 실시한 결과 요인적재량은 .64 이상으로 모든 문항들이 하나의 특성으로 묶어진 것을 볼 수 있으며, 네 개의 문항으로 설명되는 설명량은 53.66%이다(〈표 Ⅲ-4-2〉 참조).

〈표 Ⅲ-4-2〉 교육기관 만족도의 요인분석 결과

문 항	공통성	요인적재량
1) 평생교육사 양성교육 중 학습자들을 위한 휴식 공간을 마련해주었다.	.596	.772
2) 평생교육사 양성교육 중 도서관 사용이 자유로웠다.	.475	.689
3) 평생교육사 양성교육 중 음료수를 제공해 주었다.	.668	.817
4) 평생교육사 양성교육 중 강의실은 학습하기 편한 곳이었다.	.407	.638
합계(고유치)	2.146	
설명량(%)	53.655	

3) 평생교육사 양성교육의 효과 변인

평생교육사 양성교육의 효과 변인을 직무능력 개발(기획능력, 프로그램 개발능력, 프로그램 운영능력, 마케팅 능력, 행정업무 능력, 교수업무 능력, 기타 능력), 고용개선, 자아실현, 사회적 네트워크 구축 효과로 구분하여 요인분석을 실시하였다.

가) 직무능력 개발 효과 변인

직무능력 개발 효과는 기획능력, 프로그램 개발능력, 프로그램 운영능력, 마케팅 능력, 행정업무 능력, 교수업무 능력, 기타 능력 등 여섯 가지의 하부변인으로 구성되어 있다. 기획능력의 요인적재량은 .90 이상으로 세 개의 문항으로 설명되는 설명량은 83.40%이다(〈표 Ⅲ-4-3〉 참조). 프로그램 개발능력의 요인적재량은 .91 이상으로 네 개의 문항으로 설명되는 설명량은 85.64%이다. 프로그램 운영능력의 요인적재량은 .71 이상으로 네 개의 문항으로 설명되는 설명량은 67.93%이다. 마케팅 능력의 요인적재량은 .92 이상으로 세 개의 문항으로 설명되는 설명량은 86.24%이다. 행정업무 능력의 요인적재량은 .58 이상으로 여섯 개의 문항으로 설명되는 설명량은 54.38%이다. 교수업무 능력의 요인적재량은 .83 이상으로 네 개의 문항으로 설명되는 설명량은 78.20%이다. 기타 관련 업무의 요인적재량은 .78 이상으로 네 개의 문항으로 설명되는 설명량은 73.70%이다. 이상과 같이 모든 문항들이 상부변인에 대하여 하나의 특성으로 묶어진 것을 알 수 있다.

<표 Ⅲ-4-3> 직무능력 개발 효과의 요인분석 결과

구 분	문 항	공통성	요인적재량
기획능력	1) 수요자의 요구분석을 할 수 있는 능력이 향상되었다.	.826	.909
	2) 사업 계획 작성 능력이 향상되었다.	.815	.903
	3) 프로그램 기획능력이 향상되었다.	.861	.928
	합계(고유치)	2.502	
	설명량(%)	83.404	
프로그램 개발능력	4) 프로그램 개발능력이 향상되었다.	.870	.933
	5) 프로그램 선정 능력이 향상되었다.	.868	.932
	6) 프로그램의 목표 설정 능력이 향상되었다.	.831	.912
	합계(고유치)	2.569	
	설명량(%)	85.641	
프로그램 운영능력	7) 강의 시설 및 매체 확보 능력이 향상되었다.	.500	.707
	8) 강사 섭외 및 관리 능력이 향상되었다.	.727	.853
	9) 프로그램 실행 능력이 향상되었다.	.747	.864
	10) 교육성과 분석 능력이 향상되었다.	.744	.863
	합계(고유치)	2.717	
	설명량(%)	67.932	
마케팅 능력	11) 기관 홍보 능력이 향상되었다.	.859	.927
	12) 홍보물 제작 능력이 향상되었다.	.847	.920
	13) 홍보효과 분석 능력이 향상되었다.	.881	.939
	합계(고유치)	2.587	
	설명량(%)	86.237	
행정업무 능력	14) 서류관리 능력이 향상되었다.	.653	.690
	15) 재정관리 능력이 향상되었다.	.837	.836
	16) 조직관리 능력이 향상되었다.	.523	.642
	17) 법규 정책 해석 능력이 향상되었다.	.720	.809
	18) 교육시설 관리 능력이 향상되었다.	.741	.827
	19) 학습자 분석 및 관리 능력이 향상되었다.	.808	.582
	합계(고유치)	3.262	
	설명량(%)	54.375	

구 분	문 항	공통성	요인적재량
교수업무 능력	20) 교수계획 능력이 향상되었다.	.770	.877
	21) 교수 자료 개발능력이 향상되었다.	.829	.911
	22) 강의 능력이 향상되었다.	.696	.834
	23) 강의 평가 능력이 향상되었다.	.833	.913
	합계(고유치)	3.128	
	설명량(%)	78.198	
기타 관련 업무	24) 지역인적자원 파악 능력이 향상되었다.	.747	.864
	25) 유관 기관 정보 수집 능력이 향상되었다.	.782	.884
	26) 교육 컨설팅 능력이 향상되었다.	.815	.903
	27) 학습 상담 능력이 향상되었다.	.604	.777
	합계(고유치)	2.948	
	설명량(%)	73.701	

나) 고용개선 효과 변인

고용개선 효과를 구성하는 각 문항들이 하나의 특성을 재고 있는가를 알아보기 위하여 확인적 요인분석을 실시한 결과 요인적재량은 .72 이상으로 모든 문항들이 하나의 특성으로 묶어진 것을 볼 수 있으며, 5개의 문항으로 설명되는 설명량은 54.46%이다(〈표 Ⅲ-4-4〉 참조).

〈표 Ⅲ-4-4〉 고용개선 효과의 요인분석 결과

문 항	공통성	요인적재량
1) 소득향상에 도움이 되었다.	.603	.772
2) 취업에 도움이 되었다.	.839	.717
3) 전직에 도움이 되었다.	.831	.794
4) 평생교육 관련 분야에 창업을 준비하거나 개업하였다.	.701	.668
5) 승진에 도움이 되었다.	.788	.732
합계(고유치)	2.723	
설명량(%)	54.456	

다) 자아실현 효과 변인

자아실현 효과를 구성하는 각 문항들이 하나의 특성을 재고 있는가를 알아보기 위하여 확인적 요인분석을 실시한 결과 요인적재량은 .74 이상으로 모든 문항들이 하나의 특성으로 묶어진 것을 볼 수 있으며, 7개의 문항으로 설명되는 설명량은 65.50%이다(〈표 Ⅲ-4-5〉 참조).

〈표 Ⅲ-4-5〉 자아실현 효과의 요인분석 결과

문 항	공통성	요인적재량
1) 자기개발에 도움이 되었다.	.658	.811
2) 사회생활에 대한 자신감 향상에 도움이 되었다.	.756	.870
3) 도전의식이 함양되었다.	.654	.809
4) 성취감을 느꼈다.	.699	.836
5) 삶의 질이 향상되었다.	.645	.803
6) 배움의 기쁨을 느꼈다.	.548	.740
7) 평생교육이 보람된 일이라는 생각이 들게 되었다.	.625	.790
합계(고유치)	4.585	
설명량(%)	65.500	

라) 사회적 네트워크 구축 효과 변인

사회적 네트워크 구축 효과를 구성하는 각 문항들이 하나의 특성을 재고 있는가를 알아보기 위하여 확인적 요인분석을 실시한 결과 요인적재량은 .70 이상으로 모든 문항들이 하나의 특성으로 묶어진 것을 볼 수 있으며, 7개의 문항으로 설명되는 설명량은 54.05%이다(〈표 Ⅲ-4-6〉 참조).

<표 III-4-6> 사회적 네트워크 구축 효과의 요인분석 결과

문 항	공통성	요인적재량
1) 평생교육 업무수행에 필요한 인적 네트워크에 도움이 되었다.	.494	.703
2) 동료학습자들과 단순 친목 모임을 만들어 정기적으로 만남을 갖고 있다.	.504	.710
3) 동료학습자들과 학습동아리를 만들어 활동하고 있다.	.587	.766
4) 동료학습자들과 친하게 지내며, 정보를 교환하고 있다.	.668	.817
5) 동료학습자에게서 일체감이나 동료의식을 느껴본 경험이 있다.	.529	.727
6) 교수들과 지속적인 연락을 하며 도움을 받고 있다.	.620	.787
7) 교육기관 행정직원과 지속적인 교류를 하고 있다.	.382	.618
합계(고유치)	3.783	
설명량(%)	54.048	

나. 조사도구의 신뢰도

Cronbach's α 계수를 이용하여 조사도구의 신뢰도를 검증한 결과는 〈표 III-4-7〉과 같다. 평생교육사 양성교육 효과에 영향을 미치는 하위구성 요소인 교수에 대한 만족도, 담당자 만족도, 교육과정 만족도, 기관 만족도 Cronbach's α 계수는 모두 .7 이상으로 나타나 신뢰로운 조사도구라고 할 수 있다. 특히 담당자 만족도를 측정하는 조사도구의 신뢰도가 가장 높은 것으로 나타났다.

또한 평생교육사 양성교육 효과의 하위구성 요소인 직무능력 개발 효과(기획업무, 프로그램 개발 업무, 프로그램 운영 업무, 마케팅, 행정업무, 교수업무, 기타 관련 업무), 고용개선 효과, 자아실현 효과, 사회적 네트워크 구축 효과 등을 측정하는 조사도구의 Cronbach's α 계수는 모두 .7 이상으로 신뢰로운 조사도구라고 할 수 있다. 특히 마케팅을 측정하는 조사도구의 신뢰도가 가장 높은 것으로 나타났다.

<표 Ⅲ-4-7> 조사도구의 신뢰도

구 분	하위구성 요소		문항 수	신뢰도
효과에 영향을 주는 변인	교수에 대한 만족도		6	.854
	담당자 만족도		4	.931
	교육과정 만족도		4	.866
	기관 만족도		5	.716
평생교육사 양성교육의 효과	직무능력 개발 효과	기획업무	3	.902
		프로그램 개발 업무	3	.918
		프로그램 운영 업무	4	.841
		마케팅	3	.920
		행정업무	6	.835
		교수업무	4	.909
		기타 관련 업무	4	.880
	고용개선 효과		5	.777
	자아실현 효과		7	.916
	사회적 네트워크 구축 효과		7	.860

5. 자료처리

설문지 자료를 분석하기 위해 본 연구에서는 SPSS(version 10.0) 통계 패키지 프로그램을 이용하여 전산 처리하였다. 먼저 기초 자료 분석을 위하여 빈도분석(frequency analysis)을 실시하였다. 그리고 각 영역 및 변인에 대한 타당도를 검토하기 위하여 요인분석을 실시하였으며, 각 변인들의 신뢰도 검사를 위하여 Cronbach's α 계수를 이용한 신뢰도 분석을 실시하였다. 다음으로 독립변인별 교육 효과의 차이를 알아보기 위하여 t-검증 및 일원분산분석(one-way ANOVA)을 실시하였다. 일원분산분석(one-way

ANOVA)의 검정결과를 바탕으로 어떤 집단 간에 차이가 있는지를 알아보기 위하여 Scheffe 검정을 실시하였다. 이어 학습자 변인, 교육 프로그램 변인, 교육기관 변인이 평생교육사 양성교육의 효과에 어떠한 영향을 미치는지를 알아보기 위하여 구조방정식 모형(structural equation model)분석을 실시하였다. 구조방정식 모형 분석을 위해서는 Amos 4.0을 이용하였다.

Ⅳ. 결과분석 및 논의

1. 조사대상 응답자의 교육 효과 관련 변인별 분포

가. 학습자 변인별 분포

본 연구에 응답한 평생교육사들의 성별 분포를 살펴보면 여성이 응답자의 70.4%를 차지하여 압도적으로 많은 수를 나타내었다. 연령별로는 30∼40세 미만이 32.6%로 가장 많았으며, 다음으로는 20∼30세 미만이 31.3%, 40∼50세 이상이 30.3% 순으로 나타났다. 최종 학력을 보면 대학 졸업자가 52.4%로 가장 많았으며, 다음으로는 대학원 졸업자가 27.0%, 전문대학 졸업자가 18.9%, 고등학교 졸업자는 1.6% 순으로 대부분이 전문대학 이상의 학력을 가지고 있는 것으로 나타났다. 고등학교 졸업자는 평생교육사 자격을 평생교육사 양성과정을 통해서만 취득할 수 있으므로 대학교 평생교육원에서 시행하는 양성과정을 통하여 평생교육사 자격을 취득했다는 것을 알 수 있다. 결혼 여부로는 기혼이 56.4%로 미혼(42.3%)보다 많았으며, 기타(이혼, 사별)는 1.3%로 나타났다. 현재 직업은 도서관 사서가 13.7%로 가장 많았으며, 다음으로는 기타4)가 11.4%, 민간단체 평생교육 담당자가 10.4%, 교육청 일반직원과 대학부설 평생교육원 직원이 9.1%, 학원형태의 평생교육 시설이 8% 순으로 나타났다. 교육을 이수하기 전 담당 업무는 학생 32.9%, 행정업무 17.9%, 프로그램 운영 업무 12.7%, 교수업무 10.1% 순으로 나타났다. 거주 지역은 서울특별시가 33.2%로 가장 많았으며, 다음으로는 경기

---

4) 기타란 정상적인 평생교육기관에는 종사하지 않고 있지만 각종 평생교육 관련 NGO 단체에서 프리랜서로 활동하거나, 평생교육기관에 자원봉사로 활동하거나, 강사활동을 수행하는 평생교육사를 모두 포함하고 있다.

도 26.7%, 충청남도 9.4%, 전라북도 6.8%, 광주광역시 5.9%, 인천광역시 4.2% 순으로 나타나 59.9%가 수도권에 몰려 있다는 것을 알 수 있다. 월평균 수입은 100만 원 이상~200만 원 미만이 41.7%로 가장 많았으며, 다음으로는 200만 원 이상~300만 원 미만이 23.5%, 100만 원 미만이 22.8% 순으로 나타났다. 500만 원 이상은 0.7%로 나타났다. 취득한 자격은 평생교육사 2급이 92.5%로 대부분을 차지하였으며, 평생교육사 3급이 6.5%, 평생교육사 1급이 1.0% 순으로 나타났다.

평생교육사 자격을 취득한 년도는 2003년이 40.4%로 가장 많았으며, 다음으로는 2002년에는 30.0%, 2004년에는 16.9%, 2000년 이전에는 6.8%인 것으로 나타났다. 평생교육사 자격 취득을 위한 교육을 이수한 후 담당 업무는 프로그램 운영 업무가 24.1%로 가장 많았으며, 행정업무가 18.9%, 평생교육과 관련 없는 업무 종사가 17.3%, 프로그램 개발 업무가 12.7% 순으로 나타났다. 평생교육사 자격을 취득한 후 평생교육 관련 업무 근무경력 연수는 1년 이하가 33.6%로 가장 많았으며, 1년 이상~2년 이하가 28.0%, 2년 이상~3년 이하가 7.2%순으로 나타났다.

평생교육사 자격 취득을 위하여 교육에 참여하게 된 동기는 평생교육 부분의 전문가가 되기 위해서가 37.5%로 가장 많았으며, 다음으로는 업무에 도움을 받기 위하여가 19.9%, 사회참여 혹은 봉사를 위해서는 9.8%, 자격증 취득을 위해서는 8.8%, 새로운 분야의 업무를 해보고 싶어서가 7.2% 평생교육 관련 기관을 직접 운영하고 싶어서가 6.2%, 취업을 위해서가 4.9%, 승진에 도움을 받기 위해서가 2.9%, 회사의 권유에 의하여가 2.3% 순으로 나타났다.

<표 Ⅳ-1-1> 설문대상자의 인구학적 배경별 분포

(단위: 명/%)

구 분	내 용	사례 수	백분율
성 별	남	91	29.6
	여	216	70.4
연령별	20~30세 미만	96	31.3
	30~40세 미만	100	32.6
	40~50세 미만	93	30.3
	50세 이상	18	5.9
최종 학력	고등학교 졸업	5	1.6
	전문대학 졸업	58	18.9
	대학 졸업	161	52.4
	대학원 졸업 이상	83	27.0
결혼 여부	기 혼	173	56.4
	미 혼	130	42.3
	기타(이혼, 사별 등)	4	1.3
직 업	도서관 사서	42	13.7
	교육청 일반직 공무원	28	9.1
	초·중·고등학교 교사	26	8.5
	초·중·고 평생교육 담당자	8	2.6
	사회복지사	4	1.3
	여성회관 직원	7	2.3
	지자체 공무원	8	2.6
	문화원 직원	3	1.0
	언론기관부설 평생교육원 직원	3	1.0
	대학부설 평생교육원 직원	28	9.1
	민간단체 평생교육 담당자	32	10.4
	별정직 공무원	9	2.9
	학원 형태의 평생교육 시설	27	8.8
	청소년 수련기관 직원	5	1.6
	사업체부설 문화센터직원	15	4.9
	일반회사 직원	27	8.8
	기 타	35	11.4

구 분	내 용	사례 수	백분율
교육을 이수 전 담당 업무	기획업무	18	5.9
	프로그램 개발 업무	9	2.9
	프로그램 운영 업무	39	12.7
	마케팅	1	0.3
	행정업무	55	17.9
	교수업무	31	10.1
	평생교육과 관련 없는 업무	40	13.0
	학 생	101	32.9
	무 직	13	4.2
월 평균 월급	100만 원 미만	70	22.8
	100만 원 이상 200만 원 미만	128	41.7
	200만 원 이상 300만 원 미만	72	23.5
	300만 원 이상 400만 원 미만	27	8.8
	400만 원 이상 500만 원 미만	8	2.6
	500만 원 이상	2	0.7
거주 지역	서울특별시	102	33.2
	경기도	82	26.7
	충청남도	29	9.4
	충청북도	3	1.0
	전라남도	9	2.9
	전라북도	21	6.8
	경상남도	4	1.3
	경상북도	4	1.3
	강원도	8	2.6
	부산광역시	4	1.3
	광주광역시	18	5.9
	인천광역시	13	4.2
	울산광역시	4	1.3
	대전광역시	3	1.0
	대구광역시	2	0.7
	제주도	1	0.3
취득자격	평생교육사 1급	3	1.0
	평생교육사 2급	284	92.5
	평생교육사 3급	20	6.5

구 분	내 용	사례 수	백분율
평생교육사 자격 취득 년도	2000년 이전	21	6.8
	2001년	18	5.9
	2002년	92	30.0
	2003년	124	40.4
	2004년	52	16.9
교육 이수 후 담당 업무	기획업무	25	8.1
	프로그램 개발 업무	39	12.7
	프로그램 운영 업무	74	24.1
	마케팅	4	1.3
	행정업무	58	18.9
	교수업무	23	7.5
	평생교육 업무와 관련 없는 업무 종사	53	17.3
	강사	31	10.1
자격을 취득 후 근무 경력 연수	1년 이하	103	33.6
	1년 이상~2년 이하	86	28.0
	2년 이상~3년 이하	22	7.2
	3년 이상~4년 이하	5	1.6
	4년 이상	12	3.9
	없음	79	25.7
교육 참여 동기	취업을 위해서	15	4.9
	업무에 도움을 받기 위하여	61	19.9
	승진에 도움을 받기 위해	9	2.9
	평생교육 부분의 전문가가 되기 위해	115	37.5
	새로운 분야의 업무를 해보고 싶어서	22	7.2
	사회참여 혹은 봉사를 위하여	30	9.8
	자격증 취득을 위해서	27	8.8
	회사의 권유에 의하여	7	2.3
	평생교육 관련 기관을 직접 운영하고 싶어서	19	6.2
	구체적인 동기가 없다	2	0.7
전 체		307	100.0

〈표 Ⅳ-1-2〉에 의하면 교육 전에 평생교육에 대한 사전지식을 가지고 시작한 응답자는 29.3%로 절반 이상이 평생교육사에 대하여 정확히 알지 못하고 평생교육사 양성교육을 시작하는 것으로 나타났다. 교육 중에 포기하고 싶었던 기억을 갖고 있는 응답자는 7.5%에 불과하여 평생교육사 양성교육과정 중에 과정을 포기하려는 생각을 거의 갖지 않는 것으로 나타났다. 평생교육사 자격 취득을 위한 교육을 받기 전에 구체적인 목표를 가지고 시작한 응답자는 58.9%에 달하였다. 교육을 마치고 다른 사람들에게 본 평생교육사 양성교육을 받도록 권장한 응답자는 64.2%로서 절반 이상이 평생교육사 양성교육에 대해 긍정적인 감정을 가지고 다른 사람들에게 권장하고 있는 것을 알 수 있다.

<표 Ⅳ-1-2> 교육에 대한 인식

(단위: 명)

	매우 그렇다	그렇다	보통이다	그렇지 않다	매우 그렇지 않다	계	평균	표준편차
교육 전 평생교육에 대한 지식 인지	21 (6.8)	69 (22.5)	87 (28.3)	107 (34.9)	23 (7.5)	307 (100.0)	2.87	1.06
교육 중 포기의사	6 (2.0)	17 (5.5)	36 (11.7)	159 (50.8)	94 (30.0)	307 (100.0)	1.99	.90
교육 전 구체적인 목표 보유	79 (25.7)	102 (33.2)	65 (21.2)	53 (17.3)	8 (2.6)	307 (100.0)	3.62	1.12
교육 후 다른 사람들에게 권장	53 (17.3)	150 (48.9)	61 (19.9)	36 (11.7)	7 (2.3)	307 (100.0)	3.67	.97

교육비는 순수하게 평생교육사 양성과정에 입학하기 위하여 들어가는 비용으로 교재비나 교통비는 포함하지 않는다. 〈표 Ⅳ-1-3〉과 같이 교육비 반액을 본인이 부담한 응답자가 34.4%로 가장 높았으며, 다음으로는 전액 본인이 부담한 응답자가 32.3%, 전액 근무처에서 지원하는 응답자는 28.1%, 일부를 본인이 부담한 응답자가 5%로 67.7%가 근무처에서

교육비의 전부 또는 일부를 지원한 것으로 나타났다.

<표 Ⅳ-1-3> 설문대상자의 교육비 재원

(단위: 명)

구 분	전액 본인 부담	반액 본인 부담	일부 본인 부담	전액 지원	계
교육비	31 (32.3)	33 (34.4)	5 (5.2)	27 (28.1)	96 (100)

양성교육 중에 수강료, 교통비, 교재비에 대한 부담을 느낀 응답자가 28.4%로 나타나 평생교육 양성과정을 위한 교육비 부담 정도는 그다지 높지 않음을 알 수 있다(〈표 Ⅳ-1-4〉 참조).

<표 Ⅳ-1-4> 교육비에 대한 부담 정도[5]

(단위: 명)

구 분	매우 그렇다	그렇다	보통이다	그렇지 않다	매우 그렇지 않다	계	평균	표준편차
수강료, 교통비, 교재비에 대한 부담	8 (8.4)	19 (20.0)	33 (34.7)	23 (24.2)	12 (12.6)	95 (100)	2.88	1.13

나. 교육 프로그램 변인별 분포

교육 프로그램 변인에 대하여는 평생교육사 양성교육을 실시하면서 교육 프로그램에 영향을 미치는 영역을 교수, 담당자, 교육과정으로 구분하여, 각 영역에 해당하는 변인들에 대한 만족도를 살펴보았다(〈표 Ⅳ-1-5〉 참조).

---

5) 평생교육사 신규 양성은 학비 안에 포함되어 있기 때문에 교육비에 대한 부담을 전혀 느끼지 못한다. 그러나 평생교육사 양성과정은 수강료 명목으로 교육비를 지출해야 하기 때문에 교육비는 평생교육사 양성과정을 통해 평생교육사 자격을 취득한 평생교육사들에게 만 해당된다.

평생교육사 양성교육에서 강의를 담당하는 교수에 대한 만족도를 여섯 가지 변인으로 구분하여 분석하였다. 현장성에 대한 만족도(2.77)를 제외하고는 평균 3점을 넘어 대체로 만족하고 있는 것으로 나타났다. 이 가운데 교수의 전문성에 대한 만족도(3.59)가 가장 높은 것으로 나타났으며, 다음으로 준비성(3.55), 동기유발(3.51), 강의법(3.30), 교육 진행속도(3.29) 순으로 만족도가 높은 것으로 나타났다.

<표 IV-1-5> 교수, 운영 담당자, 교육과정에 대한 만족도

(단위: 명)

구 분		매우 그렇다	그렇다	보통이다	그렇지 않다	매우 그렇지 않다	계	평 균	표준 편차
교수에 대한 만족도	준비성	21 (6.8)	165 (53.7)	90 (29.3)	23 (7.5)	8. (2.6)	307 (100.0)	3.55	.83
	전문성	28 (9.1)	156 (50.8)	94 (30.6)	26 (8.5)	3 (1.0)	307 (100.0)	3.59	.81
	현장성	15 (4.9)	64 (20.8)	106 (34.5)	79 (25.7)	43 (14.0)	307 (100.0)	2.77	1.08
	교육 진행속도	9 (2.9)	117 (38.1)	136 (44.3)	34 (14.7)	0 (0)	307 (100.0)	3.29	.75
	동기 유발	35 (11.4)	127 (41.4)	106 (34.5)	37 (12.1)	2 (0.7)	307 (100.0)	3.51	.87
	강의법	13 (4.2)	128 (41.7)	115 (37.5)	42 (13.7)	9 (2.9)	307 (100.0)	3.30	.87
교육과정 운영 담당 직원에 대한 만족도	과정에 대한 준비성	12 (12.5)	54 (12.5)	25 (26.0)	5 (5.2)	0 (0)	96	3.76	.74
	친절도	17 (17.7)	67 (69.8)	8 (8.3)	4 (4.2)	0 (0)	96	4.01	.66
	과정에 대한 인지도	18 (18.8)	56 (58.3)	18 (18.8)	4 (4.2)	0 (0)	96	3.92	.74
	과정 진행의 순조로움	15 (15.6)	61 (63.5)	14 (14.6)	6 (6.3)	0 (0)	96	3.89	.74

구 분		매우 그렇다	그렇다	보통이다	그렇지 않다	매우 그렇지 않다	계	평 균	표준 편차
교육과정에 대한 만족도	오리엔테이션 여부	12 (3.9)	89 (29.0)	93 (30.3)	88 (28.7)	25 (8.1)	307 (100.0)	2.92	1.03
	교육목표 제시	11 (3.6)	113 (36.8)	106 (34.5)	69 (22.5)	8 (2.6)	307 (100.0)	3.16	.90
	직무수행에 도움이 되는 자료 제공	9 (2.9)	93 (30.3)	118 (38.4)	67 (21.8)	20 (6.5)	307 (100.0)	3.01	.95
	첨단 교육기자재 사용	7 (2.3)	56 (18.2)	124 (40.4)	88 (28.7)	32 (10.4)	307 (100.0)	2.73	.95

교육과정 운영 담당자에 대한 만족도를 네 가지 변인으로 구분하여 분석하였다. 평생교육사 양성교육 중에서 평생교육사 양성과정에만 교육과정 운영 담당 직원이 배정되어 있기 때문에 이 항목은 평생교육사 양성과정을 통하여 자격을 취득한 평생교육사만이 응답하도록 하였다. 교육과정 운영 담당 직원에 대한 만족도는 평균 3점을 넘어 대체로 만족하고 있는 것으로 나타났다. 이 가운데 친절도(4.01)가 가장 높은 것으로 나타났으며, 다음으로 평생교육사 양성교육에 대한 인지도(3.92), 과정 진행의 순조로움(3.89), 과정에 대한 준비성(3.76) 순으로 나타났다. 즉, 교육과정 운영 담당 직원들은 과정을 운영하는 중에 학습자들에게 친절하며 과정에 대하여 전반적으로 잘 알고 있다는 것을 의미한다.

교육과정 만족도를 네 가지 변인으로 구분하여 분석하였다. 첨단 기자재 사용(2.73), 오리엔테이션 여부(2.92)를 제외하고는 평균 3점을 넘어 대체로 만족하고 있는 것으로 나타났다. 이 가운데 첨단 기자재 사용(3.55)이 가장 높은 것으로 나타났으며, 다음으로 교육목표 제시(3.16), 직무수행에 도움이 되는 자료 제공(3.01) 순으로 나타났다. 응답자들은 평생교육사 양성교육의 교육과정 만족도는 대체로 만족하는 것으로 나타났지만, 평생교육사 양성교육 중 첨단기자재 사용을 제대로 제공받지 못했다는 점과 교육이 시작되기 전에 충분한 오리엔테이션을 제공받지 못했다는 점에 대해서는 불만스러워하고 있었다.

다. 교육기관 변인별 분포

교육기관 변인에 대하여는 평생교육사 양성교육을 이수하면서 다녔던 해당 교육기관의 지리적 변인, 물리적 변인, 문화적 변인, 교육기관 유형 변인에 대한 만족도를 살펴보았다. 이 중 지리적 변인, 물리적 변인, 문화적 변인 등의 교육기관 변인은 평생교육사 양성교육 중에서 평생교육사 양성과정에만 적용되기 때문에 이 항목은 평생교육사 양성과정을 통하여 자격을 취득한 평생교육사만이 응답하도록 하였다(〈표 Ⅳ-1-6〉 참조). 지리적 변인으로는 평생교육사 양성과정 중에 교육기관에 대한 접근성에 대한 만족도를 묻는 문항으로 평균 2.85로 나타나 교육기관에 대한 접근성이 용이하지 않은 것으로 나타났다. 물리적 변인으로는 네 가지 변인으로 구분하여 분석하였다. 양성교육 중 도서관 같은 부대시설 자유 이용(2.38)을 제외하고는 평균 3점을 넘어 대체로 만족하고 있는 것으로 나타났다. 이 가운데 양성교육 중 강의실의 쾌적성(3.64)이 가장 높은 것으로 나타났으며, 다음으로 양성교육 중 음료수 제공 여부(3.51), 양성교육 중 휴식 공간 제공(3.06) 순으로 나타났다. 그러나 양성교육 중 도서관 같은 부대시설 자유 이용의 평균은 2.38로서 만족한다고 응답한 평생교육사는 10.3%에 불과하였다.

<표 Ⅳ-1-6> 교육기관 지리적 만족도와 물리적 만족도

(단위: 명)

구 분		매우 그렇다	그렇다	보통이다	그렇지 않다	매우 그렇지 않다	계	평균	표준 편차
지리적 변인	접근성(교통)	6 (6.1)	28 (28.6)	23 (23.5)	27 (27.6)	14 (14.3)	98	2.85	1.17
물리적 변인	양성교육 중 휴식 공간 제공	3 (3.1)	32 (33.0)	33 (34.0)	5 (5.2)	5 (5.2)	97	3.06	.96
	양성교육 중 도서관 같은 부대시설 자유 이용	0 (0)	10 (10.3)	32 (34.0)	39 (40.2)	16 (16.5)	97	2.38	.88
	양성교육 중 음료수 제공 여부	23 (23.7)	33 (34.0)	19 (19.6)	14 (14.4)	8 (8.2)	97	3.51	1.23
	양성교육 중 강의실의 쾌적성	15 (15.5)	41 (42.3)	33 (34.0)	7 (7.2)	1 (1.0)	97	3.64	.87

문화적 변인으로는 평생교육사 양성과정 기관에 대한 사회적 평판을 묻는 문항으로 평생교육사 양성과정 기관에 대한 사회적 평판은 좋은 편이다 32.3%, 보통이다 34.4%, 좋지 않은 편이다 5.2%, 잘 모르겠다 28.1%로 나타나 평생교육사 양성과정 기관에 대한 사회적 평판은 대체적으로 좋은 것으로 나타났다(<표 Ⅳ-1-7>참조).

<표 Ⅳ-1-7> 교육기관 문화적 만족도

(단위: 명)

구 분		좋은 편이다	좋지 않은 편이다	보통이다	잘 모르겠다	계
문화적 변인	양성과정 기관에 대한 사회적 평판	31 (32.3)	33 (34.4)	5 (5.2)	27 (28.1)	97 (100)

2. 평생교육사 양성교육의 효과

평생교육사 양성교육이 평생교육사 자격을 취득하고 현장에서 근무하고 있는 평생교육사의 직무능력 개발(기획능력, 프로그램 개발능력, 프로그램 운영능력, 마케팅 능력, 행정업무 능력, 교수업무 능력, 기타 능력), 고용 개선, 자아실현, 사회적 네트워크 구축에 어떠한 효과를 가져왔는지를 분석한 결과는 다음과 같다.

가. 직무능력 개발 효과

평생교육사 양성교육 효과 중 직무능력 개발 효과를 기획, 프로그램 개발, 프로그램 운영, 마케팅, 행정, 교수, 기타 관련 업무 능력 개발 등 여섯 하위 영역으로 구분하여 살펴보았다(〈표 Ⅳ-2-1〉 참조). 첫째, 기획업무 능력은 평균 3.40으로서 효과가 있는 것으로 나타났다. 각 하위변인별로는 프로그램 기획능력 향상(3.50)이 가장 높았으며 다음으로는 수요자의 요구 분석 능력 향상(3.40), 사업 계획 작성 능력 향상(3.29) 순으로 효과가 있는 것으로 나타났다. 둘째, 프로그램 개발 업무 능력은 평균 3.43으로서 효과가 있는 것으로 나타났다. 각 문항별로는 프로그램 목표 설정 능력 향상(3.50)이 가장 높았으며 다음으로는 프로그램 개발능력 향상(3.42), 프로그램 선정 능력 향상(3.41) 순으로 효과가 있는 것으로 나타났다. 셋째, 프로그램 운영 업무는 평균 3.31로서 효과가 있는 것으로 나타났다. 각 문항별로는 프로그램 실행 능력 향상(3.41)이 가장 높았으며 다음으로는 교육성과 분석 능력 향상(3.36), 강의 시설 및 매체 확보 능력 향상(3.26), 강사 섭외 및 관리 능력 향상(3.17) 순으로 나타났다. 넷째, 마케팅 업무 능력은 평균 3.26으로서 효과가 있는 것으로 나타났다.

<표 Ⅳ-2-1> 평생교육사 양성교육에 대한 직무능력 개발 효과

(단위: 명)

구 분		매우 그렇다	그렇다	보통이다	그렇지 않다	매우 그렇지 않다	계	평균	표준 편차
기획업무	수요자의 요구분석 능력 향상	8 (2.6)	156 (50.8)	97 (31.6)	43 (14.0)	3 (1.0)	307 (100.0)	3.40	.80
	사업 계획 작성 능력 향상	20 (6.5)	116 (37.8)	107 (34.9)	60 (19.5)	4 (1.3)	307 (100.0)	3.29	.90
	프로그램 기획능력 향상	28 (9.1)	151 (49.2)	82 (26.7)	42 (13.7)	4 (1.3)	307 (100.0)	3.50	.89
계								3.40	.86
프로그램 개발 업무	프로그램 개발능력 향상	29 (9.4)	130 (42.3)	91 (29.6)	55 (17.9)	2 (0.7)	307 (100.0)	3.42	.91
	프로그램 선정 능력 향상	26 (8.5)	136 (44.3)	87 (28.3)	54 (17.6)	4 (1.3)	307 (100.0)	3.41	.92
	프로그램 목표 설정 능력 향상	26 (8.5)	249 (48.5)	87 (28.3)	43 (14.0)	2 (0.7)	307 (100.0)	3.50	.86
계								3.43	.90
프로그램 운영 업무	강의 시설 및 매체 확보 능력 향상	14 (4.6)	121 (39.4)	113 (36.8)	54 (17.6)	5 (1.6)	307 (100.0)	3.28	.86
	강사 섭외 및 관리 능력 향상	10 (3.3)	131 (42.7)	77 (25.1)	80 (26.1)	9 (2.9)	307 (100.0)	3.17	.95
	프로그램 실행 능력 향상	10 (3.3)	152 (49.5)	100 (32.6)	43 (14.0)	2 (0.7)	307 (100.0)	3.41	.79
	교육성과 분석 능력 향상	5 (1.6)	154 (50.2)	102 (33.2)	43 (14.0)	3 (1.0)	307 (100.0)	3.38	.78
계								3.31	.85
마케팅	기관 홍보 능력 향상	12 (3.9)	117 (38.2)	112 (36.6)	59 (19.3)	6 (2.0)	307 (100.0)	3.23	.87
	홍보물 제작 능력 향상	26 (8.5)	114 (37.1)	96 (31.3)	68 (22.1)	3 (1.0)	307 (100.0)	3.30	.94
	홍보 효과 분석 능력 향상	16 (5.2)	121 (39.4)	99 (32.2)	65 (21.2)	6 (2.0)	307 (100.0)	3.25	.91
계								3.26	.91

구 분		매우 그렇다	그렇다	보통이다	그렇지 않다	매우 그렇지 않다	계	평균	표준 편차
행정업무	서류관리 능력 향상	5 (1.6)	91 (29.6)	119 (38.8)	85 (27.7)	7 (2.3)	307 (100.0)	3.01	.86
	재정관리 능력 향상	2 (0.7)	84 (27.4)	125 (40.7)	78 (25.4)	18 (5.9)	307 (100.0)	2.82	.89
	조직관리 능력 향상	22 (7.2)	121 (39.4)	104 (33.9)	55 (17.9)	5 (1.6)	307 (100.0)	3.33	.91
	법규 정책 해석 능력 향상	10 (3.3)	75 (24.4)	118 (38.4)	83 (19.3)	21 (6.8)	307 (100.0)	2.90	.96
	교육시설 관리 능력 향상	16 (5.2)	91 (37.1)	96 (29.6)	117 (38.1)	8 (2.60)	307 (100.0)	3.10	.91
	학습자 분석 및 관리 능력 향상	17 (5.5)	158 (51.5)	92 (30.0)	37 (12.1)	3 (1.0)	307 (100.0)	2.49	.81
계								2.94	.89
교수업무	교수계획 능력 향상	33 (10.7)	116 (37.8)	95 (30.9)	59 (19.2)	4 (1.3)	307 (100.0)	3.37	.96
	교수 자료 개발능력 향상	18 (5.9)	121 (39.4)	101 (39.4)	61 (19.9)	6 (2.0)	307 (100.0)	3.27	.91
	강의 능력 향상	10 (3.3)	149 (48.5)	89 (29.0)	54 (17.6)	5 (1.6)	307 (100.0)	3.34	.86
	강의 평가 능력 향상	13 (4.2)	147 (47.9)	80 (26.1)	62 (20.2)	5 (1.6)	307 (100.0)	3.33	.90
계								3.33	.91
기타 관련 업무	지역인적자원 파악 능력 향상	29 (9.4)	141 (45.9)	79 (25.7)	39 (12.7)	19 (6.2)	307 (100.0)	3.40	1.02
	유관 기관 정보 수집 능력 향상	15 (4.9)	148 (48.4)	98 (32.0)	43 (14.1)	2 (0.7)	307 (100.0)	3.43	.82
	교육 컨설팅 능력 향상	6 (2.0)	133 (43.5)	104 (34.0)	59 (19.3)	4 (1.3)	307 (100.0)	3.25	.83
	학습 상담 능력 향상	34 (11.1)	162 (52.9)	81 (26.5)	28 (9.2)	1 (0.3)	307 (100.0)	3.65	.81
계								3.43	.87

각 문항별로는 홍보물 제작 능력 향상(3.30)이 가장 높았으며 다음으로는 홍보효과 분석 능력 향상(3.25), 기관 홍보 능력 향상(3.23) 순으로 나타났다. 다섯째, 행정업무 능력은 평균 3.12로서 효과가 있는 것으로

나타났다. 각 문항별로는 학습자 분석 및 관리 능력 향상(3.49)이 가장 높았으며 다음으로는 조직관리 능력 향상(3.33), 교육시설 관리 능력 향상(3.10), 서류관리 능력 향상(3.01), 재정관리 능력 향상(2.92), 법규 정책 해석 능력 향상(2.90) 순으로 나타났다. 여섯째, 교수업무 능력은 평균 3.33으로서 효과가 있는 것으로 나타났다. 각 문항별로는 교수계획 능력 향상(3.37)이 가장 높았으며 다음으로는 강의 능력 향상(3.34), 강의 평가 능력 향상(3.33), 교수자료 개발능력 향상(3.27) 순으로 나타났다. 일곱째, 기타 관련 업무 능력은 평균 3.43으로서 효과가 있는 것으로 나타났다. 각 문항별로는 학습 상담 능력 향상(3.65)이 가장 높았으며 다음으로는 유관 기관 정보 수집 능력 향상(3.43), 지역인적자원 파악 능력 향상(3.40), 교육 컨설팅 능력 향상(3.25) 순으로 나타났다. 이상을 종합해 보면 직무능력 개발 효과 중에서 프로그램 개발 업무 능력 개발 효과(3.43)가 가장 높게 나타났으며, 다음으로는 기획(3.40), 교수(3.33), 프로그램 운영(3.31), 마케팅(3.26), 행정(3.12) 업무 능력 개발 순으로 효과가 있는 것으로 나타났다.

나. 고용개선 효과

고용개선 효과를 소득과 취업, 전직, 창업, 승진 등 여섯 변인으로 구분하여 살펴보았다(〈표 Ⅳ-2-2〉 참조). 고용개선 효과는 평균 2.08로 평생교육사 양성교육의 효과 중에서 가장 낮은 것으로 나타났다. 각 변인별로는 취업에 도움(2.55)이 가장 높았으며 다음으로는 전직에 도움(2.30), 소득향상에 도움(2.09), 승진에 도움(1.87), 창업을 준비하거나 개업(1.61) 순으로 효과가 있는 것으로 나타났다. 이것은 평생교육사 자격 취득이 취업이나 소득향상에 크게 도움이 되지 않았으며, 승진이나 전직에도 크게 도움이 되지 않는다는 것을 의미한다. 또한 평생교육사 취득 후 창업을 준비하거나 개업하는 데 있어서는 효과가 매우 낮다는 것을 의미한다.

<표 IV-2-2> 평생교육사 양성교육에 대한 고용개선 효과

(단위: 명)

구 분		매우 그렇다	그렇다	보통이다	그렇지 않다	매우 그렇지 않다	계	평균	표준 편차
고용개선	소득향상에 도움	36 (11.7)	46 (15.0)	135 (44.0)	90 (29.3)	90 (29.3)	307 (100.0)	2.09	.95
	취업에 도움	32 (10.4)	55 (17.9)	37 (12.1)	108 (35.2)	75 (24.4)	307 (100.0)	2.55	1.31
	전직에 도움	9 (2.9)	56 (18.2)	30 (9.8)	136 (44.3)	76 (24.8)	307 (100.0)	2.30	1.12
	창업을 준비하거나 개업	4 (1.3)	21 (6.8)	148 (48.2)	134 (46.6)	148 (48.2)	307 (100.0)	1.61	.67
	승진에 도움	2 (0.7)	16 (5.2)	37 (12.1)	137 (44.6)	115 (37.5)	307 (100.0)	1.87	.86
계								2.08	.98

다. 자아실현 효과

자아실현 효과를 여섯 변인으로 구분하여 각 변인에 대한 인식을 살펴보았다(〈표 IV-2-3〉 참조). 자아실현 효과는 평균 3.89로서 평생교육사 양성교육의 효과 중에서 가장 높은 것으로 나타났다. 각 변인별로 보면 배움의 기쁨(4.10)이 가장 높았으며 다음으로는 평생교육에 대한 보람감(4.04,), 자기개발에 도움(3.97), 성취감(3.91), 도전의식의 함양(3.87), 사회생활에 대한 자신감 향상(3.83), 삶의 질 향상(3.50) 순으로 효과가 높은 것으로 나타났다. 특히 주목할 만한 것은 평생교육사 양성교육을 통하여 배움의 기쁨을 느꼈다는 문항의 평균이 4.10, 평생교육사 양성교육을 통하여 평생교육에 대한 보람감을 느꼈다는 문항의 평균이 4.04로서 매우 높았다는 것이다.

<표 Ⅳ-2-3> 평생교육사 양성교육에 대한 자아실현 효과

(단위: 명)

구　분		매우 그렇다	그렇다	보통이다	그렇지 않다	매우 그렇지 않다	계	평　균	표준 편차
자아실현 효과	자기개발에 도움	76 (24.8)	161 (52.4)	45 (14.7)	23 (7.5)	2 (0.7)	307 (100.0)	3.97	.87
	사회생활에 대한 자신감 향상	62 (20.2)	164 (53.4)	51 (16.6)	27 (8.8)	3 (1.0)	307 (100.0)	3.83	.88
	도전의식이 함양	63 (20.5)	161 (52.4)	65 (21.2)	16 (5.2)	2 (0.7)	307 (100.0)	3.87	.81
	성취감	67 (21.8)	156 (50.8)	74 (24.1)	8 (2.6)	2 (0.7)	307 (100.0)	3.91	.78
	삶의 질 향상	40 (13.0)	124 (40.4)	97 (31.6)	42 (13.7)	4 (1.3)	307 (100.0)	3.50	.93
	배움의 기쁨	95 (30.9)	161 (52.4)	40 (13.0)	10 (3.3)	1 (0.3)	307 (100.0)	4.10	.77
	평생교육에 대한 보람감	90 (29.3)	150 (48.9)	58 (18.9)	6 (2.0)	3 (1.0)	307 (100.0)	4.04	.81
계								3.89	.84

라. 사회적 네트워크 구축 효과

　사회적 네트워크 구축 효과를 여섯 변인으로 구분하여 각 변인들에 대한 인식을 살펴보았다(<표 Ⅳ-2-4> 참조). 사회적 네트워크 구축 효과는 평균 2.84로 효과가 낮은 것으로 나타났다. 각 변인별로 보면 업무수행에 필요한 네트워크 구축(3.42)이 가장 높았으며 다음으로는 동료학습자에게 동료의식을 느낀다(3.17), 단순 친목 모임 결성(3.02)이 효과가 있는 것으로 나타났다. 반면에 동료학습자와 정보 교환(2.67), 교수와 지속적인 연락(2.65), 학습동아리 결성(2.51), 행정직원과 지속적인 교류(2.43) 면에서는 효과가 낮은 것으로 나타났다.

<표 Ⅳ-2-4> 평생교육사 양성교육에 대한 사회적 네트워크 효과

(단위: 명)

구 분		매우 그렇다	그렇다	보통이다	그렇지 않다	매우 그렇지 않다	계	평균	표준 편차
사회적 네트워크 효과	업무수행에 필요한 네트워크 구축	37 (12.1)	114 (37.1)	104 (33.9)	46 (15.0	6 (2.0)	307 (100.0)	3.42	.95
	단순 친목 모임 결성	31 (10.1)	91 (29.6)	62 (20.2)	98 (31.9)	25 (8.1)	307 (100.0)	3.02	1.16
	학습동아리 결성	17 (5.5)	46 (15.0)	55 (17.9)	148 (48.2)	41 (14.4)	307 (100.0)	2.51	1.07
	동료학습자와 정보 교환	14 (3.6)	71 (23.1)	65 (21.2)	114 (37.1)	43 (14.0)	307 (100.0)	2.67	1.11
	동료학습자에게 동료의식을 느낌	33 (10.7)	107 (34.9)	77 (15.1)	58 (18.9)	32 (10.4)	307 (100.0)	3.17	1.17
	교수와 지속적인 연락	18 (5.9)	59 (19.2)	74 (24.1)	110 (35.8)	46 (15.0)	307 (100.0)	2.65	1.12
	행정직원과 지속적인 교류	9 (2.9)	54 (17.6)	59 (17.6)	124 (40.42)	61 (19.9)	307 (100.0)	2.43	1.09
계								2.84	1.10

마. 요 약

평생교육사 양성교육의 효과를 요약하면 다음과 같다. 평생교육사들은 평생교육사 양성교육이 자아실현(3.89)과 직무능력 개발(3.21)에 있어서는 어느 정도 효과가 있는 것으로 인식하고 있었으나, 사회적 네트워크 구축(2.84)과 고용개선(2.08) 면에서는 효과가 낮은 것으로 인식하고 있었다. 네 효과 영역 중 자아실현 효과가 가장 높은 것으로 나타났으며, 특히 응답자의 80% 정도가 평생교육사 양성교육을 통해 배움의 기쁨과 평생교육에 대한 보람감을 느끼게 되었다고 응답하였다. 직무능력 개발 효과의 경우 프로그램 개발 업무 능력(3.43)에 있어 교육 효과가 가장 높게 나타났으며, 다음으로는 기획(3.40), 교수(3.33), 프로그램 운영(3.31), 마케팅(3.26), 행정(3.12) 업무 능력 순으로 효과가 있는 것으로 나타났다.

사회적 네트워크 구축 효과의 경우 업무수행에 필요한 네트워크 구축과 동료학습자와의 유대감 형성에는 도움이 되었으나 학습동아리 결성과 동료학습자와의 정보 교환, 교수 및 행정직원과의 지속적인 교류 면에서는 효과가 낮은 것으로 나타났다. 고용개선 효과는 가장 낮은 것으로 나타났다. 평생교육사 자격 취득은 취업, 소득향상, 승진, 전직 등에 크게 도움이 되지 않으며, 자격 취득 후 창업을 준비하거나 개업하는 경우는 상당히 적다는 것을 의미한다.

3. 학습자 변인 및 교육기관 유형별 평생교육사 양성교육 효과의 차이

평생교육사 양성교육의 효과에 영향을 미칠 것이라 가정되는 학습자 변인으로 성별, 교육 참여 동기, 연령, 최종 학력, 수입을 택하여 교수에 대한 만족도, 교육 담당자에 대한 만족도, 교육과정에 대한 만족도, 교육기관에 대한 만족도 그리고 평생교육사 양성교육의 효과가 어떻게 차이가 나는지를 알아보기 위하여 t-test 및 일원분산분석을 실시하였다.

가. 학습자 변인별 평생교육사 양성교육에 대한 만족도 차이

1) 교육 프로그램 만족도 차이

가) 교수에 대한 만족도 차이

평생교육사 자격 취득자의 성별 및 교육 참여 동기에 따른 교수에 대한 만족도의 집단 간 비교를 위하여 t-test 검정한 결과는 〈표 IV-3-1〉과 같다. 성별에 따라서는 유의미한 차이가 없는 것으로 나타났으며, 교육 참여동기에 따라서는 유의미한 차이가 있는 것으로 나타났다. 외재적 동기를 가진 학습자의 평균이 3.56, 내재적 동기를 가진 학습자의 평균이 3.31로 나타나 외재적 동기를 가진 학습자의 교수에 대한 만족도가 높은 것으로 나타났다.

〈표 IV-3-1〉 성별, 교육 참여 동기별 교수에 대한 만족도 차이

변 인	집 단	평 균	표준편차	사례 수	t값	자유도	유의도
성 별	남 성	3.38	.69	91	−.818	305	.414
	여 성	3.31	.65	216			
교육 참여동기	외재적 동기	3.56	.59	31	−2.033	303	.043*
	내재적 동기	3.31	.67	274			

* p≤.05   ** p≤01   *** p≤.001

또한 응답자의 연령, 최종 학력, 수입에 대한 교수에 대한 만족도의 집단 간 비교를 위하여 일원분산분석 검정한 결과는 〈표 IV-3-2〉와 같다. 연령은 유의미한 차이는 없는 것으로 나타났으며, 최종 학력과 수입은 유의미한 차이는 있는 것으로 나타났다.

최종 학력에 따른 교수에 대한 만족도는 대학원 졸업 이상이 평균 3.49로 가장 높게 나타났으나 대학 졸업자가 평균 3.24로 가장 낮게 나타났다. Scheffe 검정 결과 대학원 졸업 이상 집단과 대학 졸업 집단 사이에 통계적으로 유의미한 차이가 있는 것으로 나타났다. 따라서 대학원 졸업 이상 집단이 대학 졸업 집단보다 교수에 대한 만족이 높은 것으로 나타났다.

수입에 따른 교수에 대한 만족도는 300만 원 이상이 평균 3.55로 가장 높게 나타났으며, 100만 원 이상~200만 원 미만이 평균 3.22로 가장 낮게 나타났으나 Scheffe 검정 결과 어떤 집단에서 차이가 있는지 나타나지 않았다.

<표 Ⅳ-3-2> 연령, 최종 학력, 수입별 교수에 대한 만족도 차이

변인	집 단	평균	표준편차	사례 수	F	유의도	Scheffe 검정
연령	20-30세 미만(a)	3.26	.77	96			
	30-40세 미만(b)	3.29	.59	100	1.362	.254	
	40-50세 미만(c)	3.43	.66	93			
	50세 이상(d)	3.45	.45	18			
최종 학력	전문대학 졸업 이하(a)	3.37	.77	63			
	대학 졸업(b)	3.24	.62	161	4.223	.016*	b≠c
	대학원 졸업 이상(c)	3.49	.65	83			
수입	100만 원 미만(a)	3.37	.71	70			집단 간 차이
	100만 원~200만 원(b)	3.22	.67	128			가 있는지 나
	200만 원~300만 원(c)	3.38	.64	72	2.732	.044*	타나지 않음
	300만 원 이상(d)	3.55	.57	37			

* p≤.05   ** p≤.01   *** p≤.001

나) 교육 운영 담당자 만족도 차이

교육 운영 담당자는 평생교육사 양성과정에만 있기 때문에 교육 운영 담당자 만족도는 평생교육사 양성과정을 통해 자격을 취득한 평생교육사만을 대상으로 조사하였다.

성별 및 교육 참여 동기에 따른 교육 운영 담당자 만족도의 집단 간 비교를 위하여 t-test 검정한 결과는 〈표 Ⅳ-3-3〉과 같다. 성별과 교육 참여 동기는 모두 유의미한 차이가 없는 것으로 나타났다.

<표 Ⅳ-3-3> 성별, 교육 참여 동기별 교육 운영 담당자 만족도의 차이

변 인	집 단	평 균	표준편차	사례 수	t값	자유도	유의도
성 별	남 성	3.85	.62	34	-.576	90	.566
	여 성	3.93	.63	58			
교육 참여동기	외재적 동기	4.17	.51	12	1.583	90	.117
	내재적 동기	3.86	.63	80			

* p≤.05   ** p≤.01   *** p≤.001

124

또한 응답자의 연령, 최종 학력, 수입에 대한 교육 운영 담당자 만족도의 집단 간 비교를 위하여 일원분산분석 검정한 결과는 〈표 Ⅳ-3-4〉와 같다. 연령, 최종 학력, 수입 모두 유의미한 차이가 없는 것으로 나타났다.

〈표 Ⅳ-3-4〉 연령, 최종 학력, 수입별 교육 운영 담당자 만족도 차이

변인	집 단	평균	표준편차	사례 수	F	유의도	Scheffe 검정
연령	20-30세 미만(a)	3.81	.85	4	.453	.716	
	30-40세 미만(b)	3.81	.68	35			
	40-50세 미만(c)	3.96	.53	41			
	50세 이상(d)	4.00	.74	12			
최종 학력	전문대학 졸업 이하(a)	4.35	.524	10	3.070	.051	
	대학 졸업(b)	3.83	.65	58			
	대학원 졸업 이상(c)	3.89	.55	24			
수 입	100만 원~200만 원(b)	3.83	.67	32	.509	.603	
	200만 원~300만 원(c)	3.91	.59	42			
	300만 원 이상(d)	4.01	.65	18			

* p≤.05 ** p≤.01 *** p≤.001

다) 교육과정 만족도 차이

평생교육사 자격 취득자의 성별 및 교육 참여 동기에 따른 교육과정 만족도의 집단 간 비교를 위하여 t-test 검정한 결과는 〈표 Ⅳ-3-5〉와 같다. 성별 및 교육 참여 동기는 모두 유의미한 차이가 없는 것으로 나타났다.

〈표 Ⅳ-3-5〉 성별, 교육의 참여 동기별 교육과정 만족도 차이

변 인	집 단	평 균	표준편차	사례 수	t값	자유도	유의도
성 별	남 성	3.02	.88	91	.837	305	.403
	여 성	2.93	.78	216			
교육 참여 동기	외재적 동기	3.12	.85	31	1.173	303	.242
	내재적 동기	2.94	.80	274			

* p≤.05 ** p≤.01 *** p≤.001

　또한 응답자의 연령, 최종 학력, 수입에 대한 교육과정에 대한 만족도의
집단 간 비교를 위하여 일원분산분석 검정한 결과는 〈표 Ⅳ-3-6〉과 같다.
최종 학력은 유의미한 차이가 없는 것으로 나타났으며, 연령과 수입은 유
의미한 차이가 있는 것으로 나타났다.

〈표 Ⅳ-3-6〉 연령, 최종 학력, 수입별 교육과정 만족도 차이

변인	집 단	평균	표준편차	사례 수	F	유의도	Scheffe 검정
연령	20-30세 미만(a)	2.64	.94	96	8.200	.000***	a≠c≠d
	30-40세 미만(b)	3.03	.68	100			
	40-50세 미만(c)	3.14	.72	93			
	50세 이상(d)	3.26	.68	18			
최종 학력	전문대학 졸업 이하(a)	2.96	.94	63	1.903	.151	
	대학 졸업(b)	2.88	.75	161			
	대학원 졸업 이상(c)	3.10	.80	83			
수입	100만 원 미만(a)	2.81	.68	70	9.153	.000***	c≠b≠d
	100만 원~200만 원(b)	2.78	.91	128			
	200만 원~300만 원(c)	3.22	.65	72			
	300만 원 이상(d)	3.56	.70	37			

* p≤.05　** p≤.01　*** p≤.001

　연령에 따른 교육과정에 대한 만족도는 연령이 높을수록 교육과정에 대
한 만족도가 높은 것을 알 수 있으며, 특히 50세 이상이 평균 3.26으로
가장 높았으며, 20-30대가 평균 2.64로 가장 낮게 나타났다. Scheffe 검
정 결과 20-30세 미만 집단과 40세-50세 미만의 집단과 50세 이상의 집
단 사이에 통계적으로 유의미한 차이가 있는 것으로 나타났다. 따라서 50
세 이상 집단이 교육과정에 대한 만족도가 가장 높으며 다음은 40세-50세
미만의 집단과 20-30세 미만 집단 순으로 교육과정에 대한 만족도가 높은
것으로 나타났다.
　수입에 따른 교육과정에 대한 만족도는 300만 원 이상이 평균 3.56으

로 가장 높게 나타났으며, 100만 원 이상~200만 원 미만이 평균 2.78로 가장 낮게 나타났다. Scheffe 검정 결과 100만 원 이상~200만 원 미만 집단과 200만 원 이상~300만 원 미만의 집단, 300만 원 이상의 집단 사이에 통계적으로 유의미한 차이가 있는 것으로 나타났다. 따라서 300만 원 이상 집단이 교육과정에 대한 만족도가 가장 높으며 다음은 200만 원 이상~300만 원 미만의 집단과 100만 원 이상~200만 원 미만 집단 순 으로 교육과정에 대한 만족도가 높은 것으로 나타났다.

2) 교육기관 만족도 차이

교육기관 만족도는 평생교육사 양성과정을 통하여 자격을 취득한 평생 교육사 만을 대상으로 실시하였다.

평생교육사 자격 취득자의 성별 및 교육 참여 동기에 따른 교수에 대한 만족도의 집단 간 비교를 위하여 t-test 검정한 결과는 〈표 IV-3-7〉과 같 다. 성별 및 교육 참여 동기는 유의미한 차이가 없는 것으로 나타났다.

<표 IV-3-7> 성별, 교육의 참여 동기별 교육기관 만족도 차이

변 인	집 단	평 균	표준편차	사례 수	t값	자유도	유의도
성 별	남 성	3.06	.61	34	-.270	90	.788
	여 성	3.11	.78	58			
교육 참여 동기	외재적 동기	3.13	.63	12	.216	90	.830
	내재적 동기	3.09	.73	80			

* p≤.05   ** p≤.01   *** p≤.001

또한 응답자의 연령, 최종 학력, 수입에 대한 교육기관 만족도의 집단 간 비교를 위하여 일원분산분석 검정한 결과는 〈표 IV-3-8〉과 같다. 연령 과 수입은 유의미한 차이가 없는 것으로 나타났으며, 최종 학력은 유의미 한 차이가 있는 것으로 나타났다.

<표 Ⅳ-3-8> 연령, 최종 학력, 수입별 교육기관 만족도 차이

변인	집 단	평 균	표준편차	사례 수	F	유의도	Scheffe 검정
연령	20-30세 미만(a)	3.65	.89	4	.979	.407	
	30-40세 미만(b)	3.03	.74	35			
	40-50세 미만(c)	3.06	.66	41			
	50세 이상(d)	3.18	.81	12			
최종 학력	전문대학 졸업 이하(a)	3.42	.59	10	4.406	.015	b≠c
	대학 졸업(b)	2.93	.76	58			
	대학원 졸업 이상(c)	3.35	.56	24			
수입	100만 원 미만(a)	0	0	0	.081	.922	
	100만 원~200만 원(b)	3.05	.85	32			
	200만 원~300만 원(c)	3.11	.65	42			
	300만 원 이상(d)	3.12	.63	18			

* p≤.05   ** p≤.01   *** p≤.001

최종 학력에 따른 교육기관 만족도는 전문대학 졸업 이하가 평균 3.42로 가장 높게 나타났으나 대학 졸업은 평균 2.93으로 가장 낮게 나타났다. Scheffe 검정 결과 대학원 졸업 이상 집단과 대학 졸업 집단 사이에 통계적으로 유의미한 차이가 있는 것으로 나타났다. 따라서 대학원 이상 졸업자가 대학 졸업자보다 교육기관 만족도가 높은 것으로 나타났다.

나. 교육기관 유형별 평생교육사 양성교육에 대한 만족도 차이

1) 교수에 대한 만족도

평생교육사 자격 취득자의 교육기관 유형에 따라 교수에 대한 만족도에 차이가 있는 가를 알아보기 위하여 집단 간 비교를 실시하였다. 교육기관 유형에 대한 교수에 대한 만족도의 집단 간 비교를 위하여 일원분산분석 검정한 결과는 〈표 Ⅳ-3-9〉와 같다. 교육기관 유형별 교수에 대한 만족도는 대학원 출신이 평균 3.59로 가장 높게 나타났으며, 대학교[6] 출신이 평균 3.23으로 가장 낮게 나타났다. Scheffe 검정 결과 대학원 집단과 대학교 집단 사이에 통계적으로 유의미한 차이가 있는 것으로 나타났다. 따라서 대학원 집단이 대학교 집단보다 교수에 대한 만족도가 높은 것으로 나타났다.

<표 Ⅳ-3-9> 교육기관 유형별 교수에 대한 만족도 차이

변 인	집 단	평 균	표준편차	사례 수	F	유의도	Scheffe 검정
교수에 대한 만족도	전문대학(a)	3.27	.77	53	3.671	.013*	c≠b
	대학교(b)	3.23	.65	115			
	대학원(c)	3.59	.67	47			
	대학 평생교육원 양성과정(d)	3.37	.58	92			

* p≤.05   ** p≤.01   *** p≤.001

2) 교육과정 만족도 차이

평생교육사 자격 취득자의 교육기관 유형에 따라 교육과정 만족도에 차이가 있는 가를 알아보기 위하여 집단 간 비교를 실시하였다. 교육기관 유형에 대한 교육과정 만족도의 집단 간 비교를 위하여 일원분산분석 검정한 결과는 〈표 Ⅳ-3-10〉과 같다. 교육기관 유형별 교육과정 만족도는 대학 평생교육원 양성과정 출신이 평균 3.26으로 가장 높게 나타났으며, 대학교 출신이 평균 2.71로 가장 낮게 나타났다. Scheffe 검정 결과 대학 평생교육원 양성과정 집단과 대학원 집단, 대학교 집단 사이에 통계적으로 유의미한 차이가 있는 것으로 나타났다. 따라서 대학 평생교육원 양성과정 집단이 교육과정에 대한 만족도가 가장 높고 대학원 집단, 대학교 집단 순으로 교육과정에 대한 만족도가 높은 것으로 나타났다.

---

6) 한국방송통신대학교는 대학교와 큰 차이가 없으므로 대학교에 포함하여 만족도와 양성교육에 대한 효과의 차이에 대하여 분석하였음.

<표 Ⅳ-3-10> 교육기관 유형별 교육과정 만족도 차이

변 인	집 단	평 균	표준편차	사례 수	F	유의도	Scheffe 검정
교육과정 만족도	전문대학(a)	2.85	.97	53	5.573	.000***	b≠c≠d
	대학교(b)	2.71	.81	115			
	대학원(c)	3.07	.80	47			
	대학 평생교육원 양성과정(d)	3.26	.58	92			

* p≤.05   ** p≤.01   *** p≤.001

다. 학습자 변인별 평생교육사 양성교육의 효과 차이

1) 직무능력 개발 효과 차이

직무능력 개발 효과에는 기획업무, 프로그램 개발 업무, 프로그램 운영 업무, 마케팅, 행정업무, 교수업무, 기타 관련 업무 등의 하위 영역이 있다. 각 영역별로 효과에 대한 집단 간의 차이가 있는 가를 알아보기 위하여 다음과 같이 집단비교를 하였다.

가) 기획업무 효과 차이

평생교육사 자격 취득자의 성별과 교육 참여 동기에 따라 기획업무 효과에 차이가 있는 가를 알아보기 위하여 집단 간 비교를 실시하였다. 성별 및 교육 참여 동기에 따른 기획업무 효과의 집단 간 비교를 위하여 t-test 검정한 결과는 〈표 Ⅳ-3-11〉과 같다. 성별은 유의미한 차이가 없는 것으로 나타났으며, 교육 참여 동기는 유의미한 차이가 있는 것으로 나타났다.

교육 참여 동기는 외재적 동기를 가진 학습자의 평균이 3.46, 내재적 동기를 가진 학습자의 평균이 3.41로 나타나 외재적 동기를 가진 학습자가 교수에 대한 만족도가 높은 것으로 나타났다.

<표 IV-3-11> 성별, 교육 참여 동기별 기획업무 효과 차이

변 인	집 단	평 균	표준편차	사례 수	t값	자유도	유의도
성 별	남 성	3.57	.76	91	−.818	305	.414
	여 성	3.33	.79	216			
교육 참여 동기	외재적 동기	3.46	.77	31	−2.033	303	.043*
	내재적 동기	3.41	.78	274			

* p≤.05   ** p≤.01   *** p≤.001

또한 응답자의 연령, 최종 학력, 수입에 대한 교수에 대한 만족도의 집단 간 비교를 위하여 일원분산분석 검정한 결과는 〈표 IV-3-12〉와 같다. 연령과 최종 학력은 유의미한 차이가 없는 것으로 나타났으며, 수입은 유의미한 차이가 있는 것으로 나타났다. 수입에 따른 기획업무에 대한 효과는 300만 원 이상이 평균 3.62로 가장 높게 나타났으며, 100만 원 이상 ~200만 원 미만이 평균 3.24로 가장 낮게 나타났으나 Scheffe 검정 결과 어떤 집단에서 차이가 있는지 나타나지 않았다.

<표 IV-3-12> 연령, 최종 학력, 수입별 기획업무 효과 차이

변인	집 단	평 균	표준편차	사례 수	F	유의도	Scheffe 검정
연령	20-30세 미만(a)	3.32	.92	96	1.455	.227	
	30-40세 미만(b)	3.36	.69	100			
	40-50세 미만(c)	3.47	.76	93			
	50세 이상(d)	3.69	.61	18			
최종 학력	전문대학 졸업 이하(a)	3.49	.86	63	2.410	.091	
	대학 졸업(b)	3.31	.78	161			
	대학원 졸업 이상(c)	3.51	.73	83			
수입	100만 원 미만(a)	3.43	.92	70	3.383	.019*	집단 간 차이가 있는지 나타나지 않음
	100만 원~200만 원(b)	3.24	.82	128			
	200만 원~300만 원(c)	3.53	.61	72			
	300만 원 이상(d)	3.62	.60	37			

* p≤.05   ** p≤.01   *** p≤.001

나) 프로그램 개발 효과 차이

평생교육사 자격 취득자의 성별과 교육 참여 동기에 따라 프로그램 개발 효과에 차이가 있는 가를 알아보기 위하여 집단 간 비교를 실시하였다. 성별 및 교육 참여 동기에 따른 프로그램 개발 효과의 집단 간 비교를 위하여 t-test 검정한 결과는 〈표 Ⅳ-3-13〉과 같다. 교육 참여 동기는 유의미한 차이가 없는 것으로 나타났으며, 성별은 유의미한 차이가 있는 것으로 나타났다. 성별은 남성이 평균 3.60이고 여성이 평균 3.38로 남성이 여성보다 프로그램 개발 업무 효과가 높은 것으로 나타났다.

〈표 Ⅳ-3-13〉 성별, 교육 참여 동기별 프로그램 개발 효과 차이

변 인	집 단	평 균	표준편차	사례 수	t값	자유도	유의도
성 별	남 성	3.60	.82	91	-2.153	305	.032*
	여 성	3.38	.83	216			
교육 참여 동기	외재적 동기	3.43	.83	31	.167	303	.867
	내재적 동기	3.46	.82	274			

* p≤.05   ** p≤.01   *** p≤.001

또한 응답자의 연령, 최종 학력, 수입에 대한 프로그램 개발 효과의 집단 간 비교를 위하여 일원분산분석 검정한 결과는 〈표 Ⅳ-3-14〉와 같다. 연령과 수입은 유의미한 차이가 없는 것으로 나타났으며, 최종 학력은 유의미한 차이가 있는 것으로 나타났다.

<표 IV-3-14> 연령, 최종 학력, 수입별 프로그램 개발 효과 차이

변인	집 단	평균	표준편차	사례 수	F	유의도	Scheffe 검정
연령	20-30세 미만(a)	3.35	.96	96	1.181	.317	
	30-40세 미만(b)	3.41	.75	100			
	40-50세 미만(c)	3.54	.80	93			
	50세 이상(d)	3.63	.61	18			
최종 학력	전문대학 졸업 이하(a)	3.55	.93	63	6.746	.001***	b≠c
	대학 졸업(b)	3.29	.82	161			
	대학원 졸업 이상(c)	3.67	.72	83			
수입	100만 원 미만(a)	3.46	.95	70	2.179	.090	
	100만 원~200만 원(b)	3.32	.91	128			
	200만 원~300만 원(c)	3.56	.62	72			
	300만 원 이상(d)	3.63	.63	37			

* p≤.05   ** p≤.01   *** p≤.001

최종 학력에 따른 프로그램 개발에 대한 효과는 대학원 졸업 이상은 평균 3.67로 가장 높게 나타났으나 대학졸업자가 평균 3.29로 가장 낮게 나타났다. Scheffe 검정 결과 대학 졸업 집단과 대학원 졸업 이상 집단 사이에 통계적으로 유의미한 차이가 있는 것으로 나타났다. 따라서 대학원 졸업 이상 집단이 대학졸업자 집단보다 프로그램 개발 효과가 높은 것으로 나타났다.

다) 프로그램 운영 효과 차이

평생교육사 자격 취득자의 성별과 교육 참여 동기에 따라 프로그램 운영 효과에 차이가 있는 가를 알아보기 위하여 집단 간 비교를 실시하였다. 성별 및 교육 참여 동기에 따른 프로그램 운영 효과의 집단 간 비교를 위하여 t-test 검정한 결과는 〈표 IV-3-15〉와 같다. 성별과 교육 참여 동기 모두 유의미한 차이가 없는 것으로 나타났다.

<표 Ⅳ-3-15> 성별, 교육 참여 동기별 프로그램 운영 효과 차이

변 인	집 단	평 균	표준편차	사례 수	t값	자유도	유의도
성 별	남 성	3.42	.66	91	−1.884	305	.061
	여 성	3.26	.71	216			
교육 참여 동기	외재적 동기	3.33	.72	31	−.121	303	.903
	내재적 동기	3.31	.69	274			

* p≤.05　** p≤.01　*** p≤.001

또한 응답자의 연령, 최종 학력, 수입에 대한 프로그램 운영 효과의 집단 간 비교를 위하여 일원분산분석 검정한 결과는 〈표 Ⅳ-3-16〉와 같다. 수입은 유의미한 차이가 없는 것으로 나타났으며, 연령과 최종 학력은 유의미한 차이가 있는 것으로 나타났다.

연령에 따른 프로그램 운영에 대한 효과는 50세 이상이 평균 3.68 가장 높게 나타났으며, 20-30대가 평균 3.20으로 가장 낮게 나타나 연령이 높을수록 프로그램 운영에 대한 효과가 높은 것으로 나타났으나 Scheffe 검정 결과 어떤 집단에서 차이가 있는지는 나타나지 않았다. 최종 학력에 따른 프로그램 개발에 대한 효과는 대학졸업자 집단이 평균 3.51로 가장 높게 나타났으나 대학 졸업 집단은 평균 3.18로 가장 낮게 나타났다. Scheffe 검정 결과 대학교 졸업 집단과 대학원 졸업 이상 집단 사이에 통계적으로 유의미한 차이가 있는 것으로 나타났다. 따라서 대학원 졸업 이상 집단이 대학교 졸업자 집단보다 프로그램 개발 효과가 높은 것으로 나타났다.

<표 IV-3-16> 연령, 최종 학력, 수입별 프로그램 운영 효과 차이

변인	집 단	평균	표준편차	사례 수	F	유의도	Scheffe 검정
연령	20-30세 미만(a)	3.20	.74	96	2.802	.040*	집단 간 차이가 있는지 나타나지 않음
	30-40세 미만(b)	3.28	.66	100			
	40-50세 미만(c)	3.37	.69	93			
	50세 이상(d)	3.68	.58	18			
최종 학력	전문대학 졸업 이하(a)	3.38	.63	63	6.864	.001***	b≠c
	대학 졸업(b)	3.18	.67	161			
	대학원 졸업 이상(c)	3.51	.74	83			
수입	100만 원 미만(a)	3.29	.66	70	2.312	.076	
	100만 원~200만 원(b)	3.21	.77	128			
	200만 원~300만 원(c)	3.41	.59	72			
	300만 원 이상(d)	3.49	.66	37			

* p≤.05 ** p≤.01 *** p≤.001

라) 마케팅 효과 차이

평생교육사 자격 취득자의 성별과 교육 참여 동기에 따라 마케팅 효과에 차이가 있는 가를 알아보기 위하여 집단 간 비교를 실시하였다. 성별 및 교육 참여 동기에 따른 마케팅 효과의 집단 간 비교를 위하여 t-test 검정한 결과는 〈표 IV-3-17〉과 같다. 교육 참여 동기는 유의미한 차이가 없는 것으로 나타났으며, 성별은 유의미한 차이가 있는 것으로 나타났다.

성별은 남성은 평균 3.43이고 여성은 평균 3.19로 남성이 조금 더 높은 것으로 나타나 남성이 여성보다 마케팅 효과가 더 높은 것으로 나타났다.

<표 Ⅳ-3-17> 성별, 교육 참여 동기별 마케팅 효과 차이

변 인	집 단	평 균	표준편차	사례 수	t값	자유도	유의도
성 별	남 성	3.43	.88	91	−2.361	305	.019*
	여 성	3.19	.82	216			
교육 참여 동기	외재적 동기	3.52	.82	31	−1.794	303	.074
	내재적 동기	3.23	.83	274			

* p≤.05   ** p≤.01   *** p≤.001

또한 응답자의 연령, 최종 학력, 수입에 대한 마케팅 효과의 집단 간 비교를 위하여 일원분산분석 검정한 결과는 〈표 Ⅳ-3-18〉과 같다. 연령, 최종 학력, 수입은 모두 유의미한 차이가 없는 것으로 나타났다.

<표 Ⅳ-3-18> 연령, 최종 학력, 수입별 따른 마케팅 효과 차이

변인	집 단	평균	표준편차	사례 수	F	유의도	Scheffe 검정
연령	20-30세 미만(a)	3.17	.95	96	.964	.410	
	30-40세 미만(b)	3.33	.82	100			
	40-50세 미만(c)	3.24	.75	93			
	50세 이상(d)	3.46	.80	18			
최종 학력	전문대학 졸업 이하(a)	3.40	.88	63	2.199	.113	
	대학 졸업(b)	3.17	.84	161			
	대학원 졸업 이상(c)	3.33	.81	83			
수입	100만 원 미만(a)	3.31	.88	70	.917	.433	
	100만 원~200만 원(b)	3.21	.95	128			
	200만 원~300만 원(c)	3.20	.68	72			
	300만 원 이상(d)	3.44	.65	37			

* p≤.05   ** p≤.01   *** p≤.001

마) 행정업무 효과 차이

평생교육사 자격 취득자의 성별과 교육 참여 동기에 따라 행정업무 효과에 차이가 있는 가를 알아보기 위하여 집단 간 비교를 실시하였다. 성별 및 교육 참여 동기에 따른 행정업무 효과의 집단 간 비교를 위하여 t-test 검정한 결과는 〈표 IV-3-19〉와 같다. 성별과 교육 참여 동기는 모두 유의미한 차이가 없는 것으로 나타났다.

<표 IV-3-19> 성별, 교육 참여 동기별 행정업무 효과 차이

변 인	집 단	평 균	표준편차	사례 수	t값	자유도	유의도
성 별	남 성	3.24	.64	91	−1.959	305	.051
	여 성	3.08	.66	216			
교육 참여 동기	외재적 동기	3.32	.68	31	−1.726	303	.085
	내재적 동기	3.11	.64	274			

* p≤.05　** p≤.01　*** p≤.001

또한 응답자의 연령, 최종 학력, 수입에 대한 행정업무 효과의 집단 간 비교를 위하여 일원분산분석 검정한 결과는 〈표 IV-3-20〉과 같다. 최종 학력은 유의미한 차이가 없는 것으로 나타났으며, 연령, 수입은 유의미한 차이가 있는 것으로 나타났다.

연령에 따른 행정업무 효과는 50세 이상이 평균 3.42로 가장 높게 나타났으며, 20-30대가 평균 2.92로 가장 낮게 나타나 연령이 높을수록 프로그램 운영에 대한 효과가 높은 것으로 나타났다. Scheffe 검정 결과 20-30세 미만 집단과 40세-50세 미만의 집단, 50세 이상의 집단 사이에 통계적으로 유의미한 차이가 있는 것으로 나타났다. 따라서 50세 이상의 집단이 행정업무 효과가 가장 높으며, 40세-50세 미만의 집단, 20-30세 미만 집단 순으로 높은 것으로 나타났다.

<표 Ⅳ-3-20> 연령, 최종 학력, 수입별 행정업무 효과 차이

변인	집 단	평균	표준편차	사례 수	F	유의도	Scheffe 검정
연령	20-30세 미만(a)	2.92	.59	96	5.465	.001***	a≠c=d
	30-40세 미만(b)	3.17	.68	100			
	40-50세 미만(c)	3.23	.66	93			
	50세 이상(d)	3.42	.66	18			
최종 학력	전문대학 졸업 이하(a)	3.06	.62	63	.651	.522	
	대학 졸업(b)	3.12	.66	161			
	대학원 졸업 이상(c)	3.18	.68	83			
수입	100만 원 미만(a)	3.08	.54	70	3.542	.015*	b≠d
	100만 원~200만 원(b)	3.03	.76	128			
	200만 원~300만 원(c)	3.20	.57	72			
	300만 원 이상(d)	3.40	.57	37			

* p≤.05   ** p≤.01   *** p≤.001

수입에 따른 행정업무 효과는 300만 원 이상이 평균 3.40으로 가장 높게 나타났으며, 100만 원 이상~200만 원 미만이 평균 3.03로 가장 낮게 나타났다. Scheffe 검정 결과 100만 원 이상~200만 원 미만 집단과 300만 원 이상의 집단 사이에 통계적으로 유의미한 차이가 있는 것으로 나타났다. 따라서 300만 원 이상 집단이 100만 원 이상~200만 원 미만 집단보다 행정업무 효과가 높은 것으로 나타났다.

바) 교수업무 효과 차이

평생교육사 자격 취득자의 성별과 교육 참여 동기에 따라 교수업무 효과에 차이가 있는 가를 알아보기 위하여 집단 간 비교를 실시하였다. 성별 및 교육 참여 동기에 따른 교수업무 효과의 집단 간 비교를 위하여 t-test 검정한 결과는 〈표 Ⅳ-3-21〉과 같다. 성별은 유의미한 차이가 없는 것으로 나타났으며, 교육 참여 동기는 유의미한 차이가 있는 것으로 나타났다.

성별에 따라서 남성들의 교수업무 효과는 평균 3.50이고 여성들의 평균 3.26로 남성이 조금 더 높은 것으로 나타났다.

<표 IV-3-21> 성별, 교육 참여 동기별 교수업무 효과 차이

변 인	집 단	평 균	표준편차	사례 수	t값	자유도	유의도
성 별	남 성	3.50	.75	91	−2.463	305	.014*
	여 성	3.26	.82	216			
교육 참여 동기	외재적 동기	3.30	.90	31	.272	303	.786
	내재적 동기	3.34	.79	274			

* p≤.05 ** p≤.01 *** p≤.001

또한 응답자의 연령, 최종 학력, 수입에 대한 교수업무 효과의 집단 간 비교를 위하여 일원분산분석 검정한 결과는 〈표 IV-3-22〉와 같다. 연령, 최종 학력, 수입 모두 유의미한 차이가 없는 것으로 나타났다.

<표 IV-3-22> 연령, 최종 학력, 수입별 교수업무 효과 차이

변인	집 단	평균	표준편차	사례 수	F	유의도	Scheffe 검정
연령	20-30세 미만(a)	3.35	.83	96	.741	.528	
	30-40세 미만(b)	3.29	.80	100			
	40-50세 미만(c)	3.32	.79	93			
	50세 이상(d)	3.58	.80	18			
최종 학력	전문대학 졸업 이하(a)	3.33	.80	63	1.194	.304	
	대학 졸업(b)	3.27	.83	161			
	대학원 졸업 이상(c)	3.44	.75	83			
수입	100만 원 미만(a)	3.37	.86	70	.524	.666	
	100만 원~200만 원(b)	3.26	.81	128			
	200만 원~300만 원(c)	3.39	.73	72			
	300만 원 이상(d)	3.38	.83	37			

* p≤.05 ** p≤.01 *** p≤.001

사) 기타 관련 업무 효과에 대한 차이

평생교육사 자격 취득자의 성별과 교육 참여 동기에 따라 기타 관련 업무 효과에 차이가 있는가를 알아보기 위하여 집단 간 비교를 실시하였다. 성별 및 교육 참여 동기에 따른 기타 관련 업무 효과의 집단 간 비교를 위하여 t-test 검정한 결과는 〈표 Ⅳ-3-23〉과 같다. 성별은 남성이 평균 3.59이고 여성이 평균 3.36으로 남성이 조금 더 기타 관련 업무 효과가 높은 것으로 나타났다.

〈표 Ⅳ-3-23〉 성별, 교육 참여 동기별 기타 관련 업무 효과 차이

변 인	집 단	평 균	표준편차	사례 수	t값	자유도	유의도
성 별	남 성	3.59	.70	91	−2.399	305	.017*
	여 성	3.36	.77	216			
교육 참여 동기	외재적 동기	3.47	.71	31	−.250	303	.803
	내재적 동기	3.43	.75	274			

* p≤.05   ** p≤.01   *** p≤.001

또한 응답자의 연령, 최종 학력, 수입에 대한 기타 관련 업무 효과의 집단 간 비교를 위하여 일원분산분석 검정한 결과는 〈표 Ⅳ-3-24〉와 같다. 연령과 수입은 유의미한 차이가 없는 것으로 나타났으며, 최종 학력은 유의미한 차이가 있는 것으로 나타났다.

최종 학력에 따른 기타 관련 업무에 대한 효과는 대학원 이상 졸업자는 평균 3.65로 가장 높게 나타났으며, 대학졸업자가 평균 3.31로 가장 낮게 나타났다. Scheffe 검정 결과 대학교 졸업 집단과 대학원 졸업 이상 집단 사이에 통계적으로 유의미한 차이가 있는 것으로 나타났다. 따라서 대학원 졸업 이상 집단이 대학교 졸업 집단보다 프로그램 개발 효과가 높은 것으로 나타났다.

140

<표 IV-3-24> 연령, 최종 학력, 수입별 기타 관련 업무 효과 차이

변인	집 단	평균	표준편차	사례 수	F	유의도	Scheffe 검정
연령	20~30세 미만(a)	3.42	.85	96	.486	.692	
	30~40세 미만(b)	3.39	.70	100			
	40~50세 미만(c)	3.44	.72	93			
	50세 이상(d)	3.62	.66	18			
최종 학력	전문대학 졸업 이하(a)	3.44	.73	63	5.787	.003**	b≠c
	대학 졸업(b)	3.31	.76	161			
	대학원 졸업 이상(c)	3.65	.71	83			
수입	100만 원 미만(a)	3.39	.76	70	1.321	.268	
	100만 원~200만 원(b)	3.36	.79	128			
	200만 원~300만 원(c)	3.53	.73	72			
	300만 원 이상(d)	3.57	.64	37			

* p≤.05 ** p≤.01 *** p≤.001

2) 고용개선 효과의 차이

평생교육사 자격 취득자의 성별 및 교육 참여 동기에 따른 고용개선 효과의 집단 간 비교를 위하여 t-test 검정한 결과는 〈표 IV-3-25〉와 같다. 성별과 교육 참여 동기는 모두 유의미한 차이가 없는 것으로 나타났다.

<표 IV-3-25> 성별, 교육 참여 동기별 고용개선 효과 차이

변 인	집 단	평 균	표준편차	사례 수	t값	자유도	유의도
성 별	남 성	2.13	.63	91	-.719	205.100	.473
	여 성	2.07	.77	216			
교육 참여 동기	외재적 동기	1.94	.57	31	1.234	303	.218
	내재적 동기	2.11	.75	274			

* p≤.05 ** p≤.01 *** p≤.001

　또한 응답자의 연령, 최종 학력, 수입에 대한 교수에 대한 만족도의 집단 간 비교를 위하여 일원분산분석 검정한 결과는 〈표 Ⅳ-3-26〉과 같다. 최종 학력과 수입은 유의미한 차이가 없는 것으로 나타났으며, 연령은 유의미한 차이가 있는 것으로 나타났다.

　연령에 따른 고용개선에 대한 효과는 20세~30세 미만은 평균 2.27로 가장 높게 나타났으며, 50세 이상이 평균 1.78로 가장 낮게 나타났다. Scheffe 검정 결과 20~30세 미만 집단과 40세~50세 미만의 집단 사이에 통계적으로 유의미한 차이가 있는 것으로 나타났다. 따라서 20~30세 미만 집단이 40세~50세 미만의 집단보다 고용개선 효과가 높은 것으로 나타났다.

<표 Ⅳ-3-26> 연령, 최종 학력, 수입별 고용개선 효과 차이

변인	집 단	평 균	표준편차	사례 수	F	유의도	Scheffe 검정
연령	20~30세 미만(a)	2.27	.56	96	4.995	.002**	a≠c=d
	30~40세 미만(b)	2.11	.80	100			
	40~50세 미만(c)	1.92	.80	93			
	50세 이상(d)	1.78	.51	18			
최종 학력	전문대학 졸업 이하(a)	2.16	.64	63	1.904	.151	
	대학 졸업(b)	2.01	.75	161			
	대학원 졸업 이상(c)	2.18	.75	83			
수입	100만 원 미만(a)	2.03	.72	70	1.888	.132	
	100만 원~200만 원(b)	2.19	.70	128			
	200만 원~300만 원(c)	2.03	.77	72			
	300만 원 이상(d)	1.91	.77	37			

* p≤.05   ** p≤.01   *** p≤.001

3) 자아실현 효과 차이

평생교육사 자격 취득자의 성별 및 교육 참여 동기에 따른 자아실현 효과의 집단 간 비교를 위하여 t-test 검정한 결과는 〈표 Ⅳ-3-27〉과 같다. 성별과 교육 참여 동기 모두 유의미한 차이가 없는 것으로 나타났다.

〈표 Ⅳ-3-27〉 성별, 교육 참여 동기별 자아실현 효과 차이

변 인	집 단	평 균	표준편차	사례 수	t값	자유도	유의도
성 별	남 성	2.88	.76	91	1.367	305	.173
	여 성	2.82	.83	216			
교육 참여 동기	외재적 동기	2.69	.87	31	.549	303	.584
	내재적 동기	2.87	.79	274			

* p≤.05 ** p≤.01 *** p≤.001

또한 응답자의 연령, 최종 학력, 수입에 대한 자아실현 효과의 집단 간 비교를 위하여 일원분산분석 검정한 결과는〈표 Ⅳ-3-28〉과 같다. 연령과 최종 학력은 유의미한 차이가 없는 것으로 나타났으며, 수입은 유의미한 차이가 있는 것으로 나타났다.

최종 학력은 대학원 졸업 이상은 평균 3.94로 가장 높게 나타났으나 전문 대학졸업자가 평균 3.84로 가장 낮게 나타났다. 수입에 따른 자아실현 효과는 100만 원 미만이 평균 4.07로 가장 높게 나타났으며, 200만 원~300만 원 미만이 평균 3.79로 가장 낮게 나타났다. 일원분산분석 검정 결과 통계적으로 유의미한 차이가 있는 것으로 나타났으나 Scheffe 검정 결과 어떤 집단에서 차이가 있는지 나타나지 않았다.

<표 Ⅳ-3-28> 연령, 최종 학력, 수입별 자아실현 효과 차이

변인	집 단	평균	표준편차	사례 수	F	유의도	Scheffe 검정
연령	20~30세 미만(a)	3.84	.76	96	1.725	.162	
	30~40세 미만(b)	3.80	.64	100			
	40~50세 미만(c)	4.01	.63	93			
	50세 이상(d)	3.95	.75	18			
최종 학력	전문대학 졸업 이하(a)	3.84	.63	63	.441	.644	
	대학 졸업(b)	3.87	.68	161			
	대학원 졸업 이상(c)	3.94	.74	83			
수입	100만 원 미만(a)	4.07	.62	70	3.414	.018*	집단 간 차이가 있는지 나타나지 않음
	100만 원~200만 원(b)	3.80	.72	128			
	200만 원~300만 원(c)	3.79	.66	72			
	300만 원 이상(d)	4.00	.65	37			

* p≤.05   ** p≤.01   *** p≤.001

4) 사회적 네트워크 구축 효과의 차이

평생교육사 자격 취득자의 성별 및 교육 참여 동기에 따른 사회적 네트워크 구축 효과의 집단 간 비교를 위하여 t-test 검정한 결과는 〈표 Ⅳ-3-29〉와 같다. 성별과 교육 참여 동기는 유의미한 차이가 없는 것으로 나타났다.

<표 Ⅳ-3-29> 성별, 교육 참여 동기별 사회적 네트워크 구축 효과 차이

변 인	집 단	평 균	표준편차	사례 수	t값	자유도	유의도
성 별	남 성	3.80	.68	91	-.563	305	.574
	여 성	3.92	.69	216			
교육 참여 동기	외재적 동기	3.83	.69	31	1.166	303	.244
	내재적 동기	3.90	.66	274			

* p≤.05   ** p≤.01   *** p≤.001

또한 응답자의 연령, 최종 학력, 수입에 대한 사회적 네트워크 구축 효과의 집단 간 비교를 위하여 일원분산분석 검정한 결과는 〈표 IV-3-30〉과 같다. 연령, 최종 학력, 수입 모두 유의미한 차이가 있는 것으로 나타났다.

연령에 따른 사회적 네트워크 구축 효과는 40세~50세 미만은 평균 4.01로 평균 2.54로 가장 높게 나타났으며, 20세~30세 미만은 가장 낮게 나타났다. 일원분산분석 검정 결과 통계적으로 유의미한 차이가 있는 것으로 나타났다. Scheffe 검정 결과 20~30세 미만 집단과 30세~40세 미만의 집단, 40세~50세 미만의 집단 사이에 통계적으로 유의미한 차이가 있는 것으로 나타났다. 따라서 40세~50세 미만의 집단이 네트워크 구축에 대한 효과가 가장 높으며, 30~40세 미만 집단, 20~30세 미만의 집단 순으로 사회적 네트워크 구축 효과가 높은 것으로 나타났다. 최종 학력에 따른 사회적 네트워크 구축 효과는 대학원 이상 졸업자는 평균 3.18로 가장 높게 나타났으나 전문대학졸업자가 평균 2.69로 가장 낮게 나타났다. Scheffe 검정 결과 대학원 졸업 이상 집단과 대학 졸업 집단, 전문대학 졸업 이하 집단 사이에 통계적으로 유의미한 차이가 있는 것으로 나타났다. 따라서 대학원 졸업 이상 집단이 네트워크 구축 효과가 가장 높으며, 대학 졸업 집단, 전문대학 졸업 이하 집단 순으로 네트워크 구축 효과가 높은 것으로 나타났다. 수입에 따른 사회적 네트워크 구축 효과는 300만 원 이상이 평균 3.17로 가장 높게 나타났으며, 100만 원~200만 원 미만이 평균 2.74로 가장 낮게 나타났다. Scheffe 검정 결과 100만 원~200만 원 미만 집단과 300만 원 이상 집단 사이에 통계적으로 유의미한 차이가 있는 것으로 나타났다. 따라서 300만 원 이상 집단이 100만 원~200만 원 미만 집단보다 사회적 네트워크 구축 효과가 높은 것으로 나타났다.

<표 Ⅳ-3-30> 연령, 최종 학력, 수입별 사회적 네트워크 구축 효과 차이

변인	집 단	평 균	표준편차	사례 수	F	유의도	Scheffe 검정
연령	20~30세 미만(a)	2.54	.76	96	6.595	.000***	a≠b a≠c
	30~40세 미만(b)	3.80	.64	100			
	40~50세 미만(c)	4.01	.63	93			
	50세 이상(d)	3.95	.75	18			
최종 학력	전문대학 졸업 이하(a)	2.69	.82	63	11.054	.000***	a=b≠c
	대학 졸업(b)	2.72	.79	161			
	대학원 졸업 이상(c)	3.18	.76	83			
수입	100만 원 미만(a)	2.83	.79	70	2.797	.040*	b≠d
	100만 원~200만 원(b)	2.74	.83	128			
	200만 원~300만 원(c)	2.85	.76	72			
	300만 원 이상(d)	3.17	.81	37			

* p<.05   ** p<.01   *** p<.001

라. 교육기관 유형별 평생교육사 양성교육의 효과 차이

1) 직무능력 개발 효과 차이

직무능력 개발 효과에 대한 교육기관 유형별 집단 간 비교를 위하여 일원분산분석 검정한 결과는 〈표 Ⅳ-3-31〉과 같다. 마케팅 효과와 교수업무 효과는 유의미한 차이가 없는 것으로 나타났으며, 기획업무 효과, 프로그램 개발 효과, 프로그램 운영 효과, 행정업무 효과, 기타 관련 업무 효과는 유의미한 차이가 있는 것으로 나타났다. 기획업무 효과에 대한 교육기관 유형별 차이를 보면 대학원 출신이 평균 3.60으로 가장 높게 나타났으며, 대학교 출신이 평균 3.11로 가장 낮게 나타났으나 Scheffe 검정 결과 어떤 집단에서 차이가 있는지 나타나지 않았다.

<표 IV-3-31> 교육기관 유형별 직무능력 개발 효과 차이

변 인	집 단	평 균	표준편차	사례 수	F	유의도	Scheffe 검정
기획업무 효과	전문대학(a)	3.45	.92	53	4.026	.008*	집단 간 차이가 있는지 나타나지 않음
	대학교(b)	3.21	.88	115			
	대학원(c)	3.60	.64	47			
	대학평생교육원 양성과정(d)	3.50	.59	92			
프로그램 개발 효과	전문대학(a)	3.50	.99	53	5.478	.001**	c≠a=d≠b
	대학교(b)	3.26	.91	115			
	대학원(c)	3.82	.61	47			
	대학평생교육원 양성과정(d)	3.45	.64	92			
프로그램 운영 효과	전문대학(a)	3.38	.67	53	7.478	.000***	c≠b
	대학교(b)	3.12	.77	115			
	대학원(c)	3.66	.58	47			
	대학평생교육원 양성과정(d)	3.32	.61	92			
마케팅 효과	전문대학(a)	3.41	.95	53	2.584	.053	
	대학교(b)	3.09	.94	115			
	대학원(c)	3.42	.72	47			
	대학평생교육원 양성과정(d)	3.29	.67	92			
행정업무 효과	전문대학(a)	2.99	.60	53	4.333	.005**	집단 간 차이가 있는지 나타나지 않음
	대학교(b)	3.02	.67	115			
	대학원(c)	3.16	.61	47			
	대학평생교육원 양성과정(d)	3.31	.67	92			
교수업무 효과	전문대학(a)	3.33	.83	53	1.541	.204	
	대학교(b)	3.26	.83	115			
	대학원(c)	3.55	.59	47			
	대학평생교육원 양성과정(d)	3.30	.81	92			
기타 관련 업무 효과	전문대학(a)	3.43	.80	53	4.320	.005**	b≠c
	대학교(b)	3.30	.75	115			
	대학원(c)	3.77	.58	47			
	대학평생교육원 양성과정(d)	3.41	.71	92			

프로그램 개발 효과에 대한 교육기관 유형별 차이를 보면 대학원 출신이 평균 3.82로 가장 높게 나타났으며, 대학교 출신이 평균 3.20으로 가장 낮게 나타났다. Scheffe 검정 결과 대학원 집단과 대학교 집단, 전문대학교 집단 사이에 통계적으로 유의미한 차이가 있는 것으로 나타났다. 따라서 대학원 집단이 프로그램 개발 효과가 가장 높고 전문 대학교 집단, 대학교 집단 순으로 프로그램 개발 효과가 높은 것으로 나타났다. 프로그램 운영 효과에 대한 교육기관 유형별 차이를 보면 대학원 출신이 평균 3.66으로 가장 높게 나타났으며, 대학교 출신과 대학교 출신이 평균 3.12으로 가장 낮게 나타났다. Scheffe 검정 결과 대학교 집단과 대학원 집단 사이에 통계적으로 유의미한 차이가 있는 것으로 나타났다. 따라서 대학원 집단이 대학교 집단과 대학교 집단보다 프로그램 운영 효과가 높은 것으로 나타났다.

행정업무 효과에 대한 교육기관 유형별 차이를 보면 대학평생교육원 양성과정 출신이 평균 3.31로 가장 높게 나타났으며, 전문대학 출신이 평균 2.99로 가장 낮게 나타났으나 Scheffe 검정 결과 어떤 집단에서 차이가 있는지 나타나지 않았다. 기타 관련 업무 효과에 대한 교육기관 유형별 차이를 보면 대학원 출신이 평균 3.77로 가장 높게 나타났으며, 대학교 출신이 평균 3.22로 가장 낮게 나타났다. Scheffe 검정 결과 대학교 집단과 대학원 집단 사이에 통계적으로 유의미한 차이가 있는 것으로 나타났다. 따라서 대학원 집단이 대학교 집단 보다 기타 관련 업무 효과가 높은 것으로 나타났다.

2) 고용개선 효과의 차이

〈표 Ⅳ-3-32〉를 보면 교육기관 유형별 고용개선 효과는 대학원 출신이 평균 2.38로 가장 높게 나타났으며, 대학평생교육원 양성과정 출신이 평균 1.82로 가장 낮게 나타났다. 일원분산분석 검정 결과 통계적으로 유의미한 차이가 있는 것으로 나타났다. Scheffe 검정 결과 대학평생교육원 양성과정 집단과 전문대학 집단, 대학교 집단, 대학원 집단 사이에 통계적으로 유의미한 차이가 있는 것으로 나타났다. 또한 대학교 집단과 대학원 집단 사이에 통계적으로 유미한 차이가 있는 것으로 나타났다. 따라서 대학원 집단이 고용개선 효과가 가장 높고 대학교 집단, 전문대학 집단, 대학교 집단, 대학평생교육원 양성과정 집단 순으로 고용개선 효과가 높은 것으로 나타났다.

<표 IV-3-32> 교육기관 유형별 고용개선 효과 차이

변 인	집 단	평 균	표준편차	사례 수	F	유의도	Scheffe 검정
교육기관 유형	전문대학(a)	2.22	.55	53			
	대학교(b)	2.11	.74	115			
	대학원(c)	2.38	.85	47	7.527	.000***	d≠a≠b≠c
	대학평생교육원 양성과정(d)	1.82	.68	92			

* p⟨.05 ** p⟨.01 *** p⟨.001

3) 자아실현 효과의 차이

〈표 IV-3-33〉를 보면 교육기관 유형별 고용개선 효과는 대학원 출신이 평균 2.38로 가장 높게 나타났으며, 대학평생교육원 양성과정 출신이 평균 1.82로 가장 낮게 나타났다. 일원분산분석 검정 결과 통계적으로 유의미한 차이가 있는 것으로 나타났다. Scheffe 검정 결과 대학평생교육원 양성과정 집단과 전문대학 집단, 대학교 집단, 대학원 집단 사이에 통계적으로 유의미한 차이가 있는 것으로 나타났다. 또한 대학교 집단과 대학원 집단 사이에 통계적으로 유미한 차이가 있는 것으로 나타났다. 따라서 대학원 집단이 고용개선 효과가 가장 높고 대학교 집단, 전문대학 집단, 대학교 집단, 대학평생교육원 양성과정 집단 순으로 고용개선 효과가 높은 것으로 나타났다.

<표 Ⅳ-3-33> 교육기관 유형별 자아실현 효과 차이

변 인	집 단	평 균	표준편차	사례 수	F	유의도	Scheffe 검정
교육기관 유형	전문대학(a)	3.82	.69	53	3.918	.009**	c≠b≠a
	대학교(b)	3.93	.73	115			
	대학원(c)	3.13	.51	47			
	대학평생교육원 양성과정(d)	3.74	.66	92			

* p≤.05   ** p≤.01   *** p≤.001

4) 사회적 네트워크 구축 효과의 차이

〈표 Ⅳ-3-34〉를 보면 교육기관 유형별 사회적 네트워크 구축 효과는 대학원 출신이 평균 3.35로 가장 높게 나타났으며, 전문대학 출신이 평균 2.59로 가장 낮게 나타났다. 일원분산분석 검정 결과 통계적으로 유의미한 차이가 있는 것으로 나타났다.

<표 Ⅳ-3-34> 교육기관 유형별 사회적 네트워크 구축 효과 차이

변 인	집 단	평 균	표준편차	사례 수	F	유의도	Scheffe 검정
교육기관 유형	전문대학(a)	2.59	.71	53	8.967	.000***	c≠b≠d
	대학교(b)	2.82	.90	115			
	대학원(c)	3.35	.58	47			
	대학평생교육원 양성과정(d)	2.75	.73	92			

* p≤.05   ** p≤.01   *** p≤.001

Scheffe 검정 결과 전문대학 집단이 대학원 집단, 대학교 집단, 대학평생교육원 양성과정 집단 사이에 통계적으로 유의미한 차이가 있는 것으로 나타났다. 따라서 대학원 집단이 사회적 네트워크 구축 효과가 가장 높고 대학평생교육원 양성과정 집단, 대학교 집단, 전문대학 집단 순으로 사회적 네트워크 구축 효과가 높은 것으로 나타났다. 이는 대학원 집단이 평생교육 현장에 종사하는 평생교육사들로 구성되어 있기 때문에 집단 간의 인간관계가 활발하고 수료 후에도 지속적인 모임을 갖으며 자신들의 정보를 교환하고 친목을 도모하고 있음을 증명하고 있다. 반면에 전문대학 집단은 뚜렷한 목표의식을 갖지 않고 평생교육사 자격을 취득함에 따라 사회적 네트워크 구축에 대한 의지가 할 수 있다.

마. 요 약

학습자 변인과 교육기관 유형별 평생교육사 양성교육에 대한 만족도와 효과의 차이를 요약하면 다음과 같다(〈표 Ⅳ-3-35〉 참조). 먼저 학습자 변인에 따른 평생교육사 양성교육에 대한 만족도와 효과의 차이를 분석한 결과, 학습자 변인에서는 성별, 교육 참여 동기, 연령, 최종 학력, 수입에 따라 유의미한 차이가 있는 것으로 나타났다. 성별에서는 남성이 여성보다 평생교육사 양성교육에서 기획업무 효과, 프로그램 개발 효과, 마케팅 효과, 교수업무 효과, 기타 관련 업무 효과가 있는 것으로 나타났다.

교육 참여 동기에서는 외재적 동기를 가진 평생교육사가 외재적 동기를 가진 평생교육사보다 교수에 대한 만족도가 높으며, 기획업무 효과가 높은 것으로 나타났다. 연령에서는 나이가 많을수록 교육과정에 대한 만족도가 높으며, 또한 행정업무 효과, 프로그램 운영 효과, 네트워크 구축 효과가 높은 것으로 나타났으며, 연령이 적을수록 고용개선의 효과가 높은 것으로 나타났다. 최종 학력에서는 학력이 높을수록 교수에 대한 만족도가 높으며, 또한 프로그램 개발 효과, 프로그램 운영 효과, 기타 관련 업무 효과, 네트워크 구축 효과의 효과가 높은 것으로 나타났으며, 학력이 낮을수록 교육기관 만족도가 높은 것으로 나타났다. 수입에서는 수입이 높으면 교수에 대한 만족도, 교육과정 만족도, 교육기관 만족도가 높은 것으로 나타났으며, 또한 행정업무 효과, 자아실현 효과, 네트워크 구축 효과가 높은 것으로 나타났다.

<표 Ⅳ-3-35> 학습자 변인과 교육기관 유형별 만족도와 양성교육에 대한 효과의 차이

종속 \\ 독립		성 별	교육 참여 동기	연 령	최종 학력	수 입	교육기관
만족도	교수에 대한 만족도		외재적 동기		+	*	대학원
	교육 담당자 만족도						
	교육과정 만족도			+		+	대학평생교육원 양성과정
	교육기관 만족도				−	*	
교육 효과	기획업무 효과		외재적 동기				
	프로그램 개발 효과	남성			+		대학원
	프로그램 운영 효과			*	+		대학원
	마케팅 효과	남성					
	행정업무 효과			+		+	*
	교수업무 효과	남성					
	기타 관련 업무효과	남성			+		대학원
	고용개선 효과			−			대학원
	자아실현 효과					*	대학원
	네트워크 구축 효과			+	+	+	대학원

주: * 집단 간 차이가 나타나지 않음.
　　+ 정적관계를 나타냄, − 부적관계를 나타냄.

　교육기관 유형별 평생교육사 양성교육에 대한 만족도와 효과의 차이를 분석한 결과, 만족도에서는 대학원 출신 집단이 교수에 대한 만족도, 대학평생교육원 양성과정 출신 집단이 교육과정 만족도가 가장 높은 것으로 나타났다. 반면에 대학교 출신 집단이 교수에 대한 만족도, 교육과정 만족도가 가장 낮은 것으로 나타났다.

　프로그램 개발 효과, 프로그램 운영 효과, 마케팅 효과, 기타 관련 업무 효과에서는 대학원 출신 집단이 가장 효과가 높았으며, 대학교 출신 집단이 가장 효과가 낮은 것으로 나타났다. 행정업무 효과에서는 대학평생교육원 양성과정이 가장 효과가 높았으며, 전문대학 출신 집단이 가장 효과가 낮은 것으로 나타났다. 고용개선 효과에서는 대학원 출신 집단이 가장 효과가 높았으며, 대학평생교육원 양성과정 출신 집단이 가장 효과가 낮은 것으로 나타났다. 자아실현 효과에서는 대학교 출신 집단이 가장 효과가 높았으며, 대학원 출신 집단이 가장 효과가 낮은 것으로 나타났다. 사회적 네트워크 구축 효과에서는 대학원 출신 집단이 가장 효과가 높았으며, 전문대학 출신 집단이 가장 효과가 낮은 것으로 나타났다.

4. 평생교육사 양성교육 효과에 영향을 미치는 요인

가. 평생교육사 양성교육에 영향을 미치는 요인; 전체

1) 평생교육사 양성교육의 효과 관련 요인 간 상관관계

평생교육사 양성교육의 효과에 영향을 미치는 변인들을 알아보기 위해, 독립변인인 학습자 요인과 교육 프로그램 요인이 종속변인인 직무능력 개발 효과(기획능력, 프로그램 개발능력, 프로그램 운영능력, 마케팅 능력, 행정업무 능력, 교수업무 능력, 기타 능력), 고용개선 효과, 자아실현 효과, 사회적 네트워크 구축 효과와의 상관관계를 살펴본 결과는 〈표 Ⅳ-4-1〉의 상관관계 행렬표와 같으며 이를 설명하면 다음과 같다.

<표 IV-4-1> 전체 상관관계 행렬표

구 분	성별	연령	학력	수입	동기	교육 사전 인지도	교수 만족도	교육 과정 만족도	기획 능력	프로그램 개발능력	프로그램 운영능력	마케팅	행정 능력	강사 능력	기타 능력	직업 생활	자아 실현	네트 워크
성 별	1.000																	
연 령	−.141*	1.000																
학 력	−.074	.373**	1.000															
수 입	.142*	.486**	.337**	1.000														
동 기	.030	−.033	.060	.062	1.000													
교육 사전 인지도	.272**	−.222**	−.060	.018	.118*	1.000												
교수 만족도	.063	.087	.061	.048	−.127*	.047	1.000											
교육과정 만족도	.076	.164**	.046	.187**	−.079	.098	.636**	1.000										
기획능력	.151**	.070	.030	.077	−.009	.191**	.471**	.465**	1.000									
프로그램 개발능력	.123*	.069	.077	.077	.011	.194**	.504**	.454**	.830**	1.000								
프로그램 운영능력	.116*	.113*	.096	.091	.002	.194**	.451**	.481**	.716**	.742**	1.000							
마케팅	.141*	.028	.006	−.017	−.098	.212**	.467**	.470**	.635**	.638**	.730**	1.000						
행정능력	.105	.222**	.101	.150**	−.088	.096	.418**	.476**	.496**	.456**	.514**	.598**	1.000					
강사능력	.152**	.003	.064	.001	.029	.188**	.373**	.359**	.591**	.568**	.640**	.599**	.486**	1.000				
기타 능력	.139*	.005	.144*	.067	−.004	.286**	.372**	.360**	.669**	.730**	.702**	.616**	.545**	.667**	1.000			
고용개선	.042	−.246**	.018	−.073	.095	.199**	.064	.039	.119*	.155**	.218**	.170**	.013	.203**	.192**	1.000		
자아실현	−.077	.054	.067	−.083	.033	.198**	.325**	.256**	.440**	.459**	.403**	.401**	.308**	.452**	.506**	.150**	1.000	
사회적 네트워크	.015	.219**	.235**	.087	.056	.200**	.311**	.412**	.374**	.383**	.404**	.315**	.307**	.293**	.387**	.255**	.462**	1.000
평 균	.30	2.11	4.05	2.29	.90	3.25	3.34	2.81	3.41	3.45	3.31	3.26	3.13	3.34	3.44	2.09	3.89	2.85
표준편차	.46	.92	.72	1.04	.30	.93	.66	.68	.78	.82	.69	.83	.65	.80	.74	.73	.67	.80

* p<.05   ** p<.01   *** p<.001

첫째, 평생교육사 양성교육의 효과 중 직무능력 개발 효과와 독립변인과의 상관관계는 다음과 같다. 기획능력은 학력과 정적으로 유의미한 상관관계를 보였으며, 교육 참여 동기와는 부적으로 상관관계를 보였다. 프로그램 개발능력은 교육 참여 동기와 정적으로 유의미한 상관관계를 보였다. 프로그램 운영능력은 교육 참여 동기와 정적으로 유의미한 상관관계를 보였다. 마케팅 능력은 학력과 정적으로 유의미한 상관관계를 보였다. 강사능력은 연령, 수입, 교육 참여 동기와 정적으로 유의미한 상관관계를 보였다. 기타 능력은 연령과 정적으로 유의미한 상관관계를 보였으며, 교육 참여 동기와는 부적으로 상관관계를 보였다.

둘째, 평생교육사 양성교육의 효과 중 고용개선 효과는 학력, 교육과정 만족도, 행정능력과 정적으로 유의미한 상관관계를 보였다.

셋째, 평생교육사 양성교육의 효과 중 자아실현 효과는 교육 참여 동기와 정적으로 유의미한 상관관계를 보였다.

넷째, 평생교육사 양성교육의 효과 중 사회적 네트워크 구축 효과는 성별과 정적으로 유의미한 상관관계를 보였다.

2) 직무능력 개발 효과에 영향을 미치는 요인

〈표 Ⅳ-4-2〉를 보면 직무능력 개발 효과 모형에 대한 전반적인 부합도 지수는 자유도당 x^2 값은 4.046 GFI가 .919로 양호한 모형의 적합도 지수 이상으로 나타났다.

<표 Ⅳ-4-2> 직무능력 개발 효과 모형의 적합도 지수

구 분	x^2	자유도	p	추정모수	x^2/df	RMSEA*	GFI**	AGFI***
추정모형	275.159	68.000	.000	52.000	4.046	.1	.919	.857
포화모형	.000	.000		120.000			1.000	
독립모형	1056.619	105.000	.000	15.000	10.063	.173	.689	.644

주: x^2 / 자유도(df가 1일 때 나오는 기각역으로 3.84 이상이면 양호한 모형)
  * Root Mean Square Error of Approximation(.05 이하면 양호한 모형)
 ** Goodness of Fit Index(.9 이상이면 양호한 모형)
***Adjust Goodness of Fit Index(.9 이상이면 양호한 모형)

한편 RMSEA는 .1, AGFI는 .857로 양호한 모형의 적합도 지수에 근접하게 나타났다. 수집된 자료에 대한 직무능력 개발 효과 모형의 부합 정도는 양호한 모형의 기준치에 근접해 있어서 변인들 간의 인과관계를 설명하는 데에는 큰 문제가 없을 것으로 판단된다.

〈표 Ⅳ-4-3〉과 〔그림 Ⅳ-4-1〕 직무능력 개발 효과 모형에서 교육 프로그램 만족도 요인의 구성 양상을 살펴보면, 교육과정 만족도(.912)가 교수에 대한 만족도(.881)보다 높은 비율로 교육 프로그램 만족도 요인을 구성하고 있다. 직무능력 개발 효과 요인의 구성 양상을 살펴보면, 기타 능력(.950), 프로그램 개발능력(.931), 기획능력(.930), 프로그램 운영능력(.896), 마케팅 능력(.890), 행정업무 능력(.859), 교수업무 능력(.755)의 순으로 직무능력 개발 효과 요인을 구성하고 있다.

직무능력 개발 효과 모형에서 교육 프로그램 만족도에 영향을 미치는 독립변인은 연령, 수입, 교육 참여 동기, 교육 사전 인지도였으며 성별과 학력은 교육 프로그램 만족도에 의미 있는 영향을 미치지 못하였다. 즉, 연령이 많을수록, 수입이 많을수록, 외재적 동기가 높을수록, 교육 사전 인지도가 높을수록 교육 프로그램 만족도가 높은 것으로 나타났다. 독립변인 중 수입의 영향력이 .182로 가장 높았으며, 다음으로는 교육 사전 인

156

지도(.180), 교육 참여 동기(.139), 연령(.122) 순으로 영향력이 높은 것으로 나타났다. 관련 변인들의 교육 프로그램 만족도에 대한 설명량은 약 10.5%로 나타났다.

직무능력 개발 효과에 영향을 미치는 독립변인은 성별, 교육 프로그램 만족도였으며, 연령, 학력, 수입, 교육 참여 동기는 직무능력 개발 효과에 직접 영향을 미치지 못하였다. 남성이 여성보다, 교육 프로그램 만족도가 높을수록 직무능력 개발 효과에 긍정적인 영향을 많이 주는 것으로 나타났다. 독립변인 중 교육 프로그램 만족도의 영향력이 .842로 가장 높았으며, 다음으로는 성별(.138) 순으로 영향력이 높은 것으로 나타났다. 관련 변인들의 직무능력 개발 효과에 대한 설명량은 약 70.5%로 설명력이 높은 것으로 나타났다.

<표 IV-4-3> 직무능력 개발 효과 모형의 분석 결과

	비표준화 계수	표준화 계수	표준 오차	C.R.	p
교육 프로그램 만족도 ← 성별	−.102	−.079	.068	−1.507	.132
교육 프로그램 만족도 ← 연령	.079	.122	.042	1.877	.060*
교육 프로그램 만족도 ← 학력	.071	.083	.049	1.451	.147
교육 프로그램 만족도 ← 수입	.105	.182	.033	3.19	.001***
교육 프로그램 만족도 ← 교육 참여 동기	−.274	−.139	.095	−2.886	.004***
교육 프로그램 만족도 ← 교육 사전 인지도	.125	.180	.036	3.457	.001***
교수에 대한 만족도← 교육 프로그램 만족도	1	.881			
교육과정 만족도 ← 교육 프로그램 만족도	1.32	.912	.059	22.403	.000***
직무능력 ← 성별	.213	.138	.062	3.433	.001***
직무능력 ← 연령	.037	.047	.047	.784	.433
직무능력 ← 학력	.061	.059	.044	1.376	.169
직무능력 ← 수입	−.051	−.074	.033	−1.571	.116
직무능력 ← 교육 참여 동기	−.078	−.033	.098	−.79	.43
직무능력 ← 교육 사전 인지도	.005	.006	.036	.137	.891
직무능력 ← 교육 프로그램 만족도	1.01	.842	.059	17.239	.000***

	비표준화 계수	표준화 계수	표준 오차	C.R.	p
기획능력 ← 직무능력	1	.930			
개발능력 ← 직무능력	1.04	.931	.021	49.343	.000***
운영능력 ← 직무능력	.841	.896	.031	26.864	.000***
마케팅 ← 직무능력	.991	.89	.032	31.294	.000***
행정능력 ← 직무능력	.759	.859	.031	24.536	.000***
강사능력 ← 직무능력	.751	.755	.035	21.68	.000***
기타 능력 ← 직무능력	.827	.950	.028	29.582	.000***
교육 참여 동기 ↔ 교육 사전 인지도	.029	.119	.010	2.897	.004***
수입 ↔ 교육 사전 인지도	.002	.003	.042	.054	.957
학력 ↔ 교육 사전 인지도	−.040	−.071	.030	−1.355	.175
연령 ↔ 교육 사전 인지도	−.072	−.096	.034	−2.121	.034**
성별 ↔ 교육 사전 인지도	.101	.270	.017	6.065	.000***
수입 ↔ 교육 참여 동기	.004	.013	.014	.27	.787
학력 ↔ 교육 참여 동기	−.003	−.017	.009	−.373	.709
연령 ↔ 교육 참여 동기	−.033	−.127	.012	−2.681	.007**
성별 ↔ 교육 참여 동기	−.002	−.015	.006	−.31	.756
학력 ↔ 수입	.211	.310	.033	6.348	.000***
연령 ↔ 수입	.485	.539	.047	10.237	.000***
성별 ↔ 수입	.063	.140	.021	2.965	.003***
연령 ↔ 학력	.251	.415	.027	9.414	.000***
성별 ↔ 학력	−.003	−.010	.016	−.194	.846
성별 ↔ 연령	−.048	−.119	.019	−2.462	.014**
교육 프로그램 만족도 오차분산	.285	.895	.026	11.039	.000***
교수에 대한 만족도오차분산	.095	.103	.014	6.673	.000***
교육과정 만족도 오차분산	.081	.464	.017	4.649	.000***
직무능력 오차분산	.143	.295	.022	6.613	.000***
기획능력 오차분산	.072	.291	.010	7.282	.000***
개발능력 오차분산	.072	.990	.008	10.053	.000***
운영능력 오차분산	.079	.195	.008	10.053	.000***
마케팅 오차분산	.117	.118	.014	8.118	.000***
행정능력 오차분산	.079	.150	.020	11.760	.000***
강사능력 오차분산	.211	.162	.020	10.413	.000***
기타 능력 오차분산	.036	.229	.013	2.898	.004***

* p<.10   ** p<.05   *** p<.01

[그림 Ⅳ-4-1] 직무능력 개발 효과 모형

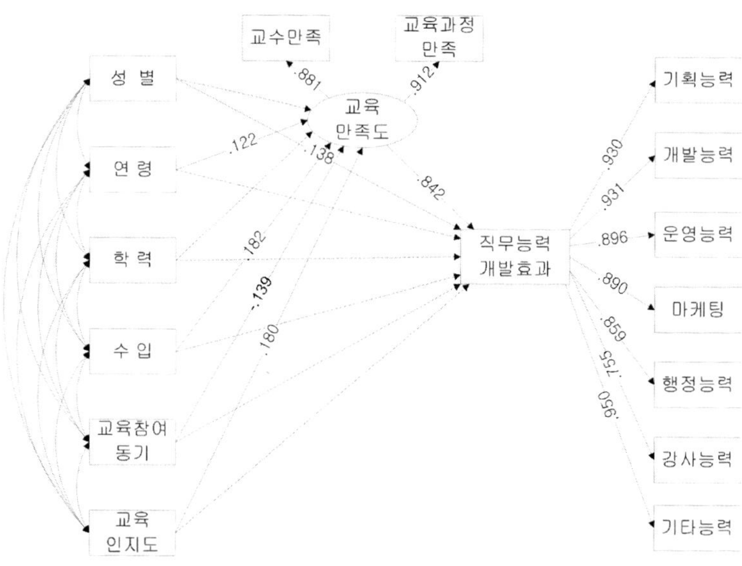

주: 실선은 p≤.10수준에서 유의미, 점선은 p≤.10수준에서 유의미하지 않음.

〈표 Ⅳ-4-4〉와 같이 직무능력 개발 효과에 영향을 미치는 관련 변인들의 영향력 정도를 전체효과와 직접효과 및 간접효과로 나누어 보면, 교육 프로그램 만족도 요인의 계수가 .842로서 직무능력 개발 효과에 가장 큰 직접적 영향을 미쳤다. 다음으로 교육 사전 인지도는 총 .158의 영향을 미쳤는데 이 가운데 96.2%인 .152가 교육 프로그램 만족도를 매개로 하여 간접적으로 직무능력 개발 효과에 영향을 미쳤다. 연령은 .150의 영향을 미쳤는데 이 가운데 68.7%인 .103이 교육 프로그램 만족도를 매개하여 간접적으로 영향을 미쳤다. 교육 참여 동기는 −.15의 영향을 미쳤는데 이 가운데 78%인 −.117이 교육 프로그램 만족도를 매개하여 간접적으로 영향을 미쳤다. 학력은 .129의 영향을 미쳤는데 이 가운데 54.3%인 .07이 교육 프로그램 만족도를 매개로 하여 간접적으로 직무능력 개발 효과에 영향을 미쳤다.

<표 Ⅳ-4-4> 직무능력 개발 효과 모형의 전체효과와 간접효과

구 분	교육 사전 인지도	교육 참여 동기	수 입	학 력	연 령	성 별	교육 프로 그램 만족도	능 력
교육 프로 그램 만족도	.164	−.127	.166	.075	.111	−.072	.912	0
교육과정 만족도	.159	−.123	.16	.073	.107	−.069	.881	0
교수만족도	.18	−.139	.182	.083	.122	−.079	0	0
능 력	.158 (.152)	−.15 (−.117)	.079 (.153)	.129 (.07)	.15 (.103)	.071 (−.066)	.842 (0)	0 0
기타 능력	.15	−.143	.075	.123	.142	.068	.8	.95
강사능력	.119	−.113	.059	.097	.113	.054	.636	.755
행정능력	.135	−.129	.067	.111	.129	.061	.723	.859
마케팅	.14	−.134	.07	.115	.133	.063	.75	.89
운영능력	.141	−.134	.07	.115	.134	.064	.754	.896
개발능력	.147	−.14	.073	.12	.139	.066	.784	.931
기획능력	.147	−.14	.073	.12	.139	.066	.783	.93

주: (   )는 간접효과.

3) 고용개선 효과에 영향을 미치는 요인

〈표 Ⅳ-4-5〉를 보면 고용개선 효과 모형에 대한 전반적인 부합도 지수는 GFI가 .993, AGFI가 .956으로 적합도 지수가 양호한 모형의 적합도 지수보다 높게 나타났다. 한편 자유도당 x^2 값이 2.012, RMSEA가 .058로 양호한 모형의 적합도 지수에 근접하게 나타났다. 따라서 수집된 자료에 대한 고용개선 효과 모형의 부합 정도는 양호한 모형의 기준치에 근접해 있어서 변인들 간의 인과관계를 설명하는 데에는 큰 문제가 없을 것으로 판단된다. 그리고 x^2 검증 결과 모형의 자료와 5%의 적합도를 보였다.

<표 Ⅳ-4-5> 고용개선 효과 모형의 적합도 지수

구 분	x^2	자유도	p	추정모수	x^2/df	RMSEA*	GFI**	AGFI***
추정모형	14.081	7.000	.05	38.000	2.012	.058	.993	.956
포화모형	.000	.000		45.000			1.000	
독립모형	351.287	36.000	.000	9.000	9.758	.17	.829	.787

주: x^2/df(df가 1일 때 나오는 기각역으로 3.84 이상이면 양호한 모형)
* Root Mean Square Error of Approximation(.05 이하면 양호한 모형)
** Goodness of Fit Index(.9 이상이면 양호한 모형)
***Adjust Goodness of Fit Index(.9 이상이면 양호한 모형)

〈표 Ⅳ-4-6〉과 〔그림 Ⅳ-4-2〕 고용개선 효과 모형에서 교육 프로그램 만족도 요인의 구성 양상을 살펴보면, 교육과정 만족도(.996)가 교수에 대한 만족도(.683)보다 높은 비율로 교육 프로그램 만족도 요인을 구성하고 있다. 교육 프로그램 만족도에 영향을 미치는 독립변인은 연령, 수입, 교육 사전 인지도였으며, 성별, 학력, 교육 참여 동기는 교육 프로그램 만족도에 의미 있는 영향을 미치지 못하였다. 즉, 연령이 많을수록, 수입이 많을수록, 교육 사전 인지도가 높을수록 교육 프로그램 만족도가 높은 것으로 나타났다. 독립변인 중 연령의 영향력이 .230으로 가장 높았으며, 다음으로 학력(.129), 교육 사전 인지도(.124) 순으로 교육 프로그램 만족도가 높은 것으로 나타났다. 관련 변인들의 교육 프로그램 만족도에 대한 설명량은 약 7.6%로 나타났다.

고용개선 효과에 영향을 미치는 독립변인은 연령, 학력, 교육 사전 인지도였으며, 성별, 수입, 교육 참여 동기, 교육 프로그램 만족도는 고용개선 효과에 직접 영향을 미치지 못하였다. 즉, 연령이 적을수록, 학력이 높을수록, 교육 사전 인지도가 높을수록 고용개선 효과가 높은 것으로 나타났다.

<표 Ⅳ-4-6> 고용개선 효과 모형의 분석 결과

	비표준화 계수	표준화 계수	표준 오차	C.R.	p
교육 프로그램 만족도 ← 성별	.026	.027	.058	.453	.651
교육 프로그램 만족도 ← 연령	.112	.230	.035	3.191	.001***
교육 프로그램 만족도 ← 학력	−.040	−.065	.034	−1.181	.237
교육 프로그램 만족도 ← 수입	.055	.129	.026	2.106	.035**
교육 프로그램 만족도 ← 교육 참여 동기	−.114	−.073	.094	−1.207	.228
교육 프로그램 만족도 ← 교육 사전 인지도	.059	.124	.028	2.143	.032**
교수에 대한 만족도 ← 프로그램 만족도	1	.683			
교육과정 만족도 ← 프로그램 만족도	1.796	.996	.116	15.525	.000***
고용개선 ← 성별	−.069	−.043	.084	−.819	.413
고용개선 ← 연령	−.175	−.219	.056	−3.11	.002***
고용개선 ← 학력	.111	.110	.056	1.971	.049**
고용개선 ← 수입	.015	.022	.047	.327	.744
고용개선 ← 교육 참여 동기	.175	.069	.124	1.415	.157
고용개선 ← 교육 사전 인지도	.106	.135	.045	2.347	.019**
고용개선 ← 교육 프로그램 만족도	−.014	−.008	.094	−.145	.885
교육 참여 동기 ↔ 교육 사전 인지도	.022	.082	.015	1.449	.147
수입 ↔ 교육 사전 인지도	−.011	−.011	.057	−.195	.845
학력 ↔ 교육 사전 인지도	−.071	−.105	.037	−1.918	.055*
연령 ↔ 교육 사전 인지도	−.199	−.233	.045	−4.452	.000***
성별 ↔ 교육 사전 인지도	.123	.288	.022	5.588	.000***
수입 ↔ 교육 참여 동기	.009	.029	.018	.494	.621
학력 ↔ 교육 참여 동기	.006	.028	.012	.479	.632
연령 ↔ 교육 참여 동기	−.021	−.080	.016	−1.351	.177
성별 ↔ 교육 참여 동기	.005	.036	.007	.647	.518
학력 ↔ 수입	.222	.291	.042	5.242	.000***
연령 ↔ 수입	.501	.521	.061	8.26	.000***
성별 ↔ 수입	.067	.139	.026	2.535	.011**
연령 ↔ 학력	.235	.353	.035	6.663	.000***
성별 ↔ 학력	−.04	−.121	.019	−2.074	.038**
성별 ↔ 연령	−.057	−.137	.025	−2.319	.020**
교육 프로그램 만족도 오차분산	.196	.924	.031	6.379	.000***
교육과정 만족도 오차분산	.005	.923			
교수에 대한 만족도 오차분산	.221	.011	.020	10.860	.000***
고용개선 오차분산	.497	.51	.037	13.623	.000***

주: 음수 값이 생성되어 .005로 고정함.
 * p≤.10   ** p≤.05   *** p≤.01

[그림 Ⅳ-4-2] 고용개선 효과 모형

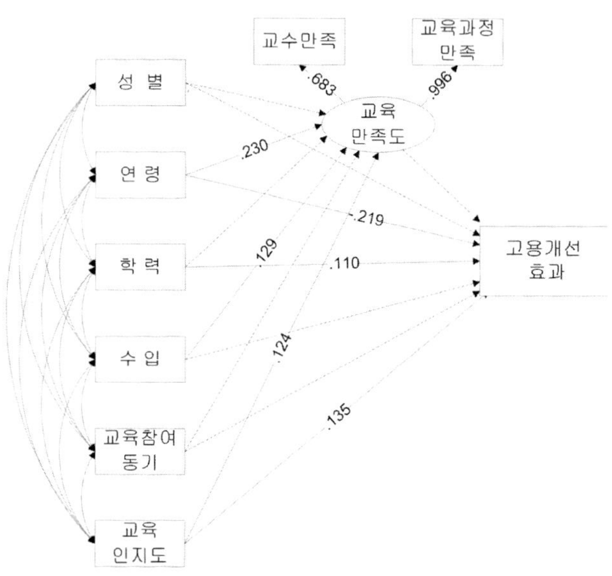

주: 실선은 p≤.10수준에서 유의미, 점선은 p≤.10수준에서 유의미하
지 않음.

독립변인 중 연령 영향력이 −.219로 가장 높았으며, 다음으로 교육 사전 인지도(.124), 학력(.110) 순으로 영향력이 높은 것으로 나타났다. 관련 변인들의 고용개선에 대한 설명량은 약 49.0%로 설명력이 높은 것으로 나타났다.

〈표 Ⅳ-4-7〉를 보면 고용개선 효과에 영향을 미치는 관련 변인들의 영향력 정도를 전체효과와 직접효과 및 간접효과로 나누어 보면, 연령 요인이 −.221로 고용개선 효과에 가장 큰 영향을 미쳤는데 이 가운데 .9%인 .002가 교육 프로그램 만족도를 매개로 하여 간접적으로 영향을 미쳤다. 다음으로 교육 사전 인지도는 .134로 고용개선 효과에 영향을 미쳤는데 이 가운데 .7%인 −.001이 교육 프로그램 만족도를 매개로 하여 간접적으로 영향을 미쳤다. 학력은 .111의 영향을 미쳤는데 이 가운데 .9%인 −.001이 교육 프로그램 만족도를 매개로 하여 간접적으로 영향을 미쳤다.

<표 Ⅳ-4-7> 고용개선 모형의 전체효과와 간접효과

구 분	교육 사전 인지도	교육 참여 동기	수 입	학 력	연 령	성 별	교육 프로그램 만족도
교육 프로그램 만족도	.124	−.073	.129	−.065	.23	.027	0
교육과정 만족도	.123	−.073	.129	−.065	.229	.027	.996
교수에 대한 만족도	.085	−.05	.088	−.044	.157	.018	.683
고용개선	.134 (−.001)	.069 (.001)	.021 (−.001)	.111 (.001)	−.221 (−.002)	−.043 (0)	−.008 (0)

주: (   )는 간접효과.

4) 자아실현 효과에 영향을 미치는 요인

〈표 Ⅳ-4-8〉를 보면 자아실현 효과 모형에 대한 전반적인 부합도 지수는 자유도당 x^2 값은 4.886, GFI가 .985로 모두 양호한 모형의 적합도 지수보다 높게 나타났다. 한편 RMSEA가 .113, AGFI가 .884로 양호한 모형의 적합도 지수에 근접하게 나타났다. 따라서 수집된 자료에 대한 직무능력 개발 효과 모형의 부합 정도는 양호한 모형의 기준치에 근접해 있어서 변인들 간의 인과관계를 설명하는 데에는 큰 문제가 없을 것으로 판단된다.

<표 IV-4-8> 자아실현 효과 모형의 적합도 지수

구 분	x^2	자유도	p	추정모수	x^2/df	RMSEA*	GFI**	AGFI***
추정모형	29.317	6.000	.000	39.000	4.886	.113	.985	.884
포화모형	.000	.000		45.000			1.000	
독립모형	383.33	36.000	.000	9.000	10.648	.178	.798	.747

주: x^2/df(df가 1일 때 나오는 기각역으로 3.84 이상이면 양호한 모형)
* Root Mean Square Error of Approximation(.05 이하면 양호한 모형)
** Goodness of Fit Index(.9 이상이면 양호한 모형)
***Adjust Goodness of Fit Index(.9 이상이면 양호한 모형)

〈표 IV-4-9〉와 〔그림 IV-4-3〕 자아실현 효과 모형에서 교육 프로그램 만족도 요인의 구성 양상을 살펴보면, 교육과정 만족도(.926)가 교수에 대한 만족도(.794)보다 조금 높은 비율로 교육 프로그램 만족도 요인을 구성하고 있다. 교육 프로그램 만족도에 영향을 미치는 독립변인은 연령, 수입이였으며, 성별, 학력, 교육 참여 동기, 교육 사전 인지도는 교육 프로그램 만족도에 의미 있는 영향을 미치지 못하였다. 즉, 연령이 많을수록, 수입이 높을수록 교육 프로그램 만족도가 높았다. 독립변인 중 연령의 영향력이 .183으로 가장 높았으며, 다음으로는 수입(.150)이 영향력이 높은 것으로 나타났다.

<표 IV-4-9> 자아실현 효과 모형의 분석 결과

	비표준화 계수	표준화 계수	표준 오차	C.R.	p
교육 프로그램 만족도 ← 성별	.047	.042	.072	.658	.510
교육 프로그램 만족도 ← 연령	.105	.183	.043	2.445	.015**
교육 프로그램 만족도 ← 학력	−.022	−.030	.045	−.485	.628
교육 프로그램 만족도 ← 수입	.075	.150	.034	2.242	.025**
교육 프로그램 만족도 ← 교육 참여 동기	−.177	−.100	.108	−1.641	.101
교육 프로그램 만족도 ← 교육 사전 인지도	.051	.090	.036	1.431	.153
교수에 대한 만족도← 교육 프로그램 만족도	1	.794			
교육과정 만족도 ← 교육 프로그램 만족도	1.444	.926	.193	7.463	.000***
자아실현 ← 성별	−.200	−.145	.081	−2.485	.013**
자아실현 ← 연령	.121	.174	.050	2.446	.014**
자아실현 ← 학력	.023	.027	.047	.495	.620
자아실현 ← 수입	−.099	−.161	.041	−2.415	.016**
자아실현 ← 교육 참여 동기	.201	.093	.127	1.585	.113
자아실현 ← 교육 사전 인지도	.165	.237	.039	4.206	.000***
자아실현 ← 교육 프로그램 만족도	.404	.331	.072	5.591	.000***
교육 참여 동기 ↔ 교육 사전 인지도	.022	.082	.015	1.421	.155
수입 ↔ 교육 사전 인지도	.006	.006	.057	.104	.917
학력 ↔ 교육 사전 인지도	−.043	−.066	.038	−1.15	.250
연령 ↔ 교육 사전 인지도	−.174	−.211	.045	−3.832	.000***
성별 ↔ 교육 사전 인지도	.116	.279	.022	5.172	.000***
수입 ↔ 교육 참여 동기	.006	.018	.018	.311	.755
학력 ↔ 교육 참여 동기	.007	.035	.012	.600	.549
연령 ↔ 교육 참여 동기	−.029	−.11	.015	−1.922	.055
성별 ↔ 교육 참여 동기	0	.002	.007	.041	.967
학력 ↔ 수입	.204	.275	.042	4.892	.000***
연령 ↔ 수입	.459	.489	.060	7.656	.000***
성별 ↔ 수입	.075	.158	.026	2.846	.004
연령 ↔ 학력	.219	.335	.035	6.335	.000***
성별 ↔ 학력	−.027	−.083	.02	−1.393	.164
성별 ↔ 연령	−.056	−.136	.024	−2.313	.021
교육 프로그램 만족도 오차분산	.323	.941	.052	6.261	.000***
교수에 대한 만족도 오차분산	.102	.760	.040	2.569	.010**
교육과정 만족도 오차분산	.148	.323	.039	3 .784	.000***
자아실현 오차분산	.326	.300	.026	12.564	.000***

* p≤.10   ** p≤.05   *** p≤.01

관련 변인들의 교육 프로그램 만족도에 대한 설명량은 약 5.9%로 나타났다.

자아실현 효과에 영향을 미치는 독립변인은 성별, 연령, 수입, 교육 사전 인지도, 교육 프로그램 만족도이었으며, 학력, 교육 참여 동기는 자아실현 효과에 직접 영향을 미치지 못하였다. 즉, 남성보다 여성이, 연령은 높을수록, 수입은 낮을수록, 교육 사전 인지도가 높을수록, 교육 프로그램 만족도가 높을수록 자아실현 효과가 높은 것으로 나타났다. 독립변인 중 교육 프로그램 만족도의 영향력이 .331로 가장 높았으며, 다음으로는 교육 사전 인지도(.237), 연령(.174), 수입(−.161), 성별(−.145)순으로 영향력이 높은 것으로 나타났다. 관련 변인들의 자아실현 효과에 대한 설명량은 약 70.0%로 설명력이 높은 것으로 나타났다.

[그림 IV-4-3] 자아실현 효과 모형

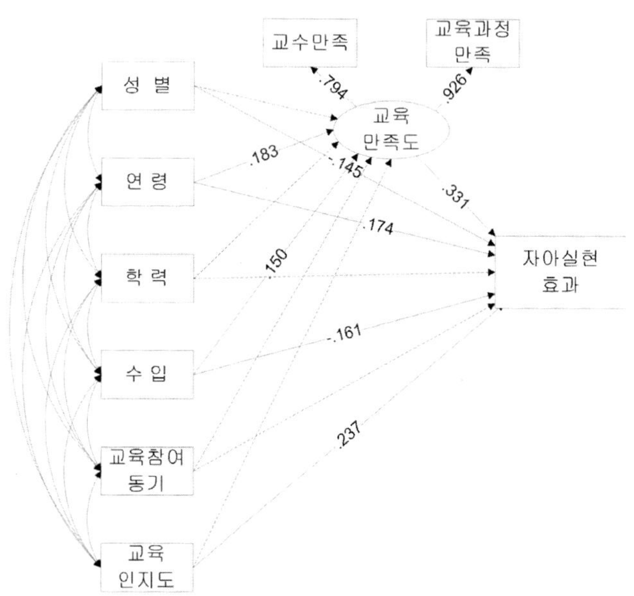

주: 실선은 p≤.10수준에서 유의미, 점선은 p≤.10수준에서 유의미하지 않음

〈표 Ⅳ-4-10〉를 보면 자아실현 효과에 영향을 미치는 관련 변인들의 영향력 정도를 전체효과와 직접효과 및 간접효과로 나누어 보면, 교육 프로그램 만족도 요인의 계수가 .331로서 자아실현 효과에 가장 큰 직접적 영향을 미쳤다. 즉, 교육 프로그램 만족도가 높을수록 자아실현 효과가 높은 것으로 나타났다. 다음으로 교육 사전 인지도는 .267로 자아실현 효과에 영향을 미쳤는데 이 가운데 11.2%인 .030이 교육 프로그램 만족도를 매개로 하여 간접적으로 영향을 미쳤다. 연령은 .234로 자아실현 효과에 영향을 미쳤는데 이 가운데 26.1%인 .061이 교육 프로그램 만족도를 매개로 하여 간접적으로 영향을 미쳤다. 수입은 -.130의 영향을 미쳤는데 이 가운데 23.1%인 .030이 교육 프로그램 만족도를 매개로 하여 간접적으로 영향을 미쳤다. 성별은 -.131로 자아실현 효과에 영향을 미쳤는데 이 가운데 10.7%인 .014가 교육 프로그램 만족도를 매개로 하여 간접적으로 영향을 미쳤다. 수입은 -.111로 자아실현 효과에 영향을 미쳤는데 이 가운데 45.0%인 .05가 교육 프로그램 만족도를 매개로 하여 간접적으로 영향을 미쳤다.

<표 Ⅳ-4-10> 자아실현 효과 모형의 전체효과와 간접효과

구 분	교육 사전 인지도	교육 참여 동기	수 입	학 력	연 령	성 별	교육 프로그램 만족도
교육 프로그램 만족도	.09	-.1	.15	-.03	.183	.042	0
교육과정 만족도	.083	-.093	.139	-.028	.17	.039	.926
교수에 대한 만족도	.071	-.08	.119	-.024	.146	.033	.794
자아실현	.267 (.03)	.06 (-.033)	-.111 (.05)	.017 (-.01)	.234 (.061)	-.131 (.014)	.331 (0)

주: (   )는 간접효과.

5) 사회적 네트워크 구축 효과에 영향을 미치는 요인

〈표 Ⅳ-4-11〉을 보면 사회적 네트워크 구축 효과 모형에 대한 전반적인 부합도 지수는 GFI가 .991, AGFI가 .935로 모든 적합도 지수가 양호한 모형의 적합도 지수보다 높게 나타났다. 한편 자유도당 x^2 값이 2.751, RMSEA가 .076,로 양호한 모형의 적합도 지수에 근접하게 나타났다. 따라서 수집된 자료에 대한 직무능력 개발 효과 모형의 부합 정도는 양호한 모형의 기준치에 근접해 있어서 변인들 간의 인과관계를 설명하는 데에는 큰 문제가 없을 것으로 판단된다. 그리고 x^2 검증 결과 모형의 자료와 1.10%의 적합도를 보였다.

<표 Ⅳ-4-11> 사회적 네트워크 구축 효과 모형의 적합도 지수

	x^2	자유도	p	추정모수	x^2/df	RMSEA*	GFI**	AGFI***
추정모형	16.508	6.000	.011	39.000	2.751	.076	.991	.935
포화모형	.000	.000		45.000			1.000	
독립모형	358.083	36.000	.000	9.000	9.947	.172	.812	.765

주: x^2/df(df가 1일 때 나오는 기각역으로 3.84 이상이면 양호한 모형)
* Root Mean Square Error of Approximation(.05 이하면 양호한 모형)
** Goodness of Fit Index(.9 이상이면 양호한 모형)
***Adjust Goodness of Fit Index(.9 이상이면 양호한 모형)

〈표 Ⅳ-4-12〉와 〔그림 Ⅳ-4-4〕 사회적 네트워크 구축 효과 모형에서 먼저 교육 프로그램 만족도 요인의 구성 양상을 살펴보면, 교육과정 만족도(.962)가 교수에 대한 만족도(.711)보다 높은 비율로 교육 프로그램 만족도 요인을 구성하고 있다.

<표 Ⅳ-4-12> 사회적 네트워크 구축 모형의 분석 결과

	비표준화 계수	표준화 계수	표준 오차	C.R.	p
교육 프로그램 만족도 ← 성별	.035	.034	.064	.552	.581
교육 프로그램 만족도 ← 연령	.110	.215	.039	2.817	.005**
교육 프로그램 만족도 ← 학력	−.034	−.053	.04	−.865	.387
교육 프로그램 만족도 ← 수입	.065	.143	.03	2.129	.033**
교육 프로그램 만족도 ← 교육 참여 동기	−.176	−.109	.099	−1.788	.074*
교육 프로그램 만족도 ← 교육 사전 인지도	.050	.099	.031	1.616	.106
교수에 대한 만족도 ← 교육 프로그램 만족도	1	.711			
교육과정 만족도 ← 교육 프로그램 만족도	1.643	.962	.201	8.165	.000***
네트워크 ← 성별	−.020	−.012	.09	−.226	.821
네트워크 ← 연령	.166	.192	.061	2.741	.006***
네트워크 ← 학력	.163	.149	.054	3.044	.002***
네트워크 ← 수입	−.077	−.101	.049	−1.564	.118
네트워크 ← 교육 참여 동기	.182	.067	.140	1.296	.195
네트워크 ← 교육 사전 인지도	.180	.210	.049	3.684	.000***
네트워크 ← 교육 프로그램 만족도	.633	.374	.095	6.691	.000***
교육 참여 동기 ↔ 교육 사전 인지도	.027	.099	.015	1.745	.081*
수입 ↔ 교육 사전 인지도	−.016	−.017	.057	−.284	.776
학력 ↔ 교육 사전 인지도	−.066	−.098	.038	−1.753	.08*
연령 ↔ 교육 사전 인지도	−.186	−.22	.046	−4.083	.000***
성별 ↔ 교육 사전 인지도	.121	.287	.022	5.45	.000***
수입 ↔ 교육 참여 동기	.009	.030	.018	.514	.607
학력 ↔ 교육 참여 동기	.004	.019	.012	.328	.743
연령 ↔ 교육 참여 동기	−.025	−.094	.015	−1.621	.105
성별 ↔ 교육 참여 동기	.004	.030	.007	.529	.597
학력 ↔ 수입	.224	.298	.042	5.294	.000***
연령 ↔ 수입	.486	.513	.060	8.051	.000***
성별 ↔ 수입	.063	.133	.026	2.402	.016**
연령 ↔ 학력	.243	.366	.035	6.856	.000***
성별 ↔ 학력	−.041	−.125	.019	−2.127	.033**
성별 ↔ 연령	−.059	−.142	.024	−2.418	.016**
교육 프로그램 만족도 오차분산	.204	.924	.037	5.570	.000***
교수에 대한 만족도 오차분산	.216	.720	.031	6.989	.000***
교육과정 만족도 오차분산	.022	.047	.047	.459	.646
네트워크 오차분산	.460	.494	.037	12.287	.000***

주: * p≤.10   ** p≤.05   *** p≤.01

170

[그림 Ⅳ-4-4] 사회적 네트워크 구축 효과 모형

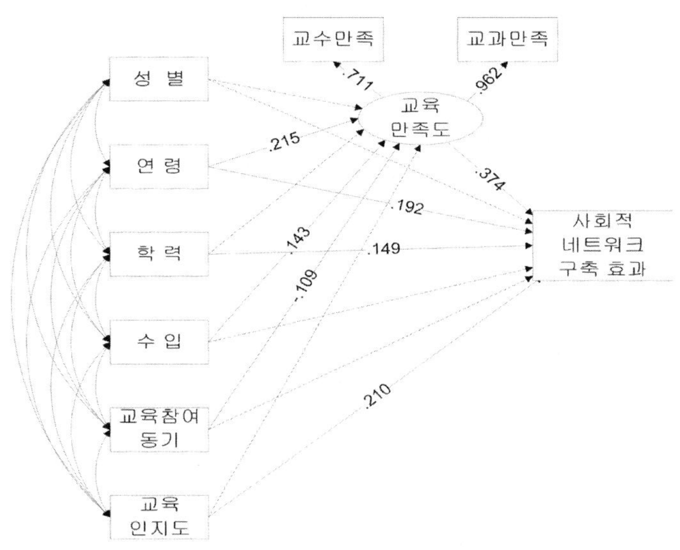

주: 실선은 p≤.10수준에서 유의미, 점선은 p≤.10수준에서 유의미하지 않음.

교육 프로그램 만족도에 영향을 미치는 독립변인은 연령, 수입, 교육 참여 동기였으며, 성별, 학력, 교육 사전 인지도는 교육 프로그램 만족도에 의미 있는 영향을 미치지 못하였다. 즉, 연령이 많을수록, 수입이 높을수록, 외재적 동기가 높을수록 교육 프로그램 만족도가 높았다. 독립변인 중 연령의 영향력이 .215로서 가장 높았으며, 다음으로는 수입(.143), 교육 참여 동기(−.109) 순으로 영향력이 높은 것으로 나타났다. 관련 변인들의 교육 프로그램 만족도에 대한 설명량은 약 7.6%로 나타났다.

사회적 네트워크 구축 효과에 영향을 미치는 독립변인은 연령, 학력, 교육 사전 인지도, 교육 프로그램 만족도였으며, 성별, 수입, 교육 참여 동기는 사회적 네트워크 구축 효과에 직접 영향을 미치지 못하였다. 즉, 연령이 많을수록, 학력이 높을수록, 교육 사전 인지도가 높을수록, 교육 프로그램 만족도가 높을수록 사회적 네트워크 구축 효과가 높은 것으로 나타났다. 독립변인 중 교육 프로그램 만족도의 영향력이 .374로서 가장 높았으며, 다음으로는 교육 사전 인지도(.210), 연령(.192), 학력(.149) 순으로 영향력이 높은 것으로 나타났다. 관련 변인들의 사회적 네트워크 구축에 대한 설명량은 약 50.6%로 설명력이 높은 것으로 나타났다.

〈표 Ⅳ-4-13〉를 보면 사회적 네트워크 구축 효과에 영향을 미치는 관련 변인들의 영향력 정도를 전체효과와 직접효과 및 간접효과로 나누어 보면, 교육 프로그램 만족도 요인의 계수가 .374로서 사회적 네트워크 구축 효과에 가장 큰 직접적 영향을 미쳤다.

<표 Ⅳ-4-13> 사회적 네트워크 구축 효과 모형의 전체효과와 간접효과

구 분	교육 사전 인지도	교육 참여 동기	수 입	학 력	연 령	성 별	교육 프로그램 만족도
교육 프로그램 만족도	.099	−.109	.143	−.053	.215	.034	0
교육과정 만족도	.096	−.105	.137	−.051	.207	.033	.962
교수에 대한 만족도	.071	−.078	.101	−.038	.153	.024	.711
네트워크	.247 (.037)	.026 (−.041)	−.047 (.053)	.129 (−.02)	.272 (.08)	.001 (.013)	.374 (0)

주: (　　)는 간접효과.

다음으로 연령은 .272로 사회적 네트워크 구축 효과에 영향을 미쳤는데 이 가운데 29.4%인 .08이 교육 프로그램 만족도를 매개로 하여 간접적으로 영향을 미쳤다. 교육 사전 인지도는 .247로 사회적 네트워크 구축 효과에 영향을 미쳤는데 이 가운데 15.0%인 .037이 교육 프로그램 만족도를 매개로 하여 간접적으로 영향을 미쳤다. 학력은 .129로 사회적 네트워크 구축 효과에 영향을 미쳤는데 이 가운데 15.5%인 −.02가 교육 프로그램 만족도를 매개로 하여 간접적으로 영향을 미쳤다.

나. 평생교육사 양성교육에 영향을 미치는 요인; 평생
교육원 양성과정

1) 평생교육사 양성교육의 효과 관련 요인 간 상관관계

평생교육원 양성과정이 평생교육사 양성교육의 효과에 영향을 미치는 변인들을 알아보기 위해, 독립변인인 학습자 요인과 매개변인인 교육기관 요인, 교육 프로그램 요인이 종속변인인 직무능력 개발 효과(기획능력, 프로그램 개발능력, 프로그램 운영능력, 마케팅 능력, 행정업무 능력, 교수 업무 능력, 기타 능력), 고용개선 효과, 자아실현 효과, 사회적 네트워크 구축 효과와의 상관관계를 살펴본 결과는 〈표 Ⅳ-4-14〉의 상관관계 행렬 표와 같으며 이를 설명하면 다음과 같다.

첫째, 평생교육사 양성교육의 효과 중 직무능력 개발 효과에 대한 독립 변인과의 상관관계는 다음과 같다. 기획능력은 학력, 지리적 만족도와 정 적으로 유의미한 상관관계를 보였다. 프로그램 개발능력은 학력과 정적으 로 유의미한 상관관계를 보였으며, 교육 참여 동기와는 부적으로 유의미한 상관관계를 보였다. 프로그램 운영능력은 학력과 정적으로 유의미한 상관 관계를 보였으며, 수입, 물리적 만족도와는 부적으로 유의미한 상관관계를 보였다. 마케팅 능력은 학력과 정적으로 유의미한 상관관계를 보였으며, 수입, 물리적 만족도는 부적으로 유의미한 상관관계를 보였다. 행정능력은 학력은 정적으로 유의미한 상관관계를 보였으며, 수입, 물리적 만족도와는 부적으로 유의미한 상관관계를 보였다. 강사능력은 물리적 만족도와 부적 으로 유의미한 상관관계를 보였다. 기타 능력은 수입과 정적으로 유의미한 상관관계를 보였다.

<표 Ⅳ-4-14> 평생교육원 양성과정 출신 평생교육사의 상관관계 행렬표

구분	성별	연령	학력	수입	동기	교육 인지도	교수 만족도	담당자 만족도	교육 과정 만족도	물리적 만족도	지리적 만족도	문화적 만족도	기획 능력	프로그램 개발능력	프로그램 운영능력	마케팅	행정 능력	강사 능력	기타 능력	직업 생활	자아 실현	네트 워크
성별	1.000																					
연령	.103	1.000																				
학력	-.036	.143	1.000																			
수입	.144	.568**	.059	1.000																		
동기	-.238*	-.087	.021	-.084	1.000																	
교육 사전 인지도	.140	-.001	.032	-.051	-.053	1.000																
교수 만족도	.245*	.109	-.142	.094	-.242	.244*	1.000															
담당자 만족도	-.061	.115	-.180	.055	-.165	.084	.495**	1.000														
교육과정 만족도	.251*	.006	-.136	.026	-.165	.367**	.667**	.377**	1.000													
물리적 만족도	.010	-.136	-.030	-.138	.084	-.016	.073	.231*	.045	1.000												
지리적 만족도	-.039	.025	.105	.078	-.061	.224*	.429**	.493**	.482**	.397**	1.000											
문화적 만족도	.040	.130	.069	-.005	.155	-.024	.371**	.282**	.319**	.260*	.293**	1.000										
기획능력	.175	.253*	.040	.108	-.182	.264*	.329**	.153	.437**	-.208*	.097	.173	1.000									
프로그램 개발능력	.190	.254*	.035	.110	-.065	.386**	.330**	.131	.476**	-.168	.110	.193	.802**	1.000								
프로그램 운영능력	.150	.251*	.025	-.013	-.127	.326**	.305**	.177	.460**	-.075	.184	.213*	.669**	.687**	1.000							
마케팅	.266*	.246*	.069	-.040	-.269**	.190	.339**	.188	.420**	-.089	.112	.202	.619**	.501**	.751**	1.000						
행정능력	.285**	.189	.010	-.050	-.215*	.273**	.400**	.223*	.529**	-.081	.180	.271**	.664**	.544**	.698**	.797**	1.000					
강사능력	.199	.180	.120	-.115	-.279**	.139	.443**	.255*	.449**	-.012	.318**	.180	.483**	.413**	.538**	.553**	.639**	1.000				
기타 능력	.110	.179	.159	.055	-.184	.295**	.262*	.181	.391**	-.164	.169	.108	.615**	.628**	.692**	.662**	.726**	.604**	1.000			
고용개선	.093	-.116	.013	-.015	.023	.186	.214*	.061	.254*	.071	.221*	.066	.023	.140	.069	-.007	.029	.075	.058	1.000		
자아실현	-.104	.109	.160	.072	-.072	.241*	.465**	.368**	.556**	.005	.477**	.316**	.435**	.388**	.436**	.390**	.578**	.474**	.518**	.179	1.000	
사회적 네트워크	.204	.010	.087	.096	-.122	.431**	.445**	.139	.599**	-.045	.341**	.222*	.420**	.521**	.561**	.479**	.473**	.391**	.502**	.362**	.530**	1.000
평균	.370	.266	4.12	2.90	.870	3.30	3.37	3.90	3.15	253	3.50	.345	3.32	3.29	3.31	3.30	3.31	3.30	3.41	1.82	3.74	2.75
표준편차	.485	.760	.677	.832	.339	.832	.584	.626	.740	.502	.588	.641	.606	.665	.672	.805	.672	.805	.712	.678	.659	.737

* p<.10   ** p<.05   *** p<.01

둘째, 평생교육사 양성교육의 효과 중 고용개선 효과에 대한 독립변인과의 상관관계는 성별, 학력, 교육 참여 동기, 담당자 만족도, 물리적 만족도, 문화적 만족도, 기획능력, 프로그램 운영능력, 행정능력, 강사능력, 기타 능력과는 정적으로 유의미한 상관관계를 보였으며, 수입, 마케팅과는 부적으로 유의미한 상관관계를 보였다.

셋째, 평생교육사 양성교육의 효과 중 자아실현 효과에 대한 독립변인과의 상관관계는 수입, 물리적 만족도와는 정적으로 유의미한 상관관계를 보였으며, 교육 참여 동기와는 부적으로 유의미한 상관관계를 보였다.

넷째, 평생교육사 양성교육의 효과 중 사회적 네트워크 구축 효과에 대한 독립변인과의 상관관계는 연령, 학력, 수입과는 정적으로 유의미한 상관관계를 보였으며, 물리적 만족도와는 부적으로 유의미한 상관관계를 보였다.

2) 직무능력 개발 효과에 영향을 미치는 요인

〈표 IV-4-15〉를 보면 직무능력 개발 효과 모형에 대한 전반적인 부합도 지수는 자유도당 x^2 값이 1.843, RMSEA가 .096, GFI가 .805, AGFI가 .517로 모두 양호한 모형의 적합도 지수에 근접하게 나타났다. 그러나 수집된 자료에 대한 직무능력 개발 효과 모형의 부합 정도는 양호한 모형의 기준치에 근접해 있어서 변인들 간의 인과관계를 설명하는 데에는 큰 문제가 없을 것으로 판단된다.

<표 IV-4-15> 직무능력 개발 효과 모형의 적합도 지수

	x^2	자유도	p	추정모수	x^2/df	RMSEA*	GFI**	AGFI***
추정모형	224.904	122	0	68	1.843	.096	.805	.517
포화모형	0	0		190			1	
독립모형	905.717	171	0	19	5.297	.217	.367	.33

주: x^2/df(df가 1일 때 나오는 기각역으로 3.84 이상이면 양호한 모형)
* Root Mean Square Error of Approximation(.05 이하면 양호한 모형)
** Goodness of Fit Index(.9 이상이면 양호한 모형)
***Adjust Goodness of Fit Index(.9 이상이면 양호한 모형)

〈표 Ⅳ-4-16〉과 〔그림 Ⅳ-4-5〕 직무능력 개발 효과 모형에서 교육 프로그램 만족도 요인의 구성 양상을 살펴보면, 교수에 대한 만족도(.828), 교육과정 만족도(.816), 담당자 만족도(.815) 순으로 교육 프로그램 만족도 요인을 구성하고 있다. 교육 프로그램 만족도에 영향을 미치는 독립변인은 학력, 교육 참여 동기, 교육 사전 인지도였으며, 성별, 연령, 수입은 교육 프로그램 만족도에 의미 있는 영향을 미치지 못하였다. 즉, 학력이 낮을수록, 외재적 동기가 높을수록, 교육에 대한 사전인지도가 높을수록 교육 프로그램 만족도가 높았다. 독립변인 중 교육에 대한 사전인지도의 영향력이 .306으로서 가장 높았으며, 다음으로는 학력(−.202), 교육 참여 동기(−.184) 순으로 영향력이 높은 것으로 나타났다. 그러나 성별, 연령, 수입은 유의미한 영향을 미치지 못하는 것으로 나타났다. 관련 변인들의 교육 프로그램 만족도에 대한 설명량은 약 25.4%로 나타났다.

직무능력 개발 효과 모형에서 교육기관 만족도 요인의 구성 양상을 살펴보면, 지리적 만족도(.884), 물리적 만족도(.410), 문화적 만족도(.389) 순으로 교육기관 만족도 요인을 구성하고 있다. 교육기관 만족도에 영향을 미치는 독립변인은 교육 사전인지도였으며, 성별, 연령, 학력, 수입, 교육 참여 동기는 교육기관 만족도에 의미 있는 영향을 미치지 못하였다. 즉, 사전에 교육에 대한 인지도(.235)가 높을수록 교육기관 만족도가 높았다. 관련 변인들의 교육기관 만족도에 대한 설명량은 약 7.4%로 나타났다.

직무능력 개발 효과 모형에서 직무능력 개발 효과 요인의 구성 양상을 살펴보면, 행정업무 능력(.871), 프로그램 운영능력(.847), 마케팅 능력(.841), 기타 능력(.812), 기획능력(.789), 프로그램 개발능력(.733), 교수업무 능력(.681)의 순으로 직무능력 개발 효과 요인을 구성하고 있다. 직무능력 개발 효과에 영향을 미치는 독립변인은 연령, 학력, 수입, 교육 프로그램 만족도이었으며 성별, 교육 참여 동기, 교육 사전 인지도, 교육기관 만족도는 직무능력 개발 효과에 의미 있는 영향을 미치지 못하였다. 즉 연령은 많을수록, 학력은 높을수록, 수입은 낮을수록, 교육 프로그램 만족도가 높을수록 직무능력 개발 효과에 영향을 많이 주는 것으로 나타났다. 독립변인 중 교육 프로그램 만족도의 영향력이 .624로서 가장 높았으며, 다음으로는 연령(.277), 수입(−.211), 학력(.183) 순으로 영향력이 높은 것으로 나타났다. 관련 변인들의 직무능력 개발 효과에 대한 설명량은 약 57.2%로 나타났다.

<표 Ⅳ-4-16> 직무능력 개발 효과 모형의 분석 결과

	비표준화 계수	표준화 계수	표준 오차	C.R.	p
지리적 만족도 ← 교육기관 만족도	1	.884			
물리적 만족도 ← 교육기관 만족도	.739	.41	.234	3.155	.002***
문화적 만족도 ← 교육기관 만족도	.298	.389	.098	3.028	.002***
직무능력 ← 교육기관 만족도	−.169	−.238	.144	−1.174	.24
교수에 대한 만족도 ← 교육 프로그램 만족도	1	.828			
담당자 만족도 ← 교육 프로그램 만족도	.752	.581	.136	5.509	0***
교육과정 만족도 ← 교육 프로그램 만족도	.985	.816	.123	8.016	0***
직무능력 ← 교육 프로그램 만족도	.598	.624	.211	2.836	.005***
직무능력 ← 성별	.075	.078	.096	.776	.438
직무능력 ← 연령	.169	.277	.071	2.384	.017**
직무능력 ← 학력	.125	.183	.075	1.675	.094*
직무능력 ← 수입	−.117	−.211	.062	−1.898	.058*
직무능력 ← 교육 참여 동기	−.084	−.062	.133	−.634	.526
직무능력 ← 교육 사전 인지도	.085	.152	.054	1.564	.118
기획능력 ← 직무능력	1	.789			
개발능력 ← 직무능력	1.014	.733	.134	7.552	0***
운영능력 ← 직무능력	1.108	.847	.122	9.099	0***
마케팅 ← 직무능력	1.207	.841	.134	9.017	0***
행정능력 ← 직무능력	1.264	.871	.134	9.449	0***
교수 능력 ← 직무능력	1.183	.681	.171	6.897	0***
기타 능력 ← 직무능력	1.248	.812	.145	8.602	0***

	비표준화 계수	표준화 계수	표준 오차	C.R.	p
교육 프로그램 만족도 ← 성별	.109	.11	.109	.999	.318
교육 프로그램 만족도 ← 연령	.081	.127	.082	.986	.324
교육 프로그램 만족도 ← 학력	−.144	−.202	.076	−1.894	.058*
교육 프로그램 만족도 ← 수입	.006	.01	.074	.075	.94
교육 프로그램 만족도 ← 동기	−.262	−.184	.155	−1.694	.09**
교육 프로그램 만족도 ← 교육 사전 인지도	.178	.306	.063	2.845	.004***
교육기관 만족도 ← 연령	−.036	−.042	.12	−.299	.765
교육기관 만족도 ← 학력	.099	.102	.112	.886	.376
교육기관 만족도 ← 수입	.078	.1	.109	.716	.474
교육기관 만족도 ← 교육 참여 동기	−.075	−.039	.227	−.328	.743
교육기관 만족도 ← 교육 사전 인지도	.185	.235	.091	2.035	.042**
교육기관 만족도 ← 성별	−.111	−.082	.161	−.688	.491
교육 참여 동기 ↔ 교육 사전 인지도	−.015	−.053	.029	−.501	.616
수입 ↔ 교육 사전 인지도	−.035	−.051	.073	−.489	.625
학력 ↔ 교육 사전 인지도	.018	.032	.058	.307	.759
연령 ↔ 교육 사전 인지도	−.001	−.001	.066	−.011	.991
성별 ↔ 교육 사전 인지도	.056	.14	.042	1.325	.185
수입 ↔ 교육 참여 동기	−.024	−.084	.03	−.799	.424
학력 ↔ 교육 참여 동기	.005	.021	.024	.199	.842
연령 ↔ 교육 참여 동기	−.022	−.087	.027	−.829	.407
성별 ↔ 교육 참여 동기	−.039	−.238	.018	−2.212	.027
학력 ↔ 수입	.033	.059	.059	.567	.571
연령 ↔ 수입	.358	.568	.076	4.711	0***
성별 ↔ 수입	.058	.144	.043	1.357	.175
연령 ↔ 학력	.073	.143	.054	1.353	.176
성별 ↔ 학력	−.012	−.036	.034	−.34	.734
성별 ↔ 연령	.038	.103	.038	.977	.328
교육 프로그램 만족도 오차분산	.395	.746	.113	3.498	0***
교육기관 만족도 오차분산	.15	.926	.038	3.977	0***
직무능력 오차분산	.091	.428	.029	3.186	.001***
지리적 만족도 오차분산	.129	.213	.022	5.973	0***
물리적 만족도 오차분산	.272	.836	.043	6.318	0***
문화적 만족도 오차분산	.136	.849	.026	5.178	0***
교수에 대한 만족도 오차분산	.211	.402	.033	6.446	0***
교육 담당자 만족도 오차분산	1.15	.701	.179	6.408	0***
교육과정 만족도 오차분산	.187	.289	.03	6.196	0***

	비표준화 계수	표준화 계수	표준 오차	C.R.	p
기획능력 오차분산	.115	.378	.088	1.305	.192
개발능력 오차분산	.077	.46	.019	4.064	0***
운영능력 오차분산	.172	.282	.029	5.843	0***
마케팅 오차분산	.344	.293	.054	6.342	0***
행정능력 오차분산	.108	.242	.021	5.268	0***
교수 능력 오차분산	.128	.637	.023	5.607	0***
기타 능력 오차분산	.102	.342	.018	5.545	0***

* p≤.10   ** p≤.05   *** p≤.01

[그림 IV-4-5] 직무능력 개발 효과 모형

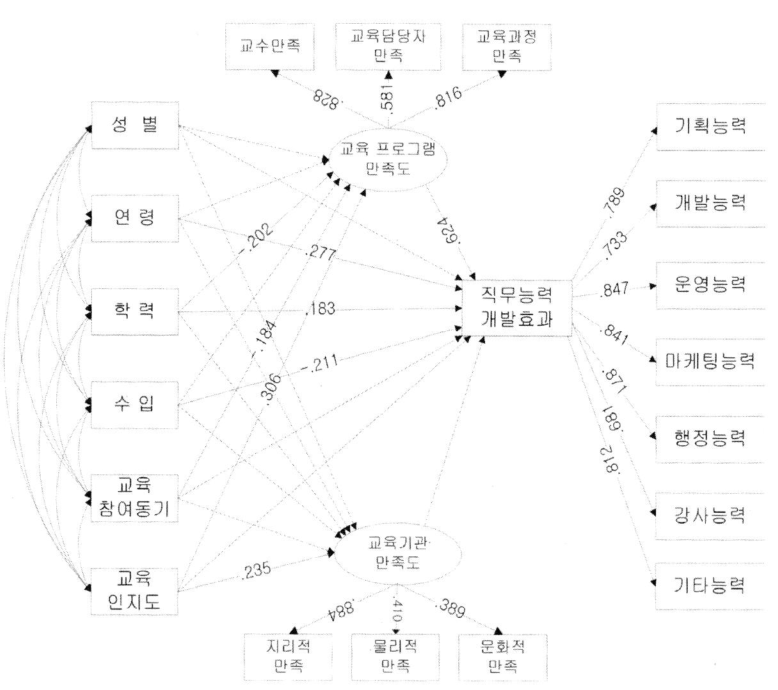

주: 실선은 p≤.10수준에서 유의미, 점선은 p≤.10수준에서 유의미하지 않음.

〈표 Ⅳ-4-17〉과 같이 직무능력 개발 효과에 영향을 미치는 관련 변인들의 영향력 정도를 전체효과와 직접효과 및 간접효과로 나누어 보면, 교육 프로그램 만족도 요인이 .624로 직무능력 개발 효과에 가장 큰 영향을 직접 미쳤다. 따라서 교육 프로그램 만족도가 높을수록 직무능력 개발 효과가 높은 것으로 나타났다. 다음으로 교육기관 만족도는 −.238로 직무능력 개발 효과에 영향을 직접 미쳤다. 따라서 기관 만족도가 높을수록 직무능력 개발 효과가 높은 것으로 나타났다. 연령은 .366의 영향을 미쳤는데 이 가운데 17.5%인 .089가 교육 프로그램 만족도와 교육기관 만족도를 매개로 하여 직무능력 개발 효과에 간접적으로 영향을 미쳤다.

<표 Ⅳ-4-17> 직무능력 개발 효과 모형의 전체효과와 간접효과

구 분	교육 인지도	교육 참여 동기	수 입	학 력	연 령	성 별	교육 기관 만족도	교육 프로그램 만족도	직무능력 개발 효과
문화적 만족도	.091	−.015	.039	.04	−.016	−.032	.389	0	0
물리적 만족도	.096	−.016	.041	.042	−.017	−.034	.41	0	0
지리적 만족도	.208	−.034	.088	.09	−.037	−.073	.884	0	0
교육기관 만족도	.235	−.039	.1	.102	−.042	−.082	0	0	0
교수에 대한 만족도	.25	−.15	.008	−.165	.103	.09	0	.816	0
담당자 만족도	.178	−.107	.006	−.117	.074	.064	0	.581	0
교육과정 만족도	.254	−.152	.008	−.167	.105	.091	0	.828	0
교육 프로그램 만족도	.306	−.184	.01	−.202	.127	.11	0	0	0
직무능력 개발 효과	.287 (.135)	−.167 (−.105)	−.229 (−.018)	.033 (−.15)	.366 (.089)	.166 (.088)	−.238 (0)	.624 (0)	0 (0)
기타 능력	.233	−.136	−.186	.027	.297	.135	−.193	.507	.812
강사능력	.196	−.114	−.156	.022	.249	.113	−.162	.425	.681
행정능력	.25	−.146	−.2	.029	.319	.145	−.207	.544	.871
마케팅	.242	−.141	−.193	.028	.308	.14	−.2	.525	.841
운영능력	.244	−.141	−.194	.028	.31	.141	−.202	.529	.847
개발능력	.211	−.122	−.168	.024	.268	.122	−.174	.458	.733
기획능력	.227	−.132	−.181	.026	.288	.131	−.188	.492	.789

주: (   )는 간접효과.

교육 사전 인지도는 .287의 영향을 미쳤는데 이 가운데 47.0%인 .135가 교육 프로그램 만족도와 교육기관 만족도를 매개하여 간접적으로 영향을 미쳤다. 수입은 -.229의 영향을 미쳤는데 이 가운데 7.9%인 -.018이 교육 프로그램 만족도와 교육기관 만족도를 매개로 하여 직무능력 개발 효과에 간접적으로 영향을 미쳤다. 교육 참여 동기는 -.167의 영향을 미쳤는데 이 가운데 85.6%인 -.143이 교육 프로그램 만족도와 교육기관 만족도를 매개하여 간접적으로 영향을 미쳤다. 성별은 .166의 영향을 미쳤는데 이 가운데 53.0%인 .088이 교육 프로그램 만족도와 교육기관 만족도를 매개하여 간접적으로 영향을 미쳤다.

3) 고용개선 효과에 영향을 미치는 요인

〈표 IV-4-18〉를 보면 고용개선 효과 모형에 대한 전반적인 부합도 지수는 GFI가 .913으로 적합도 지수가 양호한 모형의 적합도 지수보다 높게 나타났다. 한편 자유도당 x^2 값이 1.691, RMSEA가 .087, AGFI가 .780으로 양호한 모형의 적합도 지수에 근접하게 나타났다. 따라서 수집된 자료에 대한 고용개선 효과의 부합 정도는 양호한 모형의 기준치에 근접해 있어서 변인들 간의 인과관계를 설명하는 데에는 큰 문제가 없을 것으로 판단된다. 그리고 x^2 검증 결과 모형의 자료와 0.6%의 적합도를 보였다.

<표 IV-4-18> 고용개선 효과 모형의 적합도 지수

	x^2	자유도	p	추정모수	x^2/df	RMSEA*	GFI**	AGFI***
추정모형	60.887	36	.006	55	1.691	.087	0.913	.780
포화모형	0	0		91			1	
독립모형	284.779	78	0	13	3.651	.171	.647	.588

주: x^2/df(df가 1일 때 나오는 기각역으로 3.84 이상이면 양호한 모형)
  * Root Mean Square Error of Approximation(.05 이하면 양호한 모형)
 ** Goodness of Fit Index(.9 이상이면 양호한 모형)
***Adjust Goodness of Fit Index(.9 이상이면 양호한 모형)

〈표 Ⅳ-4-19〉와 〔그림 Ⅳ-4-6〕 고용개선 효과 모형에서 교육 프로그램 만족도 요인의 구성 양상을 살펴보면, 교수에 대한 만족도(.850), 교육과정 만족도(.795), 담당자 만족도(.585) 순으로 교육 프로그램 만족도 요인을 구성하고 있다. 고용개선 효과 모형에서 교육 프로그램 만족도에 영향을 미치는 독립변인은 학력과 교육 참여 동기, 교육 사전 인지도였으며 성별, 연령, 수입은 교육 프로그램 만족도에 의미 있는 영향을 미치지 못하였다. 즉, 학력은 낮을수록, 외재적 동기가 높을수록, 교육 사전 인지도가 높을수록 교육 프로그램 만족도에 영향을 많이 주는 것으로 나타났다. 독립변인 중 교육 사전 인지도의 영향력이 .298로서 가장 높았으며, 다음으로는 학력(-.201), 교육 참여 동기(-.189)순으로 영향력이 높은 것으로 나타났다. 관련 변인들의 교육 프로그램 만족도에 대한 설명량은 약 24.9%로 나타났다.

고용개선 효과 모형에서 교육기관 만족도 요인의 구성결과를 살펴보면, 지리적 만족도(.898), 물리적 만족도(.407), 문화적 만족도(.378) 순으로 기관 만족도 요인을 구성하고 있다. 고용개선 효과 모형에서 교육기관 만족도에 영향을 미치는 독립변인은 교육 사전 인지도였으며 성별, 연령, 학력, 수입, 교육 참여 동기는 교육기관 만족도에 의미 있는 영향을 미치지 못하였다. 즉 교육 사전 인지도(.237)가 높을수록 교육기관 만족도에 영향을 많이 주는 것으로 나타났다. 관련 변인들의 교육기관 만족도에 대한 설명량은 약 7.1%로 나타났다.

고용개선 효과에 영향을 미치는 독립변인은 없었다. 관련 변인들의 고용개선 효과에 대한 설명량은 약 12.1%로 나타났다.

<표 IV-4-19> 고용개선 효과 모형의 분석 결과

	비표준화 계수	표준화 계수	표준 오차	C.R.	p
교수 만족도 ← 교육 프로그램 만족도	1	.850			
담당자 만족도 ← 교육 프로그램 만족도	.737	.585	.134	5.517	0***
교육과정 만족도 ← 교육 프로그램 만족도	.936	.795	.123	7.641	0***
고용개선 ← 교육 프로그램 만족도	.127	.124	.193	.656	.512
지리적 만족도 ← 교육기관 만족도	1	.898			
물리적 만족도 ← 교육기관 만족도	.723	.407	.231	3.125	.002***
문화적 만족도 ← 교육기관 만족도	.286	.378	.097	2.955	.003***
고용개선 ← 교육기관 만족도	.202	.148	.279	.725	.468
고용개선 ← 성별	.111	.079	.154	.718	.473
고용개선 ← 연령	−.164	−.184	.112	−1.463	.143
고용개선 ← 학력	.046	.046	.116	.398	.691
고용개선 ← 수입	.054	.066	.099	.54	.589
고용개선 ← 교육 참여 동기	.155	.078	.215	.724	.469
고용개선 ← 교육 사전 인지도	.086	.106	.087	.985	.325
교육 프로그램 만족도 ← 성별	.116	.114	.112	1.039	.299
교육 프로그램 만족도 ← 연령	.081	.124	.084	.971	.332
교육 프로그램 만족도 ← 학력	−.147	−.201	.078	−1.891	.059*
교육 프로그램 만족도 ← 수입	.007	.013	.075	.099	.921
교육 프로그램 만족도 ← 교육 참여 동기	−.276	−.189	.158	−1.745	.081*
교육 프로그램 만족도 ← 교육 사전 인지도	.178	.298	.064	2.786	.005***
교육기관 만족도 ← 성별	−.116	−.085	.161	−.720	.472
교육기관 만족도 ← 연령	−.039	−.044	.121	−.321	.749
교육기관 만족도 ← 학력	.1	.102	.112	.893	.372
교육기관 만족도 ← 수입	.082	.104	.109	.754	.451
교육기관 만족도 ← 교육 참여 동기	−.085	−.043	.227	−.373	.709
교육기관 만족도 ← 교육 사전 인지도	.189	.237	.091	2.076	.038**
교육 참여 동기 ↔ 교육 사전 인지도	−.015	−.053	.029	−.501	.616
수입 ↔ 교육 사전 인지도	−.035	−.051	.073	−.489	.625
학력 ↔ 교육 사전 인지도	.018	.032	.058	.307	.759
연령 ↔ 교육 사전 인지도	−.001	−.001	.066	−.011	.991
성별 ↔ 교육 사전 인지도	.056	.140	.042	1.325	.185
수입 ↔ 교육 참여 동기	−.024	−.084	.030	−.799	.424
학력 ↔ 교육 참여 동기	.005	.021	.024	.199	.842
연령 ↔ 교육 참여 동기	−.022	−.087	.027	−.829	.407

	비표준화 계수	표준화 계수	표준 오차	C.R.	p
성별 ↔ 교육 참여 동기	−.039	−.238	.018	−2.212	.027**
학력 ↔ 수입	.033	.059	.059	.567	.571
연령 ↔ 수입	.358	.568	.076	4.711	0***
성별 ↔ 수입	.058	.144	.043	1.357	.175
연령 ↔ 학력	.073	.143	.054	1.353	.176
성별 ↔ 학력	−.012	−.036	.034	−.340	.734
성별 ↔ 연령	.038	.103	.038	.977	.328
기타 오차분산	.189	.683	.043	4.405	0***
교육 프로그램 만족도 오차분산	.374	.751	.108	3.45	.001***
교육기관 만족도 오차분산	.168	.929	.041	4.126	0***
고용개선 오차분산	.114	.879	.027	4.224	0***
지리적 만족도 오차분산	.139	.256	.084	1.660	.097*
물리적 만족도 오차분산	.098	.843	.022	4.522	0***
문화적 만족도 오차분산	.258	.827	.042	6.138	0***
교수에 대한 만족도 오차분산	.399	.338	.06	6.649	0***
담당자 만족도 오차분산	.206	.668	.032	6.36	0***
교육과정 만족도 오차분산	1.16	.367	.181	6.408	0***

주: 음수 값이 생성되어 .005로 고정함.
* p≤.10   ** p≤.05   *** p≤.01

184

[그림 Ⅳ-4-6] 고용개선 효과 모형

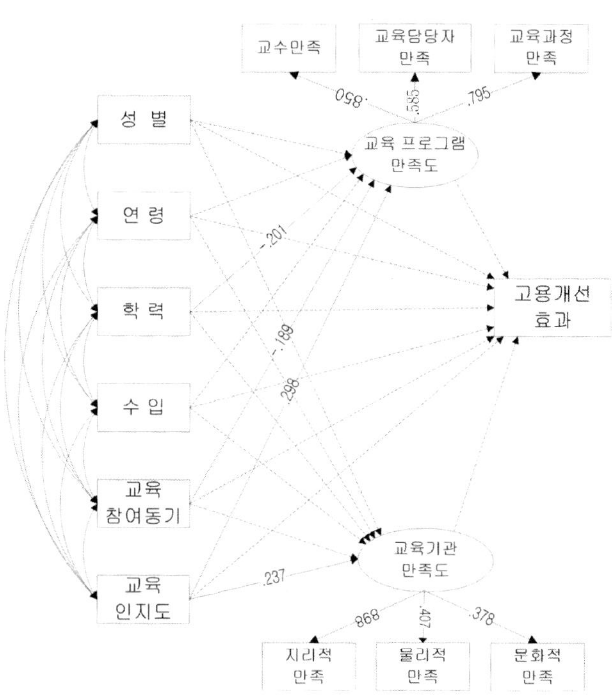

주: 실선은 p≤.10수준에서 유의미, 점선은 p≤.10수준에서 유의미하지 않음.

〈표 Ⅳ-4-20〉를 보면 고용개선 효과에 영향을 미치는 관련 변인들의 영향력 정도를 전체효과와 직접효과 및 간접효과로 나누어 보면, 교육 프로그램 만족도 요인이 .148로 직무능력 개발 효과에 영향을 직접 미쳤으며, 교육기관 만족도 요인이 .124로 직무능력 개발 효과에 영향을 직접 미쳤다. 다음으로 교육 사전 인지도는 .179로 고용개선 효과에 영향을 미쳤는데 이 가운데 40.8%인 .073이 교육 프로그램 만족도와 교육기관 만족도를 매개로 하여 간접적으로 영향을 미쳤다. 연령 요인은 −.171로 고용개선 효과에 영향을 미쳤는데 이 가운데 7.6%인 .013이 교육 프로그램 만족도와 교육기관 만족도를 매개로 하여 간접적으로 영향을 미쳤다.

<표 Ⅳ-4-20> 고용개선 모형의 전체효과와 간접효과

구 분	교육 인지도	교육 참여 동기	수 입	학 력	연 령	성 별	교육 기관 만족도	교육 프로그램 만족도
교수에 대한 만족도	.237	−.15	.01	−.16	.099	.09	0	.795
담당자 만족도	.174	−.11	.007	−.117	.073	.067	0	.585
교육과정 만족도	.253	−.16	.011	−.171	.106	.097	0	.85
교육 프로그램 만족도	.298	−.189	.013	−.201	.124	.114	0	0
문화적 만족도	.09	−.016	.039	.038	−.017	−.032	.378	0
물리적 만족도	.096	−.018	.042	.041	−.018	−.035	.407	0
지리적 만족도	.212	−.039	.093	.091	−.04	−.076	.898	0
교육기관 만족도	.237	−.043	.104	.102	−.044	−.085	0	0
고용개선	.179 (.073)	.044 (−.033)	.081 (.015)	.029 (−.017)	−.171 (.013)	.086 (.006)	.124 (0)	.148 (0)

주: (   )는 간접효과.

4) 자아실현 효과에 영향을 미치는 요인

〈표 Ⅳ-4-21〉를 보면 자아실현 효과 모형에 대한 전반적인 부합도 지수는 GFI가 .91로 적합도 지수가 양호한 모형의 적합도 지수보다 높게 나타났다. 한편 자유도당 x^2 값이 1.79, RMSEA가 .093, AGFI가 .772로 양호한 모형의 적합도 지수에 근접하게 나타났다. 따라서 수집된 자료에 대한 자아실현 효과의 부합 정도는 양호한 모형의 기준치에 근접해 있어서 변인들 간의 인과관계를 설명하는 데에는 큰 문제가 없을 것으로 판단된다. 그리고 x^2 검증 결과 모형의 자료와 0.2%의 적합도를 보였다.

<표 IV-4-21> 자아실현 효과 모형의 적합도 지수

	x^2	자유도	p	추정모수	x^2/df	RMSEA*	GFI**	AGFI***
추정모형	64.446	36	.002	55	1.79	.093	.91	.772
포화모형	0	0		91			1	
독립모형	330.698	78	0	13	4.24	.189	.594	.527

주: x^2/df(df가 1일 때 나오는 기각역으로 3.84 이상이면 양호한 모형)
* Root Mean Square Error of Approximation(.05 이하면 양호한 모형)
** Goodness of Fit Index(.9 이상이면 양호한 모형)
***Adjust Goodness of Fit Index(.9 이상이면 양호한 모형).

〈표 IV-4-22〉와 〔그림 IV-4-7〕 자아실현 효과 모형에서 교육 프로그램 만족도 요인의 구성 양상을 살펴보면, 교수에 대한 만족도(.827), 교육과정 만족도(.819) 교육 담당자 만족도(.579) 순으로 교육 프로그램 만족도 요인을 구성하고 있다. 교육 프로그램 만족도에 영향을 미치는 독립변인은 학력과 교육 참여 동기, 교육 사전 인지도였으며 성별, 연령, 수입은 교육 프로그램 만족도에 의미 있는 영향을 미치지 못하였다. 즉, 학력은 낮을수록, 외재적 동기가 높을수록, 교육 사전 인지도가 높을수록 교육 프로그램 만족도에 영향을 많이 주는 것으로 나타났다. 독립변인 중 교육 사전 인지도의 영향력이 .307로서 가장 높았으며, 다음으로는 학력(−.201), 교육 참여 동기(−.183) 순으로 영향력이 높은 것으로 나타났다. 관련 변인들의 교육 프로그램 만족도에 대한 설명량은 약 25.4%로 나타났다.

자아실현 효과 모형에서 교육기관 만족도 요인의 구성결과를 살펴보면, 지리적 만족도(.948), 물리적 만족도(.403), 문화적 만족도(.337)가 교육 프로그램 만족도 요인을 구성하고 있다. 교육기관 만족도에 영향을 미치는 독립변인은 교육 사전 인지도였으며 성별, 연령, 학력, 수입, 교육 참여 동기는 교육기관 만족도에 의미 있는 영향을 미치지 못하였다. 즉 교육 사전 인지도(.238)가 높을수록 교육기관 만족도에 영향을 많이 주는 것으로 나타났다. 관련 변인들의 교육기관 만족도에 대한 설명량은 약 7.7%로 나타났다.

　자아실현 효과에 영향을 미치는 독립변인은 성별, 학력, 교육 프로그램 만족도이었으며, 연령, 수입, 교육 참여 동기, 교육 사전 인지도, 교육기관 만족도는 자아실현 효과에 의미 있는 영향을 미치지 못하였다. 즉, 성별은 남성보다 여성이, 학력이 높을수록, 교육 프로그램 만족도가 높을수록 자아실현 효과에 영향을 많이 주는 것으로 나타났다. 독립변인 중 교육 프로그램 만족도의 영향력이 .681로서 가장 높았으며, 다음으로는 학력(.267), 성별(−.243) 순으로 영향력이 높은 것으로 나타났다. 관련 변인들의 자아실현 효과에 대한 설명량은 약 58.1%로 나타났다.

<표 Ⅳ-4-22> 자아실현 효과 모형의 분석 결과

	비표준화 계수	표준화 계수	표준 오차	C.R.	p
교수 만족도 ← 교육 프로그램 만족도	1	.827			
담당자 만족도 ← 교육 프로그램 만족도	.75	.579	.136	5.532	0***
교육과정 만족도 ← 교육 프로그램 만족도	.991	.819	.12	8.261	0***
자아실현 ← 교육 프로그램 만족도	.929	.681	.224	4.146	0***
지리적 만족도 ← 기관 만족도	1	.948			
물리적 만족도 ← 기관 만족도	.677	.403	.223	3.04	.002***
문화적 만족도 ← 기관 만족도	.241	.337	.09	2.677	.007***
자아실현 ← 교육기관 만족도	.037	.04	.126	.295	.768
자아실현 ← 성별	−.33	−.243	.121	−2.74	.006***
자아실현 ← 연령	−.014	−.016	.088	−.159	.874
자아실현 ← 학력	.26	.267	.089	2.906	.004***
자아실현 ← 수입	.035	.045	.078	.451	.652
자아실현 ← 교육 참여 동기	.069	.036	.168	.412	.68
자아실현 ← 교육 사전 인지도	.032	.041	.069	.465	.642
교육 프로그램 만족도 ← 성별	.109	.11	.109	1	.317
교육 프로그램 만족도 ← 연령	.08	.127	.082	.986	.324
교육 프로그램 만족도 ← 학력	−.144	−.201	.076	−1.892	.058*
교육 프로그램 만족도 ← 수입	.005	.009	.074	.073	.942
교육 프로그램 만족도 ← 교육 참여 동기	−.261	−.183	.154	−1.687	.092*
교육 프로그램 만족도 ← 교육 사전 인지도	.178	.307	.062	2.855	.004***

	비표준화 계수	표준화 계수	표준 오차	C.R.	p
기관 만족도 ← 연령	−.047	−.051	.121	−.388	.698
기관 만족도 ← 학력	.103	.099	.112	.918	.358
기관 만족도 ← 수입	.096	.115	.109	.883	.377
기관 만족도 ← 교육 참여 동기	−.119	−.058	.228	−.524	.6
기관 만족도 ← 교육 사전 인지도도	.201	.238	.091	2.209	.027**
기관 만족도 ← 성별	−.133	−.092	.162	−.825	.409
교육 참여 동기 ↔ 교육 사전 인지도	−.015	−.053	.029	−.501	.616
수입 ↔ 교육 사전 인지도	−.035	−.051	.073	−.489	.625
학력 ↔ 교육 사전 인지도	.018	.032	.058	.307	.759
연령 ↔ 교육 사전 인지도	−.001	−.001	.066	−.011	.991
성별 ↔ 교육 사전 인지도	.056	.14	.042	1.325	.185
수입 ↔ 교육 참여 동기	−.024	−.084	.03	−.799	.424
학력 ↔ 교육 참여 동기	.005	.021	.024	.199	.842
연령 ↔ 교육 참여 동기	−.022	−.087	.027	−.829	.407
성별 ↔ 교육 참여 동기	−.039	−.238	.018	−2.212	.027**
학력 ↔ 수입	.033	.059	.059	.567	.571
연령 ↔ 수입	.358	.568	.076	4.711	0***
성별 ↔ 수입	.058	.144	.043	1.357	.175
연령 ↔ 학력	.073	.143	.054	1.353	.176
성별 ↔ 학력	−.012	−.036	.034	−.34	.734
성별 ↔ 연령	.038	.103	.038	.977	.328
기타 오차분산	.183	.288	.041	4.459	0***
교육 프로그램 만족도 오차분산	.426	.746	.122	3.478	.001***
교육기관 만족도 오차분산	.154	.923	.038	4.055	0***
자아실현 오차분산	.13	.419	.025	5.158	0***
지리적 만족도 오차분산	.081	.249	.099	.816	.415
물리적 만족도 오차분산	.083	.84	.019	4.436	0***
문화적 만족도 오차분산	.268	.869	.042	6.325	0***
교수에 대한 만족도 오차분산	.18	.386	.039	4.613	0***
담당자 만족도 오차분산	.216	.692	.033	6.521	0***
교육과정 만족도 오차분산	1.155	.31	.179	6.436	0***

* p≤.10　** p≤.05　*** p≤.01

[그림 Ⅳ-4-7] 자아실현 효과 모형

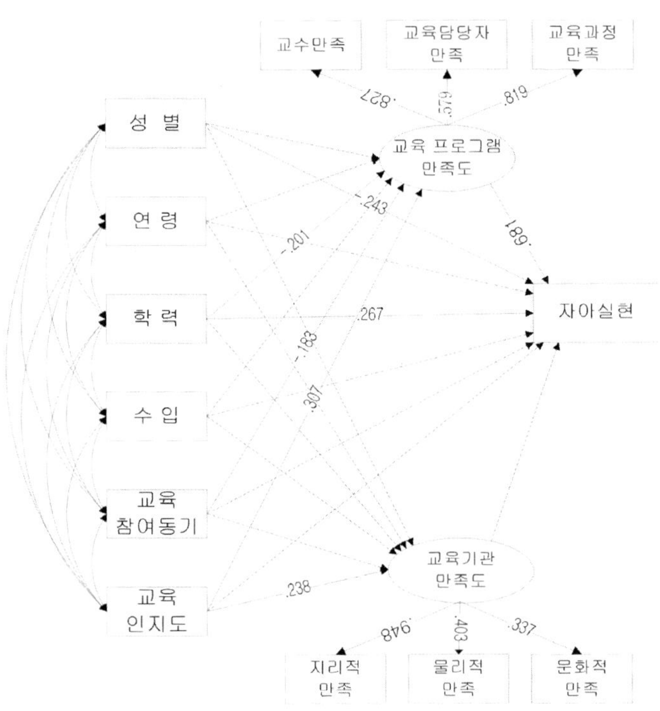

주: 실선은 p≤.10수준에서 유의미, 점선은 p≤.10수준에서 유의미하지 않음.

〈표 Ⅳ-4-23〉를 보면 자아실현 효과에 영향을 미치는 관련 변인들의 영향력 정도를 전체효과와 직접효과 및 간접효과로 나누어 보면, 교육 프로그램 만족도 요인이 .681로 자아실현 효과에 가장 큰 영향을 직접 미쳤다. 다음으로 교육 사전 인지도는 .259로 자아실현 효과에 영향을 미쳤는데 이 가운데 84.2%인 .218이 교육 프로그램 만족도와 교육기관 만족도를 매개로 하여 간접적으로 영향을 미쳤다. 성별은 −.172로 자아실현 효과에 영향을 미쳤는데 이 가운데 41.2%인 .071이 교육 프로그램 만족도와 교육기관 만족도를 매개로 하여 간접적으로 영향을 미쳤다. 학력은 .134로 자아실현 효과에 영향을 미쳤는데 이 가운데 99.2%인 −.133이

교육 프로그램 만족도와 교육기관 만족도를 매개로 하여 간접적으로 영향을 미쳤다.

<표 IV-4-23> 자아실현 효과 모형의 전체효과와 간접효과

구 분	교육 인지도	교육 참여 동기	수 입	학 력	연 령	성 별	교육 기관 만족도	교육 프로그램 만족도
교육과정 만족도	.251	−.15	.008	−.165	.104	.09	0	.819
담당자 만족도	.178	−.106	.005	−.117	.073	.064	0	.579
교수에 대한 만족도	.254	−.151	.008	−.167	.105	.091	0	.827
교육 프로그램 만족도	.307	−.183	.009	−.201	.127	.11	0	0
문화적 만족도	.08	−.019	.039	.033	−.017	−.031	.337	0
물리적 만족도	.096	−.023	.046	.04	−.02	−.037	.403	0
지리적 만족도	.226	−.055	.109	.094	−.048	−.087	.948	0
교육기관 만족도	.238	−.058	.115	.099	−.051	−.092	0	0
자아실현 효과	.259	−.091	.056	.134	.068	−.172	.04	.681
	.218	−.127	.011	−.133	.084	.071	0	0

주: (   )는 간접효과.

5) 사회적 네트워크 구축에 영향을 미치는 요인

〈표 IV-4-24〉를 보면 사회적 네트워크 구축 효과 모형에 대한 전반적인 부합도 지수는 GFI가 .907로 적합도 지수가 양호한 모형의 적합도 지수보다 높게 나타났다. 한편 자유도당 x^2 값이 1.838, RMSEA가 .097, AGFI가 .766로 양호한 모형의 적합도 지수에 근접하게 나타났다. 따라서 수집된 자료에 대한 사회적 네트워크 구축 효과의 부합 정도는 양호한 모형의 기준치에 근접해 있어서 변인들 간의 인과관계를 설명하는 데에는 큰 문제가 없을 것으로 판단된다.

<표 Ⅳ-4-24> 사회적 네트워크 구축 효과 모형의 적합도 지수

	x^2	자유도	p	추정모수	x^2/df	RMSEA*	GFI**	AGFI***
추정모형	66.175	36	.002	55	1.838	.096	.907	.766
포화모형	0	0		91			1	
독립모형	319.672	78	0	13	4.098	.185	.608	.543

주: x^2/df(df가 1일 때 나오는 기각역으로 3.84 이상이면 양호한 모형)
* Root Mean Square Error of Approximation(.05 이하면 양호한 모형)
** Goodness of Fit Index(.9 이상이면 양호한 모형)
***Adjust Goodness of Fit Index(.9 이상이면 양호한 모형)

〈표 Ⅳ-4-25〉와 〔그림 Ⅳ-4-8〕 사회적 네트워크 구축 효과 모형에서 교육 프로그램 만족도 요인의 구성 양상을 살펴보면, 교수에 대한 만족도(.855), 교육과정 만족도(.797), 교육 담당자 만족도(.573)가 순으로 교육 프로그램 만족도 요인을 구성하고 있다.

교육 프로그램 만족도에 영향을 미치는 독립변인은 학력, 교육 참여 동기, 교육 사전 인지도였으며 성별, 연령, 수입은 교육 프로그램 만족도에 의미 있는 영향을 미치지 못하였다. 즉, 학력은 낮을수록, 외재적 동기가 높을수록, 교육 사전 인지도가 높을수록 교육 프로그램 만족도에 영향을 많이 주는 것으로 나타났다. 독립변인 중 교육 사전 인지도의 영향력이 .297로서 가장 높았으며, 다음으로는 학력(−.199), 교육 참여 동기(−.188) 순으로 영향력이 높은 것으로 나타났다. 관련 변인들의 교육 프로그램 만족도에 대한 설명량은 약 25.4%로 나타났다.

사회적 네트워크 구축 효과 모형에서 교육기관 만족도 요인의 구성결과를 살펴보면, 지리적 만족도(.866), 문화적 만족도(.410), 물리적 만족도(.401) 순으로 교육기관 만족도 요인을 구성하고 있다. 교육기관 만족도에 영향을 미치는 독립변인은 교육 사전 인지도였으며 성별, 연령, 학력, 수입, 교육 참여 동기는 교육기관 만족도에 의미 있는 영향을 미치지 못하였다. 즉 교육 사전 인지도(.233)가 높을수록 교육기관 만족도에 영향을

192

많이 주는 것으로 나타났다. 관련 변인들의 교육기관 만족도에 대한 설명량은 약 7.6%로 나타났다.

사회적 네트워크 구축 효과에 영향을 미치는 독립변인은 학력, 교육 사전 인지도, 교육 프로그램 만족도였으며 성별, 연령, 수입, 교육 참여 동기는 사회적 네트워크 구축 효과에 의미 있는 영향을 미치지 못하였다. 즉, 학력이 높을수록, 교육 사전 인지도가 높을수록, 교육 프로그램 만족도가 높을수록 사회적 네트워크 구축 효과에 영향을 많이 주는 것으로 나타났다. 독립변인 중 교육 프로그램 만족도의 영향력이 .426으로서 가장 높았으며, 다음으로는 교육 사전 인지도(.285), 학력(.169) 순으로 영향력이 높은 것으로 나타났다. 관련 변인들의 사회적 네트워크 구축 효과에 대한 설명량은 약 49.9%로 나타났다.

<표 IV-4-25> 사회적 네트워크 구축 모형의 분석 결과

	비표준화 계수	표준화 계수	표준 오차	C.R.	p
교수 만족도 ← 교육 프로그램 만족도	1	.855			
담당자 만족도 ← 교육 프로그램 만족도	.718	.573	.131	5.474	0***
교육과정 만족도 ← 교육 프로그램 만족도	.933	.797	.117	7.944	0***
네트워크 ← 교육 프로그램 만족도	.63	.426	.28	2.245	.025**
지리적 만족도 ← 교육기관 만족도	1	.866			
물리적 만족도 ← 교육기관 만족도	.737	.401	.237	3.108	.002***
문화적 만족도 ← 교육기관 만족도	.321	.410	.101	3.166	.002***
네트워크 ← 교육기관 만족도	.015	.013	.199	.076	.940
네트워크 ← 성별	.112	.074	.145	.773	.440
네트워크 ← 연령	-.151	-.156	.105	-1.445	.149
네트워크 ← 학력	.184	.169	.11	1.674	.094*
네트워크 ← 수입	.124	.141	.092	1.347	.178
네트워크 ← 동기	.024	.011	.202	.120	.904
네트워크 ← 교육 사전 인지도	.253	.285	.081	3.103	.002***

	비표준화 계수	표준화 계수	표준 오차	C.R.	p
교육 프로그램 만족도 ← 성별	.120	.116	.112	1.065	.287
교육 프로그램 만족도 ← 연령	.081	.123	.084	.962	.336
교육 프로그램 만족도 ← 학력	−.147	−.199	.078	−1.882	.060*
교육 프로그램 만족도 ← 수입	.008	.013	.076	.103	.918
교육 프로그램 만족도 ← 교육 참여 동기	−.277	−.188	.159	−1.744	.081*
교육 프로그램 만족도 ← 교육 사전 인지도	.178	.297	.064	2.79	.005***
기관 만족도 ← 연령	−.031	−.037	.120	−.261	.794
기관 만족도 ← 학력	.098	.103	.111	.879	.380
기관 만족도 ← 수입	.072	.095	.109	.666	.506
기관 만족도 ← 교육 참여 동기	−.060	−.032	.227	−.266	.790
기관 만족도 ← 교육 사전 인지도	.180	.233	.091	1.982	.047**
기관 만족도 ← 성별	−.104	−.079	.161	−.646	.518
교육 참여 동기 ↔ 교육 사전 인지도	−.015	−.053	.029	−.501	.616
수입 ↔ 교육 사전 인지도	−.035	−.051	.073	−.489	.625
학력 ↔ 교육 사전 인지도	.018	.032	.058	.307	.759
연령 ↔ 교육 사전 인지도	−.001	−.001	.066	−.011	.991
성별 ↔ 교육 사전 인지도	.056	.140	.042	1.325	.185
수입 ↔ 교육 참여 동기	−.024	−.084	.030	−.799	.424
학력 ↔ 교육 참여 동기	.005	.021	.024	.199	.842
연령 ↔ 교육 참여 동기	−.022	−.087	.027	−.829	.407
성별 ↔ 교육 참여 동기	−.039	−.238	.018	−2.212	.027**
학력 ↔ 수입	.033	.059	.059	.567	.571
연령 ↔ 수입	.358	.568	.076	4.711	0***
성별 ↔ 수입	.058	.144	.043	1.357	.175
연령 ↔ 학력	.073	.143	.054	1.353	.176
성별 ↔ 학력	−.012	−.036	.034	−.34	.734
성별 ↔ 연령	.038	.103	.038	.977	.328
기타 오차분산	.181	.287	.041	4.417	0***
교육기관 만족도 오차분산	.155	.924	.038	4.054	0***
교육 프로그램 만족도 오차분산	.415	.746	.121	3.434	.001***
네트워크 오차분산	.129	.501	.026	5.014	0***
지리적 만족도 오차분산	.093	.172	.097	.959	.337
물리적 만족도 오차분산	.077	.838	.019	4.012	0***
문화적 만족도 오차분산	.280	.862	.044	6.356	0***
교수에 대한 만족도 오차분산	.269	.384	.051	5.28	0***
담당자 만족도 오차분산	.215	.724	.033	6.487	0***
교육과정 만족도 오차분산	1.152	.287	.180	6.414	0***

* p≤.10 ** p≤.05 *** p≤.01

[그림 IV-4-8] 사회적 네트워크 구축 효과 모형

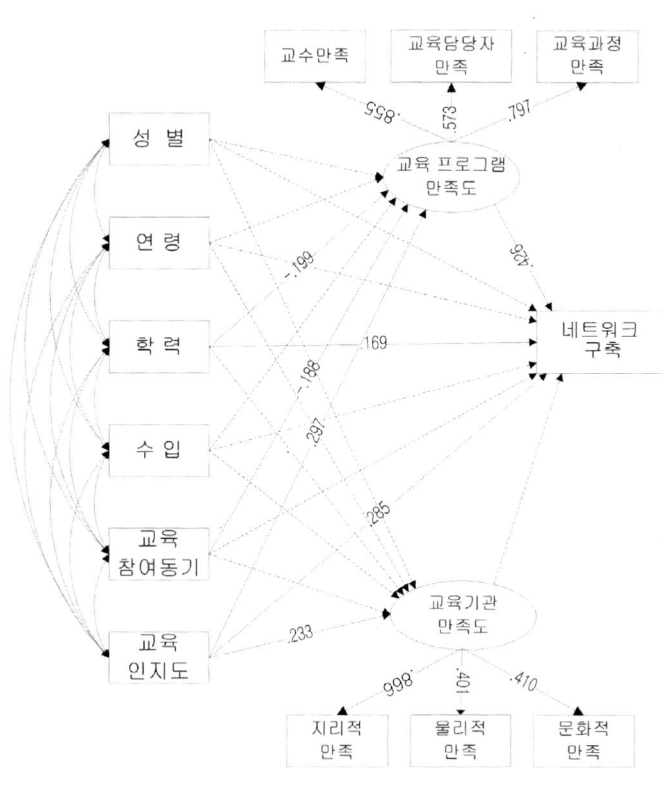

주: 실선은 p≤.10수준에서 유의미, 점선은 p≤.10수준에서 유의미하지 않음.

〈표-4-26〉를 보면 사회적 네트워크 구축 효과에 영향을 미치는 관련 변인들의 영향력 정도를 전체효과와 직접효과 및 간접효과로 나누어 보면, 교육 프로그램 만족도 요인이 .426으로 사회적 네트워크 구축 효과에 가장 큰 영향을 직접 미쳤다. 다음으로 교육 사전 인지도는 .415로 사회적 네트워크 구축 효과에 영향을 미쳤는데 이 가운데 49.3%인 .13이 교육 프로그램 만족도와 교육기관 만족도를 매개로 하여 간접적으로 영향을 미쳤다. 수입은 .148로 사회적 네트워크 구축 효과에 영향을 미쳤는데 이 가운데 1.3%인 .007이 교육 프로그램 만족도와 교육기관 만족도를 매개로 하여 간접적으로 영향을 미쳤다. 성별은 .122로 사회적 네트워크 구축 효과에 영향을 미쳤는데 이 가운데 109.8%인 .49가 교육 프로그램 만족도와 교육기관 만족도를 매개로 하여 간접적으로 영향을 미쳤다. 연령은 −.104로 사회적 네트워크 구축 효과에 영향을 미쳤는데 이 가운데 44.2%인 .052가 교육 프로그램 만족도와 교육기관 만족도를 매개로 하여 간접적으로 영향을 미쳤다.

<표 Ⅳ-4-26> 사회적 네트워크 구축 효과 모형의 전체효과와 간접효과

구 분	교육 인지도	교육 참여 동기	수 입	학 력	연 령	성 별	기관 만족도	프로그램 만족도
문화적 만족도	.096	−.013	.039	.042	−.015	−.032	.41	0
물리적 만족도	.094	−.013	.038	.041	−.015	−.032	.401	0
지리적 만족도	.202	−.028	.082	.089	−.032	−.068	.866	0
기관 만족도	.233	−.032	.095	.103	−.037	−.079	0	0
교육과정 만족도	.237	−.15	.01	−.159	.098	.093	0	.797
담당자 만족도	.17	−.108	.008	−.114	.07	.067	0	.573
교수에 대한 만족도	.254	−.161	.011	−.17	.105	.1	0	.855
교육 프로그램 만족도	.297	−.188	.013	−.199	.123	.116	0	0
사회적 네트워크 구축	.415 (.13)	−.069 (−.081)	.148 (.007)	.085 (−.084)	−.104 (.052)	.122 (.049)	.013 (0)	.426 (0)

주: (   )는 간접효과.

다. 요 약

1) 전 체

평생교육사 양성과정의 효과에 영향을 미치는 요인을 구조방정식 모형으로 <표 Ⅳ-4-28>과 같이 분석해보면 첫째, 직무능력 개발 효과는 성별, 교육 프로그램 만족도가 유의미한 영향을 미치는 것으로 나타났다. 남성이 여성보다, 교육 프로그램 만족도가 높을수록 직무능력 개발 효과가 높은 것으로 나타났다. 교육 프로그램 만족도는 연령, 수입, 교육 참여 동기, 교육 사전 인지도가 유의미한 영향을 미치는 것으로 나타났다. 연령이 많을수록, 수입은 많을수록, 외재적 동기가 높을수록, 교육 사전 인지도가 높을수록 교육 프로그램 만족도가 높았다.

둘째, 고용개선 효과는 연령, 학력, 교육 사전 인지도가 유의미한 영향을 미치는 것으로 나타났다. 연령이 적을수록, 학력은 높을수록, 교육 사전 인지도가 높을수록 고용개선 효과가 높은 것으로 나타났다. 교육 프로그램 만족도는 연령, 수입, 교육 사전 인지도가 유의미한 영향을 미치는 것으로 나타났다. 연령이 많을수록, 수입이 많을수록, 교육 사전 인지도가 높을수록 교육 프로그램 만족도가 높았다.

셋째, 자아실현 효과는 성별, 연령, 수입, 교육 사전 인지도, 교육 프로그램 만족도가 유의미한 영향을 미치는 것으로 나타났다. 남성보다 여성이, 연령은 높을수록, 수입은 낮을수록, 교육 사전 인지도가 높을수록, 교육 프로그램 만족도가 높을수록 자아실현 효과가 높은 것으로 나타났다. 교육 프로그램 만족도는 연령, 수입이 유의미한 영향을 미치는 것으로 나타났다. 연령이 많을수록, 수입이 높을수록 교육 프로그램 만족도가 높았다.

넷째, 사회적 네트워크 구축 효과는 연령, 학력, 교육 사전 인지도, 교육 프로그램 만족도가 유의미한 영향을 미치는 것으로 나타났다. 연령이 많을수록, 학력이 높을수록, 교육 사전 인지도가 높을수록, 교육 프로그램 만족도가 높을수록 사회적 네트워크 구축 효과가 높은 것으로 나타났다. 교육 프로그램 만족도는 연령, 수입, 교육 참여 동기가 유의미한 영향을 미치는 것으로 나타났다. 연령이 많을수록, 수입이 높을수록, 외재적 동기가 높을수록 교육 프로그램 만족도가 높았다.

<표 Ⅳ-4-27> 구조방정식 모형의 분석 결과; 전체

구 분	교육 인지도	교육 참여 동기	수입	학력	연령	성별	프로그램 만족도
직무능력 개발 효과						남성	+
교육 프로그램 만족도	+	+	+		+		
전체영향(직접영향+간접영향)순위	②	③	⑥	⑤	③	⑦	①
고용개선 효과	+			+	−		
교육 프로그램 만족도	+		+		+		
전체영향(직접영향+간접영향)순위	②	④	⑥	③	①	⑤	⑦
자아실현 효과	+		−		+	여성	+
교육 프로그램 만족도			+		+		
전체영향(직접영향+간접영향)순위	②	⑥	⑤	⑦	③	④	①
사회적 네트워크 구축 효과	+			+	+		+
교육 프로그램 만족도		외재적 동기	+		+		
전체영향(직접영향+간접영향)순위	③	⑥	⑤	④	②	⑦	①

주: + 정적 영향, − 부적 영향.

2) 평생교육사 양성과정

평생교육사 양성과정의 효과에 영향을 미치는 요인을 구조방정식 모형으로 〈표 Ⅳ-4-28〉과 같이 분석해보면 첫째, 직무능력 개발 효과는 연령, 학력, 수입, 교육 프로그램 만족도가 유의미한 영향을 미치는 것으로 나타났다. 연령은 많을수록, 학력은 높을수록, 수입은 낮을수록, 교육 프로그램 만족도는 높을수록 직무능력 개발 효과가 높은 것으로 나타났다. 교육 프로그램 만족도는 학력, 교육 참여 동기, 교육 사전 인지도가 유의미한 영향을 미치는 것으로 나타났다. 학력이 낮을수록, 외재적 동기가 높을수록, 교육 사전 인지도가 높을수록 교육 프로그램 만족도가 높았다. 교육기관 만족도는 교육 사전 인지도가 높을수록 교육기관 만족도가 높았다.

둘째, 고용개선 효과는 유의미한 직접적 영향을 미치는 것이 나타나지 않았다. 교육 프로그램 만족도는 학력과 교육 참여 동기, 교육 사전 인지도가 유의미한 영향을 미치는 것으로 나타났다. 학력은 낮을수록, 외재적 동기가 높을수록, 교육 사전 인지도가 높을수록 교육 프로그램 만족도가 높은 것으로 나타났다. 교육기관 만족도는 교육 사전 인지도가 높을수록 교육기관 만족도가 높았다.

셋째, 자아실현 효과는 성별, 학력, 교육 프로그램 만족도가 유의미한 영향을 미치는 것으로 나타났다. 여성이 남성보다, 학력이 높을수록, 교육 프로그램 만족도가 높을수록 자아실현 효과가 높은 것으로 나타났다. 교육 프로그램 만족도는 학력, 교육 참여 동기, 교육 인지도가 유의미한 영향을 미치는 것으로 나타났다. 학력은 낮을수록, 외재적 동기가 높을수록, 교육 인지도가 높을수록 교육 프로그램 만족도가 높았다. 교육기관 만족도는 교육 인지도가 높을수록 교육기관 만족도가 높았다.

넷째, 사회적 네트워크 구축 효과는 학력, 교육 사전 인지도, 교육 프로그램 만족도가 유의미한 영향을 미치는 것으로 나타났다. 학력이 높을수록, 교육 사전 인지도가 높을수록, 교육 프로그램 만족도가 높을수록 사회적 네트워크 구축 효과가 높은 것으로 나타났다. 교육 프로그램 만족도는 학력, 교육 참여 동기, 교육 사전 인지도가 유의미한 영향을 미치는 것으로 나타났다. 학력은 낮을수록, 외재적 동기가 높을수록, 교육 사전 인지도가 높을수록 교육 프로그램 만족도가 높았다. 교육기관 만족도는 교육 사전 인지도가 높을수록 교육기관 만족도가 높았다.

<표 Ⅳ-4-28> 구조방정식 모형의 분석 결과; 평생교육사 양성과정

구 분	교육 인지도	교육 참여 동기	수입	학력	연령	성별	기관 만족도	프로 그램 만족도
직무능력 개발 효과			−	+	+			+
교육 프로그램 만족도	+	외재적 동기		−				
교육기관 만족도	+							
전체영향(직접영향+간접영향)순위	③	⑥	⑤	⑧	②	⑦	④	①
고용개선 효과				+				
교육 프로그램 만족도	+	외재적 동기						
교육기관 만족도	+							
전체영향(직접영향+간접영향)순위	①	⑦	⑥	⑧	②	⑤	④	③
자아실현 효과				+		여성		+
교육 프로그램 만족도	+	외재적 동기		−				
교육기관 만족도	+							
전체영향(직접영향+간접영향)순위	②	⑤	⑦	④	⑥	③	⑧	①
사회적 네트워크 구축 효과	+			+				+
교육 프로그램 만족도	+	외재적 동기		−				
교육기관 만족도	+							
전체영향(직접영향+간접영향)순위	②	⑦	③	⑥	⑤	④	⑧	①

주: + 정적 영향, − 부적 영향.

V. 요약 및 결론

1. 요 약

이 연구는 현재 다양한 기관에서 시행하고 있는 평생교육사 양성교육의 효과를 분석하고, 평생교육사 양성교육의 효과에 영향을 미치는 요인을 분석하는 데 그 목적이 있다. 이를 위하여 평생교육사 양성교육을 마친 후 현장에 배출되어 있는 평생교육사들을 대상으로 설문지 조사를 실시하였다.

연구의 내용은 첫째, 평생교육사 양성교육이 직무능력 개발(기획능력, 프로그램 개발능력, 프로그램 운영능력, 마케팅 능력, 행정업무 능력, 교수업무 능력, 기타 능력), 고용개선, 자아실현, 사회적 네트워크 구축에 어떠한 효과를 가져왔는지를 분석하였다.

둘째, 평생교육사의 학습자 변인 및 교육 프로그램 만족도와 교육기관 만족도 변인에 따라 교수에 대한 만족도와 교육과정 만족도, 그리고 평생교육사 양성교육의 효과에 어떠한 차이가 있는가를 분석하였다.

셋째, 평생교육사 양성교육에 대한 효과에 영향을 미치는 변인들을 알아보기 위해, 직무능력 개발 효과(기획능력, 기획능력, 프로그램 개발능력, 프로그램 운영능력, 마케팅 능력, 행정업무 능력, 교수업무 능력, 기타 능력), 고용개선 효과, 자아실현 효과, 사회적 네트워크 구축 효과를 종속변인으로 하고, 학습자 요인 및 교육기관 요인을 독립변인으로 하고, 교육 프로그램 만족도와 교육기관 만족도를 매개변인으로 한 구조방정식 모형을 분석하였다.

가. 평생교육사 양성교육의 효과

평생교육사들은 평생교육사 양성교육의 효과 중에서 자아실현(3.89)효과가 가장 높은 것으로 인식하고 있으며, 직무능력 개발(3.21)에 있어서는 어느 정도 효과가 있는 것으로 인식하고 있었다. 그러나 사회적 네트워크 구축(2.84)과 고용개선(2.08) 면에서는 효과가 낮은 것으로 인식하고 있었다. 직무능력 개발 효과는 프로그램 개발 업무 능력(3.43)에 있어 교육 효과가 가장 높게 나타났으며, 다음으로는 기획(3.40), 교수(3.33), 프로그램 운영(3.31), 마케팅(3.26), 행정(3.12) 업무 개발 순으로 효과가 있는 것으로 나타났다.

자아실현 효과는 응답자의 80% 정도가 평생교육사 양성교육을 통해 배움의 기쁨과 평생교육에 대한 보람감을 느끼게 되었다고 응답하여 매우 높은 효과가 나타났다. 사회적 네트워크 구축 효과는 업무수행에 필요한 네트워크 구축과 동료학습자와의 유대감 형성에는 도움이 되었으나 학습동아리 결성과 동료학습자와의 정보 교환, 교수 및 행정직원과의 지속적인 교류 면에서는 효과가 낮은 것으로 나타났다. 고용개선 효과는 가장 낮은 것으로 나타났는데 이는 직무능력 개발이 취업, 승진, 소득 등 전반적인 고용개선에까지 연계되지 않는다는 것을 의미한다.

나. 학습자 요인 및 교육기관 유형별 평생교육사 양성 교육 효과의 차이

학습자 요인에 따른 평생교육사 양성교육에 대한 만족도와 평생교육사 양성교육 효과의 차이를 분석한 결과 성별, 교육 참여 동기, 연령, 최종 학력, 수입에 따라 유의미한 차이가 있는 것으로 나타났다. 평생교육사 양성교육에 대한 만족도의 차이를 분석한 결과 첫째, 교수만족도는 교육 참여 동기, 최종 학력, 수입, 교육기관 유형별로 유의미한 차이가 있는 것으로 나타났다. 즉, 교육 참여 동기는 외재적 동기가 높을수록, 최종 학력은 대학원 이상 졸업자가 대학 졸업자보다, 수입은 높을수록, 교육기관 유형별로는 대학원 출신이 대학교 출신보다 교수에 대한 만족도가 높은 것으로 나타났다. 둘째, 교육 운영 담당자 만족도는 학습자 요인과 교육기관 유형별로 유의미한 차이가 나타나지 않았다. 셋째, 교육과정 만족도는 연령, 수입, 교육기관 유형별로 유의미한 차이가 있는 것으로 나타났다. 즉, 연령이 많을수록, 수입이 많을수록, 대학평생교육원 양성과정 출신이 다른 교육기관 출신보다 교육과정 만족도가 높은 것으로 나타났다. 넷째, 교육기관 만족도는 최종 학력에 따라 유의미한 차이가 있는 것으로 나타났다. 즉, 대학원 이상 졸업자가 대학 졸업자보다 교육기관 만족도가 높은 것으로 나타났다.

평생교육사 양성교육 효과의 차이를 분석한 결과는 다음과 같다. 직무능력 개발 효과 중 첫째, 기획능력 효과는 교육 참여 동기와 수입별, 교육기관 유형별로 유의미한 차이가 있는 것으로 나타났다. 즉, 외재적 동기가 높을수록, 수입이 많을수록 기획능력 효과가 높은 것으로 나타났으나 교육기관 유형별로는 집단 간 차이가 나타나지 않았다.

둘째, 프로그램 개발 효과는 성별, 최종 학력, 교육기관 유형별로 유의미한 차이가 있는 것으로 나타났다. 즉, 남성이 여성보다, 대학원 이상 졸업자가 대학 졸업자보다, 대학원 출신이 전문대학교 출신, 대학교 출신보다 프로그램 개발 효과가 높은 것으로 나타났다.

셋째, 프로그램 운영 효과는 연령, 최종 학력, 교육기관 유형별로 유의미한 차이가 있는 것으로 나타났다. 즉, 연령이 많을수록, 대학원 이상 졸업자가 대학 졸업자보다, 대학원 출신이 다른 교육기관 출신보다 프로그램 운영 효과가 높은 것으로 나타났다.

넷째, 마케팅 효과는 성별로 유의미한 차이가 있는 것으로 나타났다. 즉, 남성이 여성보다 마케팅 효과가 높은 것으로 나타났다.

다섯째, 행정업무 효과는 연령, 수입, 교육기관 유형별로 유의미한 차이가 있는 것으로 나타났다. 즉, 연령이 많을수록, 수입이 많을수록, 행정업무 효과가 높은 것으로 나타났으나 교육기관 유형별로는 집단 간 차이가 나타나지 않았다.

여섯째, 교수업무 효과는 성별이 유의미한 차이가 있는 것으로 나타났다. 즉, 남성이 여성보다 교수업무 효과가 높은 것으로 나타났다. 여섯째, 기타 관련 업무 효과는 성별, 최종 학력별로 유의미한 차이가 있는 것으로 나타났다. 즉, 남성이 여성보다, 대학원 이상 졸업자가 대학 졸업자보다 기타 관련 업무 효과가 높은 것으로 나타났다.

고용개선 효과는 연령과 교육기관 유형별로 유의미한 차이가 있는 것으로 나타났다. 즉, 연령이 적을수록, 대학원 출신이 다른 교육기관 출신보다 고용개선 효과가 높은 것으로 나타났다. 자아실현 효과는 수입과 교육기관 유형별로 유의미한 차이가 있는 것으로 나타났다. 즉, 수입별로는 100만 원 이하 집단이 다른 집단보다, 대학교 출신 집단이 다른 교육기관 출신 집단보다 자아실현 효과가 높은 것으로 나타났다. 사회적 네트워크 구축 효과는 연령, 최종 학력, 수입, 교육기관 유형별이 유의미한 차이가 있는 것으로 나타났다. 즉, 연령이 많을수록, 대학원 이상 졸업자가 대학 졸업자보다, 수입이 많을수록, 대학원 출신이 다른 교육기관 출신보다 사회적 네트워크 구축 효과가 높은 것으로 나타났다.

다. 평생교육사 양성교육의 효과에 영향을 미치는 요인

1) 전 체

평생교육사 양성교육의 효과에 영향을 미치는 요인을 구조방정식 모형으로 분석한 결과 첫째, 직무능력 개발 효과에는 성별, 교육 프로그램 만족도가 유의미한 직접적 영향을 미치는 것으로 나타났다. 즉, 남성이 여성보다, 교육 프로그램 만족도가 높을수록 직무능력 개발 효과가 높은 것으로 나타났다. 연령, 수입, 교육 참여 동기, 교육 사전 인지도 등 학습자 요인은 교육 프로그램 만족도를 매개로 하여 간접적으로도 직무능력 개발 효과에 영향을 미치는 것으로 나타났다. 교육 프로그램 만족도에는 연령, 수입, 교육 참여 동기, 교육 사전 인지도가 유의미한 직접적 영향을 미치는 것으로 나타났으며, 연령이 많을수록, 수입이 많을수록, 외재적 동기가 높을수록, 교육 사전 인지도가 높을수록 교육 프로그램 만족도가 높은 것으로 나타났다. 직무능력 개발 효과에 미치는 직접적 영향과 간접적 영향을 합한 전체 영향은 교육 프로그램 만족도→교육 사전 인지도→교육 참여 동기=연령→학력→수입→성별 순으로 높은 것으로 나타났다.

둘째, 고용개선 효과에는 연령, 학력, 교육 사전 인지도가 유의미한 직접적 영향을 미치는 것으로 나타났다. 즉, 연령이 적을수록, 학력이 높을수록, 교육 사전 인지도가 높을수록 고용개선 효과가 높은 것으로 나타났다. 연령, 수입, 교육 사전 인지도 등 학습자 요인은 교육 프로그램 만족도를 매개로 하여 간접적으로도 고용 개선 효과에 영향을 미치는 것으로 나타났다. 교육 프로그램 만족도에는 연령, 수입, 교육 사전 인지도가 유의미한 직접적 영향을 미치는 것으로 나타났으며, 연령이 많을수록, 수입이 많을수록, 교육 사전 인지도가 높을수록 교육 프로그램 만족도가 높은 것으로 나타났다. 고용개선 효과에 미치는 직접적 영향과 간접적 영향을 합한 전체 영향은 연령→교육 사전 인지도→학력→교육 참여 동기→성별→수입→교육 프로그램 만족도 순으로 높은 것으로 나타났다.

셋째, 자아실현 효과에는 성별, 연령, 수입, 교육 사전 인지도, 교육 프로그램 만족도가 유의미한 직접적 영향을 미치는 것으로 나타났다. 즉, 남성보다 여성이, 연령이 높을수록, 수입이 낮을수록, 교육 사전 인지도가 높을수록, 교육 프로그램 만족도가 높을수록 자아실현 효과가 높은 것으로 나타났다. 연령, 수입은 교육 프로그램 만족도를 매개로 하여 간접적으로도 자아실현 효과에 영향을 미치는 것으로 나타났다. 교육 프로그램 만족도에는 연령, 수입이 유의미한 직접적 영향을 미치는 것으로 나타났으며, 연령이 많을수록, 수입이 높을수록 교육 프로그램 만족도가 높았다. 자아실현 효과에 미치는 직접적 영향과 간접적 영향을 합한 전체 영향은 교육 프로그램 만족도→교육 사전 인지도→연령→성별→수입→교육 참여 동기→학력 순으로 높은 것으로 나타났다.

넷째, 사회적 네트워크 구축 효과에는 연령, 학력, 교육 사전 인지도, 교육 프로그램 만족도가 유의미한 직접적 영향을 미치는 것으로 나타났다. 즉, 연령이 많을수록, 학력이 높을수록, 교육 사전 인지도가 높을수록, 교육 프로그램 만족도가 높을수록 사회적 네트워크 구축 효과가 높은 것으로 나타났다. 연령, 수입, 교육 참여 동기 등 학습자 요인은 교육 프로그램 만족도를 매개로 하여 간접적으로도 직무능력 개발 효과에 영향을 미치는 것으로 나타났다. 교육 프로그램 만족도에는 연령, 수입, 교육 참여 동기가 유의미한 직접적 영향을 미치는 것으로 나타났으며, 연령이 많을수록, 수입이 높을수록, 외재적 동기가 높을수록 교육 프로그램 만족도가 높았다. 사회적 네트워크 구축에 미치는 직접적 영향과 간접적 영향을 합한 전체 영향은 교육 프로그램 만족도→연령→교육 사전 인지도→학력→수입→교육 참여 동기→성별 순으로 높은 것으로 나타났다.

2) 평생교육사 양성과정

평생교육사 양성과정의 효과에 영향을 미치는 요인을 구조방정식 모형으로 분석해보면 첫째, 직무능력 개발 효과에는 연령, 학력, 수입, 교육 프로그램 만족도가 유의미한 직접적 영향을 미치는 것으로 나타났다. 즉, 연령이 많을수록, 학력이 높을수록, 수입이 낮을수록, 교육 프로그램 만족도는 높을수록 직무능력 개발 효과가 높은 것으로 나타났다. 학력, 교육 참여 동기, 교육 사전 인지도는 교육 프로그램 만족도와 교육기관 만족도를 매개로 하여 간접적으로도 직무능력 개발 효과에 영향을 미치는 것으로 나타났다. 교육 프로그램 만족도에는 학력, 교육 참여 동기, 교육 사전 인지도가 유의미한 직접적 영향을 미치는 것으로 나타났으며, 학력이 낮을수록, 외재적 동기가 높을수록, 교육 사전 인지도가 높을수록 교육 프로그램 만족도가 높았다. 교육기관 만족도에는 교육에 대한 사전 인지도가 유의미한 직접적 영향을 미치는 것으로 나타났으며, 교육에 대한 사전 인지도가 높을수록 교육기관 만족도가 높았다. 직무능력 개발 효과에 미치는 직접적 영향과 간접적 영향을 합한 전체 영향은 교육 프로그램 만족도→연령→교육 사전 인지도→교육기관 만족도→수입→교육 참여 동기→성별→학력 순으로 높은 것으로 나타났다.

둘째, 고용개선 효과에는 학습자 요인과 교육기관 요인 모두 유의미한 직접적 영향을 미치지 않는 것으로 나타났다. 그러나 학력과 교육 참여 동기, 교육에 대한 사전 인지도는 교육 프로그램 만족도와 교육기관 만족도를 매개로 하여 간접적으로 고용 개선 효과에 영향을 미치는 것으로 나타났다. 교육 프로그램 만족도에는 학력과 교육 참여 동기, 교육 사전 인지도가 유의미한 직접적 영향을 미치는 것으로 나타났으며, 학력이 낮을수록, 외재적 동기가 높을수록, 교육 사전 인지도가 높을수록 교육 프로그램 만족도가 높은 것으로 나타났다. 교육기관 만족도에는 교육 사전 인지도가 유의미한 직접적 영향을 미치는 것으로 나타났으며, 교육 사전 인지도가 높을수록 교육기관 만족도가 높았다. 고용개선 효과에 미치는 전체 영향은 교육 사전 인지도→연령→교육 프로그램 만족도→교육기관 만족도→성별→수입→교육 참여 동기→학력 순으로 높은 것으로 나타났다.

셋째, 자아실현 효과에는 성별, 학력, 교육 프로그램 만족도가 유의미한 직접적 영향을 미치는 것으로 나타났다. 즉, 여성이 남성보다, 학력이 높을수록, 교육 프로그램 만족도가 높을수록 자아실현 효과가 높은 것으로 나타났다. 학력과 교육 참여 동기, 교육인지도는 교육 프로그램 만족도와 교육기관 만족도를 매개로 하여 간접적으로도 자아실현 효과에 영향을 미치는 것으로 나타났다. 교육 프로그램 만족도에는 학력, 교육 참여 동기, 교육에 대한 사전 인지도가 유의미한 직접적 영향을 미치는 것으로 나타났으며, 학력이 낮을수록, 외재적 동기가 높을수록, 교육 인지도가 높을수록 교육 프로그램 만족도가 높았다. 교육기관 만족도에는 교육 인지도가 유의미한 직접적 영향을 미치는 것으로 나타났으며, 교육 인지도가 높을수록 교육기관 만족도가 높았다. 간접적 영향을 합한 전체 영향은 교육 프로그램 만족도→교육 사전 인지도→성별→학력→교육 참여 동기→연령→수입→교육기관 만족도 순으로 높은 것으로 나타났다.

넷째, 사회적 네트워크 구축 효과에는 학력, 교육 사전 인지도, 교육 프로그램 만족도가 유의미한 직접적 영향을 미치는 것으로 나타났다. 즉, 학력이 높을수록, 교육 사전 인지도가 높을수록, 교육 프로그램 만족도가 높을수록 사회적 네트워크 구축 효과가 높은 것으로 나타났다. 학력과 교육 참여 동기, 교육 사전 인지도는 교육 프로그램 만족도와 교육기관 만족도를 매개로 하여 간접적으로도 사회적 네트워크 구축 효과에 영향을 미치는 것으로 나타났다. 교육 프로그램 만족도에는 학력, 교육 참여 동기, 교육 사전 인지도가 유의미한 직접적 영향을 미치는 것으로 나타났으며, 학력이 낮을수록, 외재적 동기가 높을수록, 교육 사전 인지도가 높을수록 교육 프로그램 만족도가 높았다. 교육기관 만족도에는 교육 사전 인지도가 유의미한 직접적 영향을 미치는 것으로 나타났으며, 교육 사전 인지도가 높을수록 교육기관 만족도가 높았다. 사회적 네트워크 구축에 미치는 직접적 영향과 간접적 영향을 합한 전체 영향은 교육 프로그램 만족도→교육 사전 인지도→수입→성별→연령→학력→교육 참여 동기→교육기관 만족도 순으로 높은 것으로 나타났다.

2. 결론 및 제언

본 연구에서는 평생교육사 양성교육의 효과를 분석하고, 학습자 요인 및 교육기관 요인에 따른 평생교육사 양성교육 효과의 집단 간 차이를 분석하는 한편, 평생교육사 양성교육의 효과에 영향을 미치는 요인을 분석하였다. 이 연구 결과를 가지고 다음과 같은 결론을 내릴 수 있다.

첫째, 평생교육사 양성교육에 대한 홍보를 통하여 양성교육에 대한 사전 인지도를 높여 주어야한다. 연구 결과에 의하면 평생교육사 양성교육에 대한 사전 인지도가 교육의 효과에 유의미한 영향을 주고 있는 것으로 나타났으나, 평생교육사 양성교육에 대한 사전 인지도(2.87)는 낮은 것으로 나타났다. 응답자들의 42.5%가 평생교육사 양성교육이나 평생교육사가 무엇인지에 대하여 정확히 알지 못하고 평생교육사 양성교육을 시작한다고 하였다. 이는 평생교육사 양성교육을 이수하는 학습자들이 막연하게 목표도 없이 단지 미래를 위하여 자격이나 취득해야 하겠다는 마음으로 시작하는 경우가 많다는 것을 의미하며 결국은 교육의 효과를 떨어뜨리는 원인이 되기도 한다. 따라서 평생교육사 양성교육의 효과를 높이려면 평생교육사 및 양성교육에 대한 홍보를 통하여 자격을 취득하려는 학습자에게 사전에 평생교육사가 무엇인지, 왜 필요한지, 평생교육사 양성교육에서 무엇을 배워, 전망은 어떤지에 대한 사전 지식을 습득할 기회를 제공할 필요가 있다.

또한 연구 결과를 보면 대학원 출신에게서 양성과정의 교수에 대한 만족도가 가장 높으며, 대학평생교육원 양성과정 출신 집단에서 교육과정 만족도가 가장 높은 것으로 나타났다. 반면에 대학교 출신 집단의 교수에 대한 만족도와 교육과정 만족도가 가장 낮은 것으로 나타났다. 대학원 출신 집단이 다른 출신 집단보다 교수에 대한 만족도가 가장 높은 이유는 학생 수가 소수이고 교수들과 긴밀한 관계를 지속적으로 가질 수 있기 때문인 것으로 추측된다. 한편 대학평생교육원 양성과정 출신의 교육과정 만족도가 가장 높은 이유는 다른 과정의 경우 평생교육사 자격 과정이 부수적으로 설치, 운영되는 반면 양성과정의 경우 평생교육사 양성을 주 목적으로 설치, 운영되어 보다 내실 있는 교육과정을 제공할 수 있기 때문인 것으로 해석할 수 있다. 다른 한편으로 대학교 출신 집단은 평생교육사 양성교육에 대한 정확한 사전지식과 목표의식이 없이 막연하게 자격을 취득하기 위하여 과정을 선택한 경우가 많은 반면, 양성과정 출신 집단의 경우 학습자들이 실질적인 필요에 의해 자발적으로 선택하여 목표의식이 강하기 때문인 것으로도 해석할 수 있다. 따라서 대학교에서 평생교육사 양성과정의 내실을 기하는 한편, 학습자들에게 평생교육사의 역할이나 전망에 대하여 충분히 인식시킬 필요가 있다.

둘째, 사회적 네트워크 구축에 담당자들의 세심한 지원이 필요하다. 연구 결과를 보면 사회적 네트워크 구축 효과의 경우 업무수행에 필요한 네트워크 구축(3.42)과 동료학습자와의 유대감 형성(3.17)에는 도움이 되었으나 학습동아리 결성(2.51)과 동료학습자와의 정보 교환(2.67), 교수(2.65) 및 행정직원(2.43)과의 지속적인 교류 면에서는 효과가 낮은 것으로 나타났다. 이는 성인학습이 사회적 네트워크 구축을 통하여 사회적 자본의 형성에 의미 있게 기여할 수 있다는 점에 비추어 볼 때 평생교육사 양성교육 프로그램은 이와 같은 기능 수행에 그다지 효과적이지 못하다는 것을 의미한다. 또한 오늘날처럼 평생교육기관의 양적 증대로 인하여 기관 간의 경쟁이 치열해져 가는 시점에서 기관의 설립 목적에 맞는 프로그램의 차별화와 지역주민이 요구하는 평생교육 프로그램에 대한 정보의 공유를 위해서도 평생교육 담당자들의 사회적 네트워크 구축은 매우 중요하다 하겠다. 따라서 사회적 네트워크 구축 효과를 높이기 위해서는 프로그램 참여자들이 프로그램 이수 후에도 학습동아리를 결성하고, 동료학습자와 지속적으로 정보를 교환하며, 교수 및 담당 직원과의 지속적인 교류를 통하여 평생학습 기반을 마련하고 평생교육에 대한 정보를 공유할 수 있도록 프로그램 담당자들의 세심한 지원이 요구된다 하겠다.

셋째, 평생교육사 양성교육 담당 교수들의 현장성을 제고시킬 필요가 있다. 연구 결과에 의하면 교수들의 현장성에 대한 만족도가 상당히 낮은 것으로(2.77) 나타났다. 이는 평생교육사 양성교육을 위한 평생교육 전공 교수 요원의 부족으로 인하여 평생교육 비전공자나 평생교육 현장에 대하여 잘 모르는 교수 요원들에 의하여 평생교육사 양성과정이 운영되고 있기 때문이라 할 수 있다. 평생교육사 양성교육은 평생교육사를 취득하고 현장에서 업무를 수행하는 것을 목표로 하고 있다. 따라서 이론적인 부분도 중요하지만 현장에 대한 정확한 지식을 보유해야 한다. 더욱이 청소년지도사나 사회복지사의 경우 취업할 수 있는 기관은 청소년수련시설과 복지관으로 한정되어 있는 데 비하여 평생교육사의 취업할 수 있는 기관은 매우 다양하기 때문에 다른 자격과정에 비하여 현장에 대한 정확한 이해 없이는 직무를 효과적으로 수행하기 어려운 경우가 많다. 이러한 문제를 해결하기 위하여 평생교육사 양성교육과정 운영을 위해 평생교육 현장에 대하여 해박한 지식을 가진 전문 교수와 전문 강사의 확보 및 육성이 필요하며, 현장의 전문가들을 활용하여 현장감을 높이는 것도 중요하다 하겠다.

넷째, 평생교육사 양성과정의 교육 효과를 높이기 위해서는 도서관과 같은 부대시설의 사용에 대한 배려가 있어야 한다. 평생교육사 양성과정 출신자들은 특히 양성과정 이수 중 대학교의 도서관이나 편의시설을 자유롭게 이용하지 못한다는 것을 불편 사항으로 지적하였다. 이는 양성과정의 대상자가 평균 연령이 40-50대가 44%를 차지하고 있으며 이들이 평생교육기관에서 상대적으로 고위직에 종사하고 있는 경우가 많기 때문에 강의 시설과 편의에 대하여 만족스럽지 않다고 느낀 결과라 할 수 있다. 따라서 평생교육사 양성과정의 효과를 더욱 높이기 위해서는 학습자들에게 대학교의 도서관 사용에 대한 배려는 물론 교육기관의 편의시설에 대한 충분한 배려가 있어야 하겠다.

다섯째, 평생교육사 고용배치를 위한 정책적 노력과 고용배치를 위한 제도적 장치가 필요하다. 연구 결과를 보면 평생교육사 양성교육의 효과 중 자아실현 효과(3.89)와 직무능력 개발 효과(3.21)에 있어서는 어느 정도 효과가 있는 것으로 인식하고 있었으나, 사회적 네트워크 구축 효과(2.84)와 고용개선 효과(2.08) 면에서는 효과가 낮은 것으로 인식하고 있는 것으로 나타났다. 이 중 고용개선 효과가 유난히 낮다는 것은 직무능력 개발이 취업, 승진, 소득 등 전반적인 고용개선에까지 연계되지 않는다는 것을 의미한다. 이것은 평생교육사의 시장이 경직되어 있어 평생교육사의 고용관행이 평생교육사의 생산성을 반영하지 못하고 있다는 것을 의미하며, 상당 부분 평생교육사의 수요 부족에 따른 과잉 공급에 기인한다.

지금까지 평생교육사들이 약 32,998명 넘게 양성되었지만 1,544개의 평생교육관련 기관에 766명이 근무하고 있어 양성인원에 비하여 약 2.4%만이 평생교육 관련 기관에 근무하고 있는 것으로 나타났다. 평생교육사들이 현장에 취업하기 어려운 이유로는 아직 평생교육사의 존재나 역할에 대한 홍보가 충분히 이루어져 있지 않다는 사실 외에도, 다양한 평생교육기관의 욕구에 비하여 평생교육사들의 전문성 이 부족하다는 현장의 인식 때문이기도 하다. 또한 평생교육사가 이와 비슷한 청소년지도사나 사회복지사에 비하여 자격과 의무배치 등의 규정에 있어서 자격증의 전문성과 공신력을 제고할 수 있는 법적, 제도적 보완 장치들을 확보하지 못하고 있다는 사실에도 기인한다. 한편 정부와 지방자치단체는 물론 대학, 평생교육 관련 전문 학회와 단체 등에서 평생교육사 양성에만 신경을 썼지 배치가 현실적으로 가능하도록 다각적인 조치와 계속적인 노력이 없었던 점도 큰 문제점이다.

따라서 평생교육사의 양성을 확대시켜 자격증을 남발하기보다 평생교육사의 수요를 창출하려는 정책적 노력과 고용배치를 위한 제도적 장치가 절대적으로 필요한 실정이다. 실제로 평생교육법 제19조에는 제19조 ①항에서는 평생교육단체 및 평생교육시설에는 효율적인 평생교육의 실시를 위하여 평생교육사를 배치하여야 한다는 강제 배치 조항을 두고 있으나 이에 대한 어떠한 행정적 조치도 없는 유명무실한 조항에 불과하다. 공공부문의 평생교육기관부터 평생교육사 채용을 의무화하는 한편, 평생교육기관을 평가할 때 평가기준 중 평생교육사 채용 여부가 차지하는 비중을 높일 필요가 있다. 궁극적으로는 현재 평생교육법상에서 법적 강제력이 없는 평생교육사 배치 규정을 법적 강제력이 있는 규정으로 개정할 필요가 있다.

이상에서 진행된 연구에서 그 설계와 관련하여 제한점을 정리하면 다음과 같다. 첫째, 본 연구는 평생교육사 양성교육의 효과를 평생교육사의 인식에 기초하여 분석하고자 하였기 때문에 그 효과를 객관적으로 파악하는 데 한계가 있다. 평생교육사를 채용하고 있는 기관의 고용주나 인사담당자, 동료, 학습자 등의 인식을 동시에 조사·분석하여 평생교육사 본인의 인식 분석 결과와 결합시킨다면 효과 분석의 객관성 확보에 기여할 수 있을 것이다.

둘째, 본 연구의 주 목적은 평생교육사 양성교육의 효과를 검증하고, 이와 같은 효과에 영향을 미치는 요인을 분석하는 것이었으나, 효과에 영향을 미치는 요인 중 교육기관 관련 변인 및 교육 프로그램 관련 변인의 구체화 정도가 상대적으로 낮아 교육 프로그램을 개선하는 데 기여할 수 있는 실질적인 시사점을 얻는 데 어느 정도 한계가 있는 것으로 보인다. 교육 프로그램을 개선하기 위해서는 교육기관 및 교육 프로그램 관련 요인 중 어떤 요인들이 프로그램 효과에 영향을 미치는 지를 규명하여 이 요인들에 대한 처치를 촉진하는 데 기여할 수 있어야 하며, 따라서 교육기관과 교육 프로그램 요인들을 보다 구체화하여 이 요인들의 영향을 분석할 수 있는 후속 연구가 요청된다.

참고문헌

A. 국내 문헌

강병서(1997). 행렬과 SPSS/PC 이용 다변량통계분석. 서울: 학현사.

강순희・이병희・김미란(2001). 직업능력개발사업의 성과분석. 한국노동
　　연구원.

곽삼근(2001). 여성의 문화 활동유형과 평생교육요구에 관한 사례연구. 한
　　국성인교육학회. ANDRAGOGY TODAY 제4권 제2호, pp.35-61.

권대봉(1995). 평생학습 사회교육. 서울: 학지사.

권두승(1995). 평생교육론. 서울: 교육과학사.

______(1996). 조직・직무・개인적 특성이 사회교육 담당자의 직무 만족
　　도와 조직 헌신도에 미치는 영향. 한국사회교육학회. 사회교육학
　　연구 제2권 제1호, pp.217-243.

______(1997). 사회교육 담당자의 이직의도 결정요인. 한국사회교육학회.
　　사회교육학연구 제7권 제2호, pp.68-89.

______(1999). 사회교육 담당자 효능감 척도 개발과 그 시사점. 한국평생
　　교육학회. 사회교육학연구 제5권 제1호, pp.57-76.

권두승・양열모(1999). 평생교육사 양성제도 및 교육과정. 한국사회교육
　　학회. 평생교육법 제정에 따른 평생교육사 양성・임용제도 검토.
　　1999년도 춘계학술세미나 자료.

권순찬・김승한(1987). 한국평생교육체제의 확충(방송통신교육을 중심으
　　로). 서울: 한국방송통신대학 출판부.

권영자(1991). 주부의 여가와 사회교육. 한국지역사회교육중앙협의회
(편). 사회교육의 이해. 서울: 교육과학사.

김덕기(2001). 민간자격 국가공인 결과. 한국직업능력개발원. 직업과 인
력개발 제5권 제1호, pp.8-13.

교육개혁위원회(1995). 신교육체제 수립을 위한 교육개혁 보고서. 교육개
혁위원회.

교육인적자원부·한국교육개발원(1999). 평생교육백서. 교육인적자원부.

__________________________(2001). 평생교육백서. 교육인적자원부.

__________________________(2002). 평생교육백서. 교육인적자원부.

김광득(1996). 한국인의 놀이의식과 여가문화. 여가 문화연구회. 서울:
집문당.

김난수·김인회·오인탁·이성호·한준상(1982). 평생교육론. 서울: 문음사.

김성렬·김종두(2002). 평생교육사 교육과정에 대한 인지도 분석. 서원대
학 교교육대학원 학술저널 제6권, pp.57-75.

김승한(1983). 평생교육과 사회교육법. 유네스코한국위원회/한국평생교육
기구공편, 평생교육의 기초와 체제. 서울: 법문사.

김신일(2000). 새 시대 교육에 대한 한 시각. 한국교육연구. 한국교육연
구소 제6권 제1호, pp.1-18.

김애련(2004). 대학평생교육원 성인학습자의 학습성과 인식연구. 한국평
생교육학회. 평생교육학연구 제10권 제2호, pp.129-165.

김영종(1998). 사회복지행정. 서울: 학지사.

김영화(2000). 한국의 교육과 사회. 서울: 교육과학사.

_____(2001). 성인학습 기회와 참여의 형평성: 실태와 과제. 한국평생교
육학회. 평생교육연구 제7권 제1호, pp.41-68.

김영화 외(1999). 한국의 교육과 국가발전(1945-1995). 한국교육개발원.

김인아(1993). 한국 여성사회교육의 발전과정 연구. 사회교육학연구. 제3권 제1호. 한국교육학회. 사회교육연구회, pp.25-44.

김종서·황종건·김승한·정지웅·김신일(1987). 평생교육원론. 서울: 교육과학사.

김재인(1994). 21세기 여성의 진로와 여성사회교육의 과제. 한국여성사회교육회. 여성사회교육 제1권, pp.42-77.

김재인 외(2001). 여성교육개론. 서울: 교육과학사.

김진화(2003). 평생교육사의 직업적 전문성과 직무의 탐구. 한국평생교육학회. 평생교육학연구 제9권 제2호, pp.219-247.

김현수(2000). 민간자격 국가공인 결과. 한국직업능력개발원. 직업과 인력개발 제4권 제1호, pp.1-7.

______(1999). 평생교육사 자격제도의 발전 방향. 한국사회교육학회. 사회교육연구. 제5권 제1호, pp.271-281.

남정걸(1997). 사회교육 행정론. 서울: 교육과학사.

______(1995). 교육행정 및 교육경영. 서울: 교육과학사.

노종희(1998). 사회교육전문 요원 실태분석과 평생교육사 배치기준 및 교육과정 개발연구. 교육부.

류완영(1999). 평생교육사 양성체제 정립과 교수요목 개발 연구. 교육부.

박노열(1987). 사회교육 방법론. 서울: 형설출판사.

박부권(2001). 평생교육사 제도: 계몽적 낙관, 불확실한 전문성. 김신일·한숭희 편, 평생교육학. 서울: 교육과학사, pp.221-246.

박천환(1984). 학교교육의 효과에 관한 논의. 부산대학교 논문집. 제2권 제1호, pp.331-340.

배종무(1998). 대학의 세계화와 직업교육. 대전산업대학교산업과학기술연구소. 기술교육연구지 제6권, pp.21-32.

백일우(2000). 교육경제학. 서울: 학지사.

백은순(2001). 평생교육사 양성 연수 종합 계획. 한국교육개발원.

＿＿＿(2000). 평생교육사 양성과 연수제도. 한국평생교육학회 제1회 평생교육워크숍자료집.

백은순·오혁진·송병국·양병찬·우수진(2001). 평생교육사 제도운영 활성화 방안 연구. 한국교육개발원.

변종임(2003). 평생교육사의 역할 분석과 위상 제고 방안. 한국평생교육학회. 평생교육학연구 제9권 제2호, pp.195-218.

서준호·윤여인(2002). 공인 민간자격 사후관리 방안. 한국직업능력개발원.

성기선(1997). 인문계 고등학교 학교효과 연구. 서울대학교 박사학위논문.

송병순·이영호(2000). 평생교육의 이론과 실제. 서울: 원미사.

손준종(2000). 학교교육의 효과에 대한 학생들의 인식 연구. 한국청소년학회. 청소년학연구. 제7권 제2호, pp.73-95.

송병국·정지웅(1997). 사회교육자의 직업소외 결정요인 분석. 한국사회교육학회. 사회교육학연구. 제3권 제1호, pp.131-172.

신국현(2001). 중년여성을 위한 인터넷 교육 만족도와 개선방안 연구. 홍익대학교 박사학위논문.

신미식(1994). 여성사회교육의 현재와 미래. 한국여성사회교육회. 여성사회교육. 제2권, pp.85-108.

안상헌(1999). 한국평생교육체제의 사회적 기능. 한국교육학회 사회교육연구회. 사회교육학연구 제5권 제1호, pp.245-269.

오순환(1999). 한국여가문화의 이해. 서울: 일신사.

오혁진(1999). 성인교육 프로그램에 대한 학습자의 평가준거 연구. 서울
　　대학교 대학원 박사학위논문.

이규식(1996). 대학에 부여된 평생교육의 임무와 과제. 한세대학교 교수
　　논총 제8권, pp.391-315.

이숙원(2002). 대학부설 평생교육원 성인학습자의 참여지속 결정요인. 이
　　화여자대학교 박사학위논문.

이영 · 조연순 공역(1990). 영유아발달. 서울: 양서원.

이영현 역(1999). 21세기 직업을 위한 21세기 직업능력(21st Century
　　Skills for 21st Century Jobs). 한국직업능력개발원.

이종성 외(1998). 교육체제 개편에 따른 고등학교 직업교육 방향 설정에
　　관한 연구. 한국직업능력 개발원.

이지혜(2000). 성인의 학습자 성장과정 연구: 미용인의 직업발달을 중심
　　으로. 서울대학교 대학원 박사학위논문.

이해주(1996). 사회교육 참여와 민주시민성의 연관성에 관한 연구. 서울
　　대학교 박사학위논문.

이희승(1998). 대국어사전. 서울: 민중서림.

이호창(2000). 저숙련체제의 문제점과 숙련지향적 노사관계의 구축방안.
　　한국노총 중앙연구원.

이해주 · 최운실 · 권두승(2002). 평생교육 프로그램 개발. 서울: 한국방송
　　통신대학교출판부.

이해주 · 윤여각 · 전도근(2004). 평생교육사 현장실습의 이론과 실제. 서
　　울: 한국방송통신대학교출판부.

임형택(1999). 지식기반사회의 평생교육사 양성방안 연구. 광주대학교.
　　산경연구. 제12호, pp.261-292.

장진호(1985). 여가와 사회교육. 한국지역사회학교 후원회. 제3차 사회교육 심포지움 자료, pp.57-72.

정기호(2001). 중장기 국가인적자원개발 기본계획 수립 방향. 국립특수교육원. 특수학교장 워크숍 자료집 제2권, pp.1-6.

정용진(2003). 기업체 퇴직준비교육 프로그램 개발 및 효과에 관한 연구. 고려대학교 박사학위논문.

정지선(1999). 성인교육의 참여율과 성인교육 비용 분석에 관한 연구. 한국직업능력개발원.

정태화(1998). 선진국의 직업교육 개선 동향과 시사점에 관한 연구. 한국직업능력개발원. 직업능력 개발연구 제12권 제1호, pp.87-125.

주용국·손유미·윤여인(2002). 직업교육에 대한 산업체의 요구 및 만족도 조사. 한국직업능력 개발원.

조희옥(2001). 평생학습계획 체제의 방향에 관한 연구. 한국교육연구소. 한국교육연구 제7권 제2호, pp.1-18.

최돈민·이희수·윤여각(1999). 평생교육 요구 분석. 한국교육개발원.

최운실(1986). 성인교육유형에 따른 교육참여 특성 분석. 이화여자대학교 박사학위논문.

＿＿＿＿＿(1999). 평생교육의 법적 제도 및 행정지원체제 구축방안. 경기: 아주대학교.

최운실·송병국·백은순(1994). 사회교육전문지도자 양성과 연수 개선방안. 한국교육개발원.

한국교육개발원(1987). 평생교육적 관점에서 본 학교교육체제 발전전략. 한국교육개발원.

한국여성개발원(1991). 여성백서. 한국여성개발원.

한국직업능력 개발원(1999). 평생교육사 직무분석. 한국직업능력 개발원.

한상길(2001). 성인평생교육. 서울: 양서원.

황종건(1994). 사회교육의 과제와 전망. 서울: 정민사.

허경철·김영화·김정래·성기선(1998). 학교교육 효과 분석 연구. 한국교육개발원.

B. 외국 문헌

Advisory Counil for and Continuing Education(1982). *Adult: Their educational experiences and needs.* New York: Harper.

Alliger, G. M. & Janak. E. A.(1989). Kirkpatrick's levels of training criteria; Thirty years later, *Personnel Psychology Vol.42,* pp.331-342.

Balatti, J.(2002). Socioeconomic contributions of adult learning to community: A social capital perspective. *Adult Education Quarterly Vol.52. No.4,* pp.281-298.

Benn, R.(1995). Strangers in a strange land: Participations and withdraw on university certificates. *Studies in the Education of Adults Vol.27. No.2,* pp.187-199.

Bean, J. p & Metzner. B. S.(1985). Dropouts and turnover: The synthesis and test of a casual model of student attrition. *Research in Higher Education,* Vol.12 No.2, pp.155-187.

Bean, J. P. & Metzner. B. S.(1985). A conceptual models of nontraditional undergraduate student attrition. *Review of*

Educational Reaserch. Vol.55 *No.4,* pp.485-540.

Boaz, R. L.(1978). *Participation in adult education.* Final report 1975. (Washington D.C.: National Center for Education Statistics).

Child, D.(1977). *Psychology and the teacher.* New York: Holt, Rinehart and Winston.

Cross, K. P.(1981). *Adult as leaners: Increasing participation and facilitating Learning.* Sanfrancisco: Jossey Bass Publishers.

Cohn, E. & Addison, J. T.(1998). The economic returns to lifelong learning in OECD countries. *Education Economics Vol.165. No.10,* pp.3-57.

Darkenwald, G. G.(1981). Retaining adult students. ERIC Clearinghouse on Adult, *Career, and Vocational Education No. ED* pp.205-773.

Darkenwald, G. G. and Merriam, S. B.(1982). *Adult education foundation of practice.* New York: The MacMillan Co.

Fay, R. G.(1996). Enhancing the effectiveness of active labor market policies: evidence from programme evaluations in OECD countries, *Labor Market and Social Policy Occasional Paper No.18,* Paris: OECD, pp.12-24.

Feinstein, L.(2002). *Quantitative estimates of the social benefits of learning: Crime.* London: Centre for research on the wider benefits of learning.

Grubb, W. N. & Ryan. P.(1998). *The roles of evaluation for vocational education and training: Plain talk on the field of dreams*, draft manuscript, November 1998 version. Geneva: ILO.

Hagedorn, L. S.(1993) Graduate retention: An investigation of factor relating to older female graduate students. Eric Document Reproduction Service No. ED 365.

Harvey, C.(1995). Increasing course completion rates. *Adults Learning, Vol.6 No.6,* pp.178-179.

Jarvis, P.(1983). *Adult and continuing education,* London & Canberra: Croom Helm.

Jenkins, A. & Vignoles, A.(2002). *The determinants and effects of lifelong learning.* London: Centre for the Economics of Education.

Kahane, R. & Rapoport, T.(1990). Informal youth movements and the generation of democratic experience. In Ichilov, O.(ed). *Political socialization, citizenship education, and democracy.* New York: Columbia University Press, pp.225-228.

Knowles, M. S.(1989). *The making of adult educators.* N.J: Kranger Publisher.

Knowles, M. S.(1989). *The Modern Practice of Adult Education Andragogy Versus Pedagogy.* New York: Adult Education Associations.

Kowalski, T. J.(1988). *The Organization and planning of adult education* N.Y.: State University of New York Press.

Lengrand, P.(1970). *An introduction to lifelong education.* Paris: Unesco Press.

Maslow, A. H.(1954). *A motivation and personality.* New York: Harper and Row.

McMahon, Walter W.(1998). Conceptual framework for the social benefit of lifelong Learning. *Education Economics Vol.6 No.3,* pp.103-132.

McMahon, W. W. & Geske, T. G.(Eds.)(1984). *Financing education.* Urbana: University of Illinois Press, *pp.*119-149.

Michael, R, T.(1982). The non-monetary benefits of education *European Journal of Education Vol.35 No.1,* pp.21-32.

Mundy, J. & Linda Odum(1979). *Leisure education: Theory and practice,* New York, John Wiley & Sons, Inc.

OECD(2001). *Education at a Glance:* OECD Indicators. Paris. OECD.

Peterson, R. E & Roelfs, P. & Crap, A.(1974). *Community needs for postsecondary alternatives: First Technical Report. Patr II. Post-secondary Anternatives Study. Sacramento: Califonia Learning in America.* Sanfrancisco; Jossey Bass Publishers.

Plewis, Ian & John Preston(2001). *Evaluating the benefits of lifelong learning.* London: Institute of education, University of London.

Reiseman, F.(1962). The culturally deprived child, New York: Haper and Row.

Robertson, I. & Downs, K.(1979). Learning and the prediction of performance: development of trainability testing in the United Kingdom, *Journal of Applied Psychology, Vol.64*, pp.43-50.

Schuller, T. et al.(2000). *Modelling and measuring the wider benefits of learning: an initial synthesis.* London: Centre for Research on the Wider Benefits of Learning.

Schultz, W.(1961). The investment in human capital. *American Economic Review Vol.51*, pp.215-233.

Sidwell, D.(1980). A Survey of modern language classes. *Adult Education Vol.52. No.5.* pp.72-91.

Stone, G. C.(1979). Higher education for the elderly. *Reaserch in Higher Education. Vol.10. No.3:* pp.317-330.

Tönnies F.(1991). *Gemeinschaft und Gesellschaft.* Darmstadt 8. Aufl. Darmstadt.

Tough, A.(1978), Major learning effects: Recent reserch and future directions, *Adult Education, Vol.28. No.4,* pp.258-263.

UNESCO. ILO(1984). Technical and vocational education and training, Belgium.

Weisbriad, A.(1983). Education and investment in human capital. *Harvard Education Review Vol.52.* pp.107-135.

C. 기타 자료

황우여(2003), 제243회 정기국회 보도자료.

교육인적자원부(2004), 평생교육사 배치 미간행 내부자료.

부 록

[부록 1] 2003, 2004 대학교 평생교육사 양성 현황

구 분	2003			2004			계
	1급	2급	3급	1급	2급	3급	
강남대학교	0	19	0	0	24	0	43
강원대학교	0	21	0	0	14	0	35
광주대학교	0	39	0	0	29	0	68
광주여자대학교	0	0	0	0	0	0	0
건국대학교	0	5	0	0	3	0	8
건양대학교	0	0	0	0	39	0	39
경남대학교	0	3	0	0	4	0	7
경북대학교	0	0	0	0	2	0	2
경상대학교	0	2	0	0	2	0	4
고려대학교	0	15	0	0	17	0	32
국민대학교	0	23	0	0	32	0	55
단국대학교	0	38	0	0	25	0	63
대구대학교	0	155	0	0	190	0	345
동국대학교	0	6	0	0	9	0	15
동의대학교	0	0	0	0	0	0	0
부산대학교	0	2	0	0	2	0	4
상명대학교	0	12	0	0	8	0	20
서원대학교	0	40	0	0	50	0	90
성신여자대학교	0	20	0	0	18	0	38
숭실대학교	0	22	0	0	18	0	40
신라대학교	0	12	0	0	7	0	19
영남대학교	0	29	0	0	30	0	59
원광대학교	0	279	0	0	178	0	457
이화여자대학교	0	24	0	0	8	0	32
중앙대학교	0	3	0	0	19	0	22
천안대학교	0	4	0	0	7	0	11
청주대학교	0	9	0	0	3	0	12
한양대학교	0	12	0	0	11	0	23
홍익대학교	0	21	0	0	6	0	27
합 계	0	815	0	0	755	0	1,570

자료: 교육과가 설치되어 있는 대학 및 사범대학의 교무과 및 학적과에 연구자가 전화로 문의하여 구한 자료임.

[부록 2] 2003, 2004 대학원 평생교육사 양성 현황

구 분	2003			2004			계
	1급	2급	3급	1급	2급	3급	
강남대학교 교육대학원	0	0	0	0	4	0	4
경남대학교 교육대학원	0	10	0	0	5	0	15
경상대학교 교육대학원	1	7	0	0	11	0	19
계명대학교 교육대학원	1	65	0	4	66	0	136
고려대학교 교육대학원	0	0	0	0	0	6	6
단국대학교 교육대학원	0	0	0	0	0	0	0
단국대학교 대학원	1	0	0	1	1	0	3
대구대학교 교육대학원	0	3	0	0	0	1	4
대구대학교 행정대학원	0	5	0	0	0	2	7
대진대학교 교육대학원	0	0	0	0	1	0	1
동아대학교 교육대학원	0	3	0	0	0	0	3
명지대학교 사회교육대학원	0	56	0	0	12	0	68
서강대학교 교육대학원	0	5	0	0	0	2	7
서울대학교 대학원	5	0	0	0	0	0	5
아주대학교 교육대학원	0	5	0	0	5	0	10
연세대학교 교육대학원	0	0	0	0	0	3	3
영남대학교 대학원	4	0	0	0	0	0	4
전남대학교 교육대학원	0	2	0	0	1	0	3
중앙대학교 교육대학원	0	0	0	0	0	2	2
중앙대학교 대학원	0	1	0	0	0	0	1
창원대학교 교육대학원	0	13	0	0	0	0	13
한국방송통신대학교 교육대학원	0	0	0	0	23	0	23
한남대학교 사회문화과학대학원	0	2	0	0	2	0	4
홍익대학교 교육대학원	0	0	0	0	0	0	0
합 계	12	177	0	5	131	16	341
	189			152			

자료: 대학원 및 교육대학원의 교무과 및 학적과에 연구자가 전화로 문의하여 수집한 자료임.

[부록 3] 2003, 2004 전문대학 평생교육사 양성 현황

구 분	2003			2004			계
	1급	2급	3급	1급	2급	3급	
명지 대학	0	137	0	0	157	6	300
백석 대학	0	97	0	0	104	0	201
합 계	0	234	0	0	261	6	501
	234			267			

자료: 전문대학의 교무과 및 학적과에 연구자가 전화로 문의하여 구한 자료임.

[부록 4] 2003, 2004 평생교육사 양성과정 양성 현황

구 분	2003			2004			계
	1급	2급	3급	1급	2급	3급	
대구대학교 평생교육원	0	26	0	0	61	0	87
백석대학 평생교육원	0	30	13	0	59	18	120
이화여자대학교 평생교육원	0	93	12	0	92	34	231
전북대학교 평생교육원	0	59	18	0	49	0	126
합 계	0	208	43	0	261	52	564
	251			313			

자료: 각 대학의 평생교육원에 연구자가 전화로 문의하여 구한 자료임.

[부록 5] 시도별 평생교육사 배치 현황

(2004. 6. 30. 기준)

시·도별	시 설 유 형	기관(단체) 수	평생교육 배치인원				비고
			1급	2급	3급	계	
서울	지역평생교육정보센터	1	0	3	1	4	
	대학부설 평생교육원	45	3	43	4	50	
	평생학습관	3	0	4		5	
	학교형태	17	1	1	0	2	
	원격교육형태	261	19	93	2	114	
	사업장부설	21	2	16	0	18	
	시민사회단체부설	12	0	6	0	6	
	언론기관부설	23	1	5	0	6	
	지식·인력개발사업 관련	194	10	47	2	59	
	소계	577	36	218	10	264	
부산	지역평생교육정보센터	1	0	2	1	3	
	대학부설 평생교육원	26	2	1	1	4	
	평생학습관	10	0	4	4	8	
	학교형태	7	0	2	0	2	
	원격교육형태	16	1	3	1	5	
	사업장부설	13	1	11	0	12	
	시민사회단체부설	8	0	2	0	2	
	언론기관부설	0	0	0	0	0	
	지식·인력개발사업 관련	13	1	3	1	5	
	소계	94	5	28	8	41	
대구	지역평생교육정보센터	1	0	7	0	7	
	대학부설 평생교육원	15	1	5	0	6	
	평생학습관	8	0	10	0	10	
	학교형태	3	0	0	0	0	
	원격교육형태	15	1	0	0	1	
	사업장부설	9	0	10	0	10	
	시민사회단체부설	3	0	1	0	1	
	언론기관부설	3	0	3	0	3	
	지식·인력개발사업 관련	12	0	0	0	0	
	소계	69	2	36	0	38	

시·도별	시 설 유 형	기관(단체) 수	평생교육 배치인원				비고
			1급	2급	3급	계	
인천	지역평생교육정보센터	1	0	2	0	2	
	대학부설 평생교육원	10	1	2	0	3	
	평생학습관	5	0	4	1	5	
	학교형태	3	0	3	0	3	
	원격교육형태	0	0	0	0	0	
	사업장부설	4	0	4	0	4	
	시민사회단체부설	1	0	0	1	1	
	언론기관부설	0	0	0	0	0	
	지식·인력개발사업 관련	3	0	3	1	4	
	소계	27	1	18	3	22	
광주	지역평생교육정보센터	2	0	4	0	4	
	대학부설 평생교육원	17	0	4	0	4	
	평생학습관	15	0	14	0	14	
	학교형태	2	0	0	0	0	
	원격교육형태	4	0	1	0	1	
	사업장부설	4	3	1	0	4	
	시민사회단체부설	2	0	0	0	0	
	언론기관부설	0	0	0	0	0	
	지식·인력개발사업 관련	8	0	1	0	1	
	소계	54	3	25	0	28	
대전	지역평생교육정보센터	1	0	1	0	1	
	대학부설 평생교육원	15	0	3	0	3	
	평생학습관	21	1	8	5	14	
	학교형태	4	0	1	1	2	
	원격교육형태	3	0	1	0	1	
	사업장부설	8	0	9	1	10	
	시민사회단체부설	2	6	7	0	13	
	언론기관부설	1	0	1	0	1	
	지식·인력개발사업 관련	7	1	2	0	3	
	소계	62	8	33	7	48	
울산	지역평생교육정보센터	1	0	1	0	1	
	대학부설 평생교육원	4	0	1	0	1	
	평생학습관	3	0	3	0	3	
	학교형태	2	0	0	0	0	
	원격교육형태	3	0	0	0	0	

시 · 도별	시 설 유 형	기관(단체) 수	평생교육 배치인원				비고
			1급	2급	3급	계	
울산	사업장부설	7	0	6	1	7	
	시민사회단체부설	1	0	0	0	0	
	언론기관부설	3	0	0	0	0	
	지식 · 인력개발사업 관련	4	0	0	0	0	
	소계	28	0	11	1	12	
경기	지역평생교육정보센터	1	0	2	0	2	
	대학부설 평생교육원	59	1	13	2	15	
	평생학습관	39	0	12	0	12	
	학교형태	9	0	0	0	0	
	원격교육형태	14	1	1	0	2	
	사업장부설	36	3	27	0	30	
	시민사회단체부설	17	0	6	1	7	
	언론기관부설	4	2	0	0	2	
	지식 · 인력개발사업 관련	100	5	46	4	55	
	소계	279	12	109	7	126	
강원	지역평생교육정보센터	1	0	1	0	1	
	대학부설 평생교육원	3	0	4	1	5	
	평생학습관	21	0	3	1	4	
	학교형태	8	0	0	0	0	
	원격교육형태	1	0	0	0	0	
	사업장부설	2	0	2	0	2	
	시민사회단체부설	2	0	1	0	1	
	언론기관부설	1	0	0	0	0	
	지식 · 인력개발사업 관련	3	0	3	0	3	
	소계	39	0	14	2	16	
충북	지역평생교육정보센터	1	0	7	0	7	
	대학부설 평생교육원	14	0	5	1	6	
	평생학습관	14	0	10	0	10	
	학교형태	1	0	1	0	1	
	원격교육형태	1	0	5	0	5	
	사업장부설	2	0	2	0	2	
	시민사회단체부설	0	0	0	0	0	
	언론기관부설	0	0	0	0	0	
	지식 · 인력개발사업 관련	3	0	1	0	1	
	소계	36	0	31	1	32	

시·도별	시 설 유 형	기관(단체) 수	평생교육 배치인원				비고
			1급	2급	3급	계	
충남	지역평생교육정보센터	4	0	5	2	7	
	대학부설 평생교육원	20	1	7	1	9	
	평생학습관	2	0	6	0	6	
	학교형태	1	0	0	0	0	
	원격교육형태	1	0	0	0	0	
	사업장부설	1	0	2	0	2	
	시민사회단체부설	5	0	5	2	7	
	언론기관부설	0	0	0	0	0	
	지식·인력개발사업 관련	5	0	1	0	1	
	소계	39	1	26	5	32	
전북	지역평생교육정보센터	1	2	5	0	7	
	대학부설 평생교육원	21	0	5	5	10	
	평생학습관	17	0	16	5	21	
	학교형태	7	0	0	0	0	
	원격교육형태	2	0	0	0	0	
	사업장부설	1	0	0	0	0	
	시민사회단체부설	1	0	0	0	0	
	언론기관부설	1	0	0	0	0	
	지식·인력개발사업 관련	5	0	0	0	0	
	소계	56	2	26	10	38	
전남	지역평생교육정보센터	2	0	0	0	0	
	대학부설 평생교육원	19	0	1	2	3	
	평생학습관	19	0	33	0	33	
	학교형태	2	0	1	0	1	
	원격교육형태	1	0	0	0	0	
	사업장부설	2	0	0	0	0	
	시민사회단체부설	1	0	0	0	0	
	언론기관부설	0	0	0	0	0	
	지식·인력개발사업 관련	2	0	2	0	2	
	소계	48	0	37	2	39	
경북	지역평생교육정보센터	0	0	0	0	0	
	대학부설 평생교육원	36	0	7	4	5	
	평생학습관	9	0	8	4	12	
	학교형태	0	0	0	0	0	
	원격교육형태	1	1	0	0	1	

시·도별	시 설 유 형	기관(단체) 수	평생교육 배치인원				비고
			1급	2급	3급	계	
경북	사업장부설	2	0	2	0	2	
	시민사회단체부설	0	0	0	0	0	
	언론기관부설	1	0	1	0	1	
	지식·인력개발사업 관련	0	0	0	0	0	
	소계	49	1	18	8	27	
경남	지역평생교육정보센터	1	0	1	0	1	
	대학부설 평생교육원	19	0	4	0	4	
	평생학습관	22	0	0	0	0	
	학교형태	5	0	0	0	0	
	원격교육형태	3	0	0	0	0	
	사업장부설	8	0	7	0	7	
	시민사회단체부설	8	0	3	1	4	
	언론기관부설	0	0	0	0	0	
	지식·인력개발사업 관련	8	0	1	0	1	
	소계	74	0	16	1	17	
제 주	지역평생교육정보센터	1	0	0	0	0	
	대학부설 평생교육원	7	0	0	0	0	
	평생학습관	5	0	0	0	0	
	학교형태	0	0	0	0	0	
	원격교육형태	0	0	0	0	0	
	사업장부설	0	0	0	0	0	
	시민사회단체부설	0	0	0	0	0	
	언론기관부설	0	0	0	0	0	
	지식·인력개발사업 관련	0	0	0	0	0	
	소계	13	0	0	0	0	
총 계		1,544	71	632	63	766	

[부록 6] 설문지

평생교육사 양성교육의 효과 설문지

안녕하십니까?

바쁘심에도 불구하고 귀한 시간을 할애하여 주셔서 대단히 감사합니다. 선생님의 고견은 저의 연구수행에 큰 도움이 될 것입니다.

본 연구는 평생교육사 자격 취득을 위한 교육의 효과를 연구하기 위한 것입니다. 응답 결과는 우리나라 평생교육 발전을 위하여 평생교육사 자격 취득을 위한 교육을 효율적으로 운영하고, 평생교육사에 대한 인식제고를 통하여 고용배치의 활성화를 위한 기초 자료로 사용될 것입니다.

선생님께서 응답해 주신 내용은 무기명으로 작성하여 신분노출이 되지 않으며, 본 연구의 통계 자료로만 활용할 것을 약속드립니다. 바쁘시더라도 본 연구가 충실히 분석 될 수 있도록 성실한 답변을 부탁드립니다. 소중한 시간의 할애와 응답해 주심에 깊은 감사를 드립니다.

감사합니다.

2004 년 4월 일

홍익대학교 대학원 박사과정

전도근 올림

※ 설문지에서 '평생교육사 양성교육'이란 평생교육사 자격을 취득할 수 있는 전문대학, 대학, 대학원, 양성과정 등 모든 평생교육사 자격 취득을 위한 교육을 말합니다.

※ 다음은 귀하의 <u>개인적 사항</u>에 관한 질문입니다. 귀하에게 해당되는 것
   을 골라 <u>V</u> 표시하거나 직접 기재하여 주십시오.

1. 성별은?
   ___ ① 남   ___ ② 여

2. 연령은?
   ___ ① 20~30세 미만   ___ ② 30~40세 미만
   ___ ③ 40~50세 미만   ___ ④ 50세 이상

3. 최종 학력은?
   ___ ① 중학교 졸업 이하   ___ ② 고등학교 졸업
   ___ ③ 전문대학 졸업   ___ ④ 대학 졸업
   ___ ⑤ 대학원 졸업 이상

4. 결혼 여부는?
   ___ ① 기혼   ___ ② 미혼   ___ ③ 기타(이혼, 사별 등)

5. 현재 직업은?
   ___ ① 도서관 사서   ___ ② 교육청 일반직 공무원
   ___ ③ 초·중·고등학교 교사   ___ ④ 초·중·고 평생교육 담당자
   ___ ⑤ 사회복지사   ___ ⑥ 여성회관 직원
   ___ ⑦ 지자체 공무원   ___ ⑧ 문화원 직원
   ___ ⑨ 언론기관부설 평생교육원 직원   ___ ⑩ 대학부설 평생교육원 직원
   ___ ⑪ 농업 관련 평생교육원   ___ ⑫ 민간단체 평생교육 담당자
   ___ ⑬ 별정직 공무원   ___ ⑭ 학원 형태의 평생교육 시설
   ___ ⑮ 청소년 수련기관 직원   ___ ⑯ 사업체부설 문화센터직원
   ___ ⑰ 일반회사 직원   ___ ⑱ 기타

6. 교육을 이수하기 전 담당 업무는?
　　___ ① 기획업무　　　　　　___ ② 프로그램 개발 업무
　　___ ③ 프로그램 운영 업무　　___ ④ 마케팅
　　___ ⑤ 행정업무　　　　　　___ ⑥ 교수업무
　　___ ⑦ 평생교육 관련 업무와 관련 없는 업무 종사
　　___ ⑧ 학생　　　　　　　　___ ⑨ 무직　　___ ⑭ 기타

7. 월 평균 월급은?
　　___ ① 100만 원 미만
　　___ ② 100만 원 이상~200만 원 미만
　　___ ③ 200만 원 이상~300만 원 미만
　　___ ④ 300만 원 이상~400만 원 미만
　　___ ⑤ 400만 원 이상~500만 원 미만
　　___ ⑥ 500만 원 이상

8. 귀하가 살고 있는 지역은?
　　___ ① 서울특별시　　___ ② 경기도　　___ ③ 충청남도
　　___ ④ 충청북도　　　___ ⑤ 전라남도　　___ ⑥ 전라북도
　　___ ⑦ 경상남도　　　___ ⑧ 경상북도　　___ ⑨ 강원도
　　___ ⑩ 부산광역시　　___ ⑪ 광주광역시　　___ ⑫ 제주도
　　___ ⑬ 인천광역시　　___ ⑭ 울산광역시　　___ ⑮ 대전광역시
　　___ ⑯ 대구광역시　　___ ⑰ 제주도

9. 귀하가 취득한 자격은?
　　___ ① 평생교육사 1급　　　　___ ② 평생교육사 2급
　　___ ③ 평생교육사 3급

10. 다음 중 귀하가 평생교육사 자격 취득을 위한 교육에 참여하게 된 동기는 무엇입니까?

    ___ ① 취업을 위해서

    ___ ② 업무에 도움을 받기 위하여

    ___ ③ 승진에 도움을 받기 위해

    ___ ④ 평생교육 부분의 전문가가 되기 위해

    ___ ⑤ 새로운 분야의 업무를 해보고 싶어서

    ___ ⑥ 사회참여 혹은 봉사를 위하여

    ___ ⑦ 자격증 취득을 위해서

    ___ ⑧ 퇴직 후를 대비하기 위하여

    ___ ⑨ 회사의 권유에 의하여

    ___ ⑩ 평생교육 관련 기관을 직접 운영하고 싶어서

    ___ ⑪ 구체적인 동기가 없다.

11. 다음은 귀하의 평생교육사 자격 취득을 위한 교육을 이수하면서 교육에 대한 귀하의 인식을 묻는 질문입니다. 해당하는 곳에 'V'로 표시하여 주십시오.

〈교육에 대한 인식〉에 관한 평가 항목	매우 그렇다(5)	그렇다 (4)	보통이다 (3)	그렇지 않다(2)	매우 그렇지 않다(1)
1) 평생교육사 양성교육에 대한 모든 것을 사전에 알고 있었다.					
2) 평생교육사 자격 취득을 위한 교육 중에 그만두고 싶은 생각이 들었다.					
3) 구체적인 목표를 가지고 평생교육사 자격 취득을 위한 교육을 시작하였다.					
4) 평생교육사 자격 취득을 위한 교육을 마치고 다른 사람들에게 본 교육을 받도록 권장하였다.					

12. 다음은 귀하께서 수료한 평생교육사 자격 취득 교육에서 평생교육사
    과목 교수에 대한 만족도를 묻는 질문입니다. 해당되는 곳에 'V'로 표
    시하여 주십시오.

〈교수에 대한 만족도〉에 관한 평가 항목	매우 그렇다(5)	그렇다 (4)	보통이다 (3)	그렇지 않다(2)	매우 그렇지 않다(1)
1) 교수들의 강의 준비는 충실하였다.					
2) 교수들은 교과내용에 대한 전문 지식이 뛰어났다.					
3) 교수들은 현장에 대하여 잘 알고 있었다.					
4) 교수들의 교육과정 진행속도는 적 절하였다.					
5) 교수들은 참여자들을 교육에 적 극적으로 참여하도록 동기 유발 시켰다.					
6) 교수들의 교수방법이 적절하였다.					

13. 다음은 귀하께서 수료한 평생교육사 자격 취득 교육과정에 대한 만족
    도를 묻는 질문입니다. 해당되는 곳에 'V'로 표시하여 주십시오.

〈교육과정에 대한 만족도〉에 관한 평가 항목	매우 그렇다(5)	그렇다 (4)	보통이다 (3)	그렇지 않다(2)	매우 그렇지 않다(1)
1) 평생교육사 자격 취득을 위한 교육에 대 하여 충분한 오리엔테이션을 해주었다.					
2) 평생교육사 자격 취득을 위한 교육에 대 하여 분명한 교육목표를 제시해주었다.					
3) 평생교육사 자격 취득을 위한 교육에 서 직무수행에 도움이 되는 구체적인 자료들이 제공되었다.					
4) 평생교육사 자격 취득을 위한 교육에서 첨단 교육 기자재를 사용하였다.					

14. 귀하가 취득한 평생교육사 자격 교육기관은?
　　___ ① 전문대학　　　　___ ② 대학교　　　　___ ③ 대학원
　　___ ④ 방송통신대학교　　___ ⑤ 대학평생교육원 양성과정

15. 평생교육사 자격을 취득한 년도는?
　　___ ① 2000년 이전　　___ ② 2001년　　　___ ③ 2002년
　　___ ④ 2003년　　　　___ ⑤ 2004년

16. 평생교육사 자격 취득을 위한 교육을 이수한 후 담당 업무는?
　　___ ① 기획업무　　　　　　___ ② 프로그램 개발 업무
　　___ ③ 프로그램 운영 업무　　___ ④ 마케팅
　　___ ⑤ 행정업무　　　　　　___ ⑥ 교수업무
　　___ ⑦ 평생교육 업무와 관련 없는 업무 종사
　　___ ⑧ 강사

17. 평생교육사 자격을 취득한 후 평생교육 관련 업무 근무경력 연수?
　　___ ① 1년 이하　　　　　___ ② 1년 이상~2년 이하
　　___ ③ 2년 이상~3년 이하　___ ④ 3년 이상~4년 이하
　　___ ⑤ 4년 이상　　　　　___ ⑥ 없음

18. 현재 평생교육 관련 업무를 하지 않는 이유는?
　　___ ① 전직　　　　　　　　___ ② 기관장의 무관심
　　___ ③ 업무에 도움이 되지 않아서　___ ④ 전문성 부족
　　___ ⑤ 일자리가 없어서　　　___ ⑥ 기타

19. 다음은 평생교육사 자격 취득을 위한 교육을 이수하고 난 후 직업능력 개발 효과를 묻는 질문입니다. 해당하는 곳에 'V'로 표시하여 주십시오.

구분	〈직업능력 개발 효과〉에 관한 평가 항목	매우 그렇다(5)	그렇다 (4)	보통이다 (3)	그렇지 않다(2)	매우 그렇지 않다(1)
기획 능력	1) 수요자의 요구분석을 할 수 있는 능력이 향상되었다.					
	2) 사업 계획 작성 능력이 향상되었다.					
	3) 프로그램 기획능력이 향상되었다.					
프로 그램 개발 능력	4) 프로그램 개발능력이 향상되었다.					
	5) 프로그램 선정 능력이 향상되었다.					
	6) 프로그램의 목표 설정 능력이 향상되었다.					
프로 그램 운영 능력	7) 강의 시설 및 매체 확보 능력이 향상되었다.					
	8) 강사 섭외 및 관리 능력이 향상되었다.					
	9) 프로그램 실행 능력이 향상되었다.					
	10) 교육성과 분석 능력이 향상되었다.					
마케팅 능력	11) 기관 홍보 능력이 향상되었다.					
	12) 홍보물 제작 능력이 향상되었다.					
	13) 홍보효과 분석 능력이 향상되었다.					
행정 업무 능력	14) 서류관리 능력이 향상되었다.					
	15) 재정관리 능력이 향상되었다.					
	16) 조직관리 능력이 향상되었다.					
	17) 법규 정책 해석 능력이 향상되었다.					
	18) 교육시설 관리 능력이 향상되었다.					
	19) 학습자 분석 및 관리 능력이 향상되었다.					
교수 업무 능력	20) 교수계획 능력이 향상되었다.					
	21) 교수 자료 개발능력이 향상되었다.					
	22) 강의 능력이 향상되었다.					
	23) 강의 평가 능력이 향상되었다.					
기타 관련 업무	24) 지역인적자원 파악 능력이 향상되었다.					
	25) 유관 기관 정보 수집 능력이 향상되었다.					
	26) 교육 컨설팅 능력이 향상되었다.					
	27) 학습 상담 능력이 향상되었다.					

20. 다음은 평생교육사 자격 취득을 위한 교육을 이수하고 난 후 직업 생활 효과를 묻는 질문입니다. 해당하는 곳에 'V'로 표시하여 주십시오.

〈고용개선 효과〉에 관한 평가 항목	매우 그렇다(5)	그렇다 (4)	보통이다 (3)	그렇지 않다(2)	매우 그렇지 않다(1)
1) 소득향상에 도움이 되었다.					
2) 취업에 도움이 되었다.					
3) 전직에 도움이 되었다.					
4) 평생교육 관련 분야에 창업을 준비하거나 개업하였다.					
5) 승진에 도움이 되었다.					

21. 다음은 평생교육사 자격 취득을 위한 교육을 이수하고 난 후 자아실현 효과를 묻는 질문입니다. 해당하는 곳에 'V'로 표시하여 주십시오.

〈자아실현 효과〉에 관한 평가 항목	매우 그렇다(5)	그렇다 (4)	보통이다 (3)	그렇지 않다(2)	매우 그렇지 않다(1)
1) 자기개발에 도움이 되었다.					
2) 사회생활에 대한 자신감 향상에 도움이 되었다.					
3) 도전의식이 함양되었다.					
4) 성취감을 느꼈다.					
5) 삶의 질이 향상되었다.					
6) 배움의 기쁨을 느꼈다.					
7) 평생교육이 보람된 일이라는 생각이 들게 되었다.					

22. 다음은 평생교육사 자격 취득을 위한 교육을 이수하고 난 후 사회적 네트워
크 구축 효과를 묻는 질문입니다. 해당하는 곳에 'V'로 표시하여 주십시오.

〈사회적 네트워크 구축 효과〉에 관한 평가 항목	매우 그렇다(5)	그렇다 (4)	보통이다 (3)	그렇지 않다(2)	매우 그렇지 않다(1)
1) 평생교육 업무수행에 필요한 인적 네트워크에 도움이 되었다.					
2) 동료학습자들과 단순 친목 모임을 만들어 정기적으로 만남을 갖고 있다.					
3) 동료학습자들과 학습동아리를 만들어 활동하고 있다.					
4) 동료학습자들과 친하게 지내며, 정보를 교환하고 있다.					
5) 동료학습자에게서 일체감이나 동료의식을 느껴본 경험이 있다.					
6) 교수들과 지속적인 연락을 하며 도움을 받고 있다.					
7) 교육기관 행정직원과 지속적인 교류를 하고 있다.					

다음은 이화여대, 전북대, 대구대, 천안외대 등 **평생교육사 양성과정**을 이
수한 분들만을 위한 질문입니다. 해당하는 곳에 'V'로 표시하여 주십시오.

23. 평생교육사 양성과정에 들어간 교육비는 어떻게 조달하였습니까?
　　＿＿ ① 전액 본인 부담　　　　＿＿ ② 반액 본인 부담
　　＿＿ ③ 일부 본인 부담　　　　＿＿ ④ 전액 지원

24. 귀하가 다니신 평생교육사 양성과정에 대한 사회적 평판은?
　　＿＿ ① 좋은 편이다.　　　　＿＿ ② 보통이다.
　　＿＿ ③ 좋지 않은 편이다.　　＿＿ ④ 잘 모르겠다.

246

25. 다음은 평생교육사 양성과정을 이수하는 중 교육과정 운영 담당 직원에
대한 만족도를 묻는 질문입니다. 해당하는 곳에 'V'로 표시하여 주십시오.

〈교육과정 운영 담당 직원 만족도〉에 관한 평가 항목	매우 그렇다(5)	그렇다 (4)	보통이다 (3)	그렇지 않다(2)	매우 그렇지 않다(1)
1) 담당 직원의 과정 운영을 위한 준비는 충분하였다.					
2) 담당 직원들이 친절하였다.					
3) 담당 직원들은 본 과정에 대하여 잘 알고 있었다.					
4) 담당 직원들이 과정 진행을 순조롭게 하였다.					

26. 다음은 평생교육사 양성과정을 이수하는 중 교육기관에 대한 만족도
를 묻는 질문입니다. 해당하는 곳에 'V'로 표시하여 주십시오.

〈교육기관에 대한 만족도〉에 관한 평가 항목	매우 그렇다(5)	그렇다 (4)	보통이다 (3)	그렇지 않다(2)	매우 그렇지 않다(1)
1) 평생교육사 양성교육기관까지 접근하는데 교통이 편리하였다.					
2) 평생교육사 양성교육 중 학습자들을 위한 휴식 공간을 마련해주었다.					
3) 평생교육사 양성교육 중 도서관 사용이 자유로웠다.					
4) 평생교육사 양성교육 중 음료수를 제공해 주었다.					
5) 평생교육사 양성교육 중 강의실은 학습하기 편한 곳이었다.					

27. 평생교육사 자격 취득 교육에 대한 자유로운 의견이나 발전 방안이
　　있으시면 자유롭게 기술해주시기 바랍니다.

____

____

____

____

____

성실한 답변에 깊은 감사를 드립니다.

· 저자 ·

전도근   · 약 력 ·

공주대학교 일반사회교육과 졸업
경희대학교 교육대학원 교육공학 석사
홍익대학교 대학원 평생교육정책 전공 박사

한국평생교육총연합회 사무차장
한국평생교육강사연합회 사무총장
한국평생교육사협회 부회장
전)교육인적자원부 평생직업교육정책지원단장
강남대학교 교수

· 주요논저 ·

「학교시설을 이용한 여성인적자원의 개발과 활용」
「평생교육사양성교육의 효과에 영향을 미치는 요인」
「평생교육사양성교육의 효과성 연구」
『평생교육사 현장실습의 이론과 실제』
『한방으로 끝나는 취업전략』
『명강사를 위한 명강의 비법』
『파워푸드 토마토, 마늘, 녹차가 말한다』
『파워풀 프레젠테이션』
『QUICK COOK』
『돈버는 스피치 & 인맥넓히는 커뮤니케이션』
외 다수

● 평생교육사 양성교육의 효과

· 초판 인쇄	2006년 4월 30일
· 초판 발행	2006년 4월 30일
· 지 은 이	전도근
· 펴 낸 이	채종준
· 펴 낸 곳	한국학술정보㈜
	경기도 파주시 교하읍 문발리 526-2
	파주출판문화정보산업단지
	전화 031) 908-3181(대표) · 팩스 031) 908-3189
	홈페이지 http://www.kstudy.com
	e-mail(e-Book사업부) ebook@kstudy.com
· 등 록	제일산-115호(2000. 6. 19)
· 가 격	16,000원

ISBN   89-534-4974-X 93370 (Paper Book)
        89-534-4975-8 98370 (e-Book)